URBS ET REGIO

61/1993

Niels Beckenbach - Detlev Ipsen - Gerhard Hard
Peter Jüngst - Oskar Meder - Jürgen Strassel

Zur psychosozialen Konstitution des Territoriums
Verzerrte Wirklichkeit oder Wirklichkeit als Zerrbild

Herausgegeben von Peter Jüngst und Oskar Meder

Gesamthochschulbibliothek Kassel 1993   ISBN: 3-88122-735-0

 KASSELER SCHRIFTEN ZUR GEOGRAPHIE UND PLANUNG
Herausgeber: P. Jüngst, K. Pfromm, H.-J. Schulze-Göbel

Titel: Georg Scholz, Landschaft, 1925

Zielsetzungen von Urbs et Regio

Diese Schriftenreihe beschäftige sich mit den räumlichen Bedingungen und Ausformungen gesellschaftlicher Entwicklung.

Sie ist entstanden aus der interdisziplinären Zusammenarbeit von Geographen und Planern an der Gesamthochschule Kassel (GhK) und dem Bemühen um die Entwicklung praxis- und planungsbezogener Theoriekonzepte. Als räumlicher Bezugsbasis gilt dabei dem nordhessischen Raum und vergleichbaren Regionen ein besonderes Interesse. Die behandelten Problembereiche der Schriftenreihe ergeben sich aus dem Lehrbetrieb und den Forschungsinteressen an der GhK. Mit der Schriftenreihe "Urbs et Regio" ist ein Forum intendiert, das getrennt fachspezifische Ansätze an der GhK nach übergreifenden Problembereichen zusammenführt. In diesem Kontext können auch wichtige Ergebnisse von Wissenschaftlern und Praktikern anderer Institutionen Beachtung finden. Gedacht ist dabei ebenfalls an themen- bzw. problemorientierte Sammelbände, die jeweils unter der Verantwortlichkeit eines oder mehrerer Herausgeber stehen. Neben den Herausgebern wirkt an der Schriftenreihe ein Gutachtergremium mit, aus dem jeweils Fachvertreter zu spezifischen Beiträgen Stellung nehmen.[1]

Die Schriftenreihe hat sich die Behandlung folgender Schwerpunkte zum Ziel gesetzt:

1. Darstellung und Analyse räumlicher Organisationsformen von Lebens- und Arbeitsbedingungen in ihrem jeweiligen historisch-gesellschaftlichen Kontext.

2. Theorie und Praxis gesellschaftlicher Raumplanung auf verschiedenen Maßstabsebenen.

3. Förderung und Entwicklung von politischer Handlungskompetenz im Bereich von Kommunal- und Regionalplanung.

4. Entwicklungsbedingungen und -möglichkeiten von Ländern der Dritten Welt.

Die Schriftenreihe will sich nicht auf die interne Kommunikation verschiedener Fachwissenschaftler beschränken, sondern bemüht sich in geeigneten Fällen auch, die didaktische Aufbereitung und die Vermittlung der genannten Problembereiche in Schule und gegebenenfalls in anderen Bereichen mit aufzunehmen.

Die Herausgeber

---

[1] Günther Beck (Göttingen), Lucius Burckhardt (Kassel), Gerhard Hard (Osnabrück), Hans Immler (Kassel), Hans-Joachim Wenzel (Osnabrück)

Vorbemerkung 2

Oskar Meder

Versuch der Rekonstruktion einer sozialräumlich-
sozialpsychologischen Entwicklung von Kassel
und seiner Bevölkerung im Hinblick auf den geplanten
Wiederaufbau der Unterneustadt. 4

Peter Jüngst

Psychodynamik und sozialräumliche Segregation.
Überlegungen zur Territorialität und präsentativen
Symbolik in den Städten der industriellen Revolution 29

Jürgen Strassel

Die private Natur des Bürgers.
Zur Gartenarchitektur des E. L. Lutyens. 67

Gerhard Hard

Zur Imagination und Realität der Gesteine 104

Detlef Ipsen

Das Schöne und das Häßliche in der Stadt
Zur Ästhetik der Agglomeration 156

Niels Beckenbach

Entfaltung des Arbeitsvermögens, autonome Beweglichkeit,
politische Massenbewegung. Vom Woher und Wohin
gesellschaftlicher Mobilisierungen. 166

Peter Jüngst/Oskar Meder

Annäherung an eine Topographie des Unbewußten 202

Anschriften der Autoren 220

Vorbemerkung:

Mit diesem nun dritten Sammelband zum Rahmenthema "Raum als Imagination und Realität"[1] versuchen wir ein weiteres Mal der List der Vernunft eine Bresche zu schlagen, um besser dem alltäglichen Terror der verzerrten Symbol-, Zeichen- und Bilderwelten insbesondere im städtischen Ambiente zu entkommen. Ist es doch gerade die stumme Macht dieser Symbole, Zeichen und Bilder, die mit scheinbar unsichtbarer Hand unsere Befindlichkeiten beeinflußt und somit handlungsleitend wirkt.

Der Sehnsucht nach Orientierung wird durch die äußeren Zeichen allemal ein leise wirkendes Gift beigemischt, dessen Wirkungszusammenhänge nur schwer durchschaubar sind, da wir sie ohnehin mit der Muttermilch, d.h. von Beginn an unseres in der Welt Seins aufgesogen haben. Dieser Band hat somit einmal mehr eine majeutische Funktion, gleichwohl implizite Divergenzen bestehen, gemäß welcher Methode denn dieses hoffnungsvolle Wunschkind zur Welt zu bringen wäre. Von sanfter Geburt wird denn wohl keiner der hier beitragenden Autoren sprechen wollen, da alle um ein hinlängliches Begriffssystem ringen müssen, um die zu beschreibenden Vorgänge adäquat fassen zu können. Das apriori immer wieder neu hervortretende Kategoriendefizit entspricht den Unwägbarkeiten des Geburtsvorgangs an sich und wird schon durch die divergent bzw. auch überlappend verwandten Begriffe wie "Symbol", "Zeichen" und "Bilder" zum Ausdruck gebracht. Ein Methodenstreit um die sinnvollere Herangehensweise an die Fragestellung verbleibt somit implizit und wird allenfalls am Ende des Bandes angedeutet.

Expliziter treten da schon die Konvergenzen hervor, die in mehr oder weniger ausformulierten Annahmen und Aussagen bestehen, daß durchweg sozialökonomische Rahmenbedingungen territorialen Symbolisierungsprozessen zugrundeliegen bzw. Wechselwirkungen zwischen Symbolisierungsprozessen und übergreifenden gesellschaftlichen Prozessen bestehen. Wie ein roter Faden zieht sich durch die verschiedenen Beiträge die Frage nach der Funktion von "Symbolen", "Zeichen" und "Bildern" bei der Herstellung kollektiver und individueller Identitäten. Ihre Vergegenständlichung finden diese "Symbole", "Zeichen" und "Bilder" im Territorium und seinem Inventar.

Die historischen Sedimente lassen uns kaum übersehen, daß seit altersher Versuche unternommen worden sind, das Territorium und sein Inventar im Sinne der Anpas-

---

[1] Voraus gingen:

Peter Jüngst (Hrsg.): Innere und äußere Landschaften. Zur Symbolbelegung und emotionalen Besetzung von räumlicher Umwelt, Urbs et Regio, Bd. 35, Kassel 1984

Peter Jüngst und Oskar Meder (Hrsg.): Raum als Imagination und Realität - zu seinem latenten und manifesten Sinn im sozialen und ökonomischen Handeln, Urbs et Regio, Bd. 48, Kassel 1988.

sung an ökonomische und soziale Dynamiken zu verändern. Die hiervon ausgehende symbolische Generierungsmacht für die Bevölkerungen im Hinblick auf ihre Verhaltenswirksamkeit ist nur schwer begrifflich zu fassen. Gleichwohl wird in den Beiträgen zum Ausdruck gebracht, daß eine erhebliche Spanne besteht zwischen unbewußt bis bewußt intendierter Regression und Repression der Bevölkerung bis hin zur als erlösend empfundenen vernunftbestimmten Selbstartikulation durch "Symbole", "Zeichen" und "Bilder". Diese sind immer wieder aufs Neue aufzulösen, stellen sie sich doch im historischen Prozeß immer von Neuem her. Dabei sind gegenwärtige und zukünftige Prozesse offensichtlich durch das Dilemma gekennzeichnet, daß der hohe Problemdruck ökonomisch-sozialer sowie ökologischer Konfliktlagen kollektive Neigungen zu autoritär-regressiven und damit fundamentalistischen Reaktionsweisen mit gemäßen "Symbolen", "Zeichen" und "Bildern" begünstigt. Diese schlagen sich im Territorialisierungsprozeß nieder, usurpieren unsere Umwelt und drohen uns zu überwältigen. Mit der Verzerrung realer gesellschaftlicher Verhältnisse durch regressiv-repressiv wirkende "Symbole", "Zeichen" und "Bilder" wird unsere Handlungsfähigkeit im Hinblick auf die Lösung existentieller Problemlagen in dieser unserer Welt gefährdet. Heutige Problemlagen jedoch verlangen vielmehr, sollen sie sinnvollen Lösungen näher gebracht werden, nach entzerrten Sichten von Realität, d.h. sie legen Symbol-, Zeichen- und Bildproduktionen nahe, die vernunftgeleiteten Kriterien standhalten.

Oskar Meder

Versuch der Rekonstruktion einer sozialräumlich-sozialpsychologischen Entwicklung von Kassel und seiner Bevölkerung im Hinblick auf den geplanten Wiederaufbau der Unterneustadt.[1]

Gliederung:

1. Die Aufgabe

2. Zur Methodik der Annäherung

3. Historische und psychosoziale Sedimente
3.1. Mittelalter
3.2. Absolutismus
3.3. Moderne

4. In Kassel wohnt man nicht?

---

[1] Die Arbeit wurde im Auftrag des Kasseler Stadtbauamtes erstellt

1. Die Aufgabe

Obige Problematik öffentlich zu diskutieren erscheint mir prekär und hat insofern etwas Bedrohliches an sich, als die Selbstverborgenheit der Kasseläner Psyche nicht geschont werden kann. Die Öffentlichkeit mag in einen Spiegel schauen, der an mancher Stelle blank geputzt wird, so daß die weniger photogenen Seiten des Kasseler Selbstbildnisses in den Blick geraten. Der Grund für die Politur liegt in dem seitens der Stadt geplanten Wiederaufbau der vor allem im Oktober 1943 durch Luftangriffe zerstörten Unterneustadt. Ein spätes Unterfangen, könnte man meinen, nahezu fünfzig Jahre nach Beendigung des Krieges - der Zeitpunkt ist sicherlich nicht belanglos im Hinblick auf die ehemalige Bedeutung der Unterneustadt -, vielleicht aber auch ein Glück, denn die nationalsozialistischen Wiederaufbaupläne (vgl. Durth und Gutschow 1988) scheinen nun doch überdenkenswert. Während ein Großteil der Kasseler Innenstadt in einem ungeheuren Verdrängungsakt Ende der vierziger Jahre bis in die sechziger Jahre hinein nicht nur symbolisch verschüttet worden ist und mit Asphalt und Beton plombiert wurde, ist die Unterneustadt nur eingeebnet worden. Indem nun der Wiederaufbau der Unterneustadt so spät in Angriff genommen und ein Stück Kasseler Geschichte wiedergewonnen wird, können nicht nur archäologische Schichten freigelegt werden, sondern auch sozialpsychologische Sedimente, die einen Blick auf Kassel und seine Bevölkerung als ganzes ermöglichen. Es geht also um Wahrnehmungsweisen. Da Wahrnehmungsweisen nur bedingt der Kontrolle unseres Bewußtseins unterliegen, müssen wir von unbewußten Interferenzen ausgehen, von denen wir alle ergriffen sind und die insbesondere auf Meinungsbildungs- und damit Planungsprozesse einwirken. Solche verdeckten Mechanismen gilt es zu erhellen, um mit größeren inneren Freiheitsgraden an die Planungsaufgabe herangehen zu können für zukunftsgerichtete Lösungen.

2. Zur Methodik der Annäherung

Mit der vorgelegten Analyse handelt es sich nicht um eine stadtplanerisch-architekturkritische Arbeit im Sinne der Wiedergewinnung verlorengegangener Stadtgestalt, sondern um einen sozialräumlich-sozialpsychologischen Rekonstruktionsversuch, um kollektive Behinderungen zu begreifen und um zu einer Perspektiverweiterung zu verhelfen. Die Methode der Annäherung gründet denn auch auf den Gesetzmäßigkeiten der Gruppendynamik im engeren Sinne und im weiteren Sinne auf der Metatheorie der Soziopsychoanalyse (vgl. Lorenzer 1968 und 1984, Mendel 1972). Auf diese Weise wird ein Zugang zum kollektiven Unbewußten erlangt, insbesondere zu Wirkungen und den Folgen von Verdrängungsvorgängen unangenehmer oder gar bedrohlicher alltagsweltlicher Situationen für weite Kreise der Bevölkerung.

Das Leben in der Stadt ist mehr als nur die Erfüllung der Daseinsgrundfunktionen im Sinne einer "Charta von Athen", die Funktionalität der Stadt bestimmt nicht alleine unser Alltagshandeln, Stadt impliziert eine bestimmte Lebensform, der eine ganzheitliche Struktur eigen ist. Die Stadt ist ein Entwurf für eine szenisch-räumliche Lebenspraxis dieser Gesellschaft und kann nur durch die Beziehungen innerhalb dieser ganzheitlichen Struktur verstanden werden. Die sinnlich ergreifende Ganzheit im Erleben öffentlicher Orte wird durch die präsentative Symbolik (vgl. Langer 1965) artikuliert, die unmittelbar an die Komplexität emotionaler Tiefenschichten der Persönlichkeit rührt. Mit der präsentativen Symbolik handelt es sich u.a. um jene von uns erschaffene Welt der vergegenständlichten Formen. Sie vermitteln im Wechselspiel zwischen Individuum und Gesellschaft und bilden eine Institution als Bedeutungsträger (Lorenzer 1984: 31/32). Hierbei vollzieht sich ein Wechselspiel zwischen unseren Gefühlen und Gedanken und den sinnlich greifbaren Bedeutungsträgern draußen, sei dies ein Giebel, die Frontgestaltung eines Hauses, die Wirkung einer Straße, eines Platzes, eines Turmes etc.

Das Erleben in öffentlichen Orten kann als immer schon gefährdetes begriffen werden, denn die Begegnung draußen erzeugt Ängste und Wünsche und birgt die Gefahr des Sich-Verlierens in sich. Offenbar existiert hierüber ein vorbewußtes Wissen, denn anders kann die Sorgfalt nicht verstanden werden, mit der in den verschiedensten Phasen der Menschheitsgeschichte öffentliche Orte gestaltet worden sind und noch gestaltet werden (vgl. Egli 1979). Der Neigung zu regressiven psychosozialen Prozessen wird begegnet mit komplexen Schichten szenisch-räumlicher Symbolisierungen (Jüngst/Meder 1990 a/b), d.h. die Probleme der Angstreduktion und permanenter Wünsche nach Versorgung werden mittels Territorialisierung und durch szenisch-räumlich verdinglichte Strukturen, durch die Form der Baulichkeiten bewältigt. In unserer emotionalen Tiefenschicht werden solche verdinglichten Strukturen u.a. als kollektive Mutterimagines wirksam, indem sie früheste lebensgeschichtliche Erfahrungen aufgreifen. Sie sind szenisch-räumlicher Teil eines sinnfälligen Gefüges: wir kennen sie z.B. als platzartige Erweiterungen bzw. als Plätze, häufig mit Brunnen oder Baum im dörflichen Ambiente; in der städtischen Ausführung finden sich differenziertere Formen, oft Madonnenfiguren oder gar Siegessäulen als patriarchale Überlagerung der mütterlichen Tönung eines Platzes (verwiesen sei hier auf die ursprüngliche Gestaltung des Königsplatzes in Kassel mit der Königssäule in der Mitte).

Stadt schlägt sich aufgrund von alltagsweltlicher Erfahrung vermittels der vergesellschaftenden gegenständlichen Form der präsentativen Symbolik im Individuum als territoriales Engramm nieder. Auf diese Weise entsteht im Individuum das, was wir territoriale Identität (vgl. zum Begriff der Identifizierung Laplanche/Pontalis 1973: 219-228) nennen, die einen Teil unseres Selbst bildet. Da jedoch mit der Errichtung bestimmter Baulichkeiten unter den je spezifischen historisch-gesellschaftlichen Bedingungen bestimmte Intentionen verbunden waren, stehen die errichteten Baulichkeiten gleichsam symbolisch für diese Intentionen und werden vor allen Dingen stumm ins Innere der Individuen eingelagert (vgl. Bourdieu 1976: 188). Es geht uns hier um die Unterwerfungsmacht präsentativer Symbolik, die zu einer Identifizierung mit der Herrschaft zwingt, weil mittels der präsentativen Symbolik deren Drohgebärde allgegenwärtig ist. Neben der positiven territorialen Identität, die in der Regel auf beschützende elterliche Figuren rekurriert - z.B. Kirchen - ist das städtische Territorium durchsetzt mit Gewaltsymbolen - so z.b. dem Polizeipräsidium, Gerichten, Gefängnisse, Kasernen etc. - die zu negativ getönten territorialen Engrammen bei der Bevölkerung führen und in ihren tiefenpsychologischen Bedeutungen meistens dem öffentlichen Diskurs entzogen sind: sie müssen verdrängt werden und kehren gleichsam symptomatisch wieder in der Form der Identifikation mit dem Aggressor. Für Kassel mag als besonderes Beispiel der "Herkules" gelten in seiner allmächtigen Unübersehbarkeit und wehe, jemand wollte den Herkules "stürzen"!

Das städtische Territorium erfüllt noch eine weitere wichtige psychosoziale Funktion für die Individuen, die freilich bisher kaum ins Blickfeld geraten ist: Es dient zur innerpsychischen Entlastung für die Bevölkerung nicht nur im identifikatorischen Sinne, sondern auch als Projektionsfolie für äußerst negative Gefühle. Wirksam wird hierbei der innerpsychische Mechanismus der projektiven Abspaltung (vgl. Laplanche/Pontalis 1973:399-408). Es ist dies ein Vorgang, durch den das Individuum Qualitäten, Gefühle, Wünsche, die es verkennt oder in sich ablehnt, aus sich ausschließt und in den anderen - eine Person, eine Sache - hineinverlegt. Wir können uns auf diese Weise selber stabilisieren, indem wir dem/der anderen vor allem aber bestimmten Orten bewußt bis unbewußt Bedeutungen zuweisen. Dieser gleichsam noch immer animistische Vorgang der projektiven Abspaltung läßt auf diese Art und Weise das städtische Territorium zu einem bunten Gefühlsflickenteppich werden, der in hohem Maße verhaltensleitend wirkt, vor allen Dingen bestimmt er unbewußt unser alltägliches territoriales Verhalten: Tabuzonen entstehen auf diese Weise und werden entsprechend gemieden, an anderen Orten wieder halten wir uns besonders gerne auf.

Gefährdet scheinen mir hier insbesondere öffentliche Mandatsträger/innen als psychosoziale Kompromißfiguren, die in Entscheidungsfunktionen kollektive Unbewußtheit oft genug perpetuieren, wenn ihnen der Blick für das Faktische verstellt ist.

Selbst Planer und Planerinnen sind nicht gefeit, so daß Planungsartefakte die Folge sein können. Emotional hochbesetzte Orte sind auch Friedhöfe, Krankenhäuser, Schulen etc., weil sie Bedeutung im lebenszyklischen Prozeß erlangen. Wesentlich prekärer erweisen sich Sperrbezirksprobleme. Die Lage von Gefängnissen, Waisenhäusern, Asylen und psychiatrischen Kliniken gibt immer Anlaß zur Diskussion in der Bevölkerung und bindet auf diese Weise deren Phanatasien: Herrschaft mußte immer schon das Instrument der Territorialplanung in ihrem Sinne manipulativ zu gebrauchen, indem bestimmte Viertel eben mit bestimmten Einrichtungen ausgestattet wurden, um soziale Konflikte einzudämmen oder zu dämpfen. Rekurriert wird dabei auf unsere verdrängten kindlichen Erfahrungen von Angst, Ohnmacht und Verlorenheit.

Datenbasis für den Analyseversuch bildet einmal der historische Fundus der Stadt, soweit er mir mit seinen schriftlichen Quellen und Bildzeugnissen verfügbar war. Datenbasis ist die Stadt in ihrer Vergegenständlichung selber, die ja als Niederschlag ihres Entwicklungsprozesses zu sehen ist. Im Hinblick auf die Deutung von Gruppenprozessen und deren territorialem Niederschlag wird auf wissenschaftliche Literatur und auf eigene Forschungsarbeiten zurückgegriffen.

3. Historische und psychosoziale Sedimente

Das Kasseler Stadtterritorium, seine Baulichkeiten als Behältnis der Lebensäußerungsprozesse seiner Bevölkerung ist nur aus seiner Geschichte heraus zu verstehen (vgl. z.B. Holtmeyer 1923, Buck 1968 etc.). Sowohl historisch-politische als auch ökonomische Entwicklungen bedingten wechselseitig einen Stadtentwicklungsprozeß, der seinerseits wieder auf den emotionalen Zustand der Bevölkerung einwirkte.

3.1. Mittelalter

In der zweiten Hälfte des 13. Jahrhunderts wurde die feudale Stadtgestalt Kassels maßgeblich fundiert. Die ehemals landgräfliche Ansiedlung, von Mauern und Türmen umzogen, wird von Heinrich I. aus dem Hause Brabant durch den Neubau eines Schlosses auf der Anhöhe des westlichen Fuldaufers herrschaftlich markiert. Diese territoriale Markierung ist nicht nur militär-strategisch günstig gewählt, sie ist es mehr noch im symbolischen Sinne gegenüber der wachsenden Marktsiedlung. Die isolierte Stellung der Burg auf dem Fuldaufer, ferner durch einen Graben und ein weites Vorfeld von der Siedlung abgegrenzt, läßt an symbolischer Eindeutigkeit nichts fehlen: Mag die Siedlung auch anwachsen, die Position entlang dem westlichen Fuldaufer bleibt immer herrschaftlich bestimmt. Im Norden wird sie durch den Fronhof markiert.

Der Einschluß der Stadt durch Mauer und Graben wirkt denn auch ambivalent. Definieren sie zu allererst einen städtischen Rechtsraum - durch Brief und Siegel belegt - , so wirken sie dennoch - trotz Schutz- und Trutzfunktion - wie ein Gewahrsam, das der symbolischen Unterwerfungsmacht der Burg erliegt. Das Stadtrecht nahm seine Bewohner in harte Zucht und Ordnung allein schon, um sich dessen würdig zu erweisen. Bürgerliche Freiheiten mußten für einen hohen Preis erkauft werden, in Kassel vielleicht für einen allzuhohen, zumindest fanden diese Freiheiten keinen symbolischen Ausdruck, der dem der Herrschaft hätte begegnen können: Die Nähe der Landgrafen bot hinreichend Schutz vor äußeren Übergriffen, allzugroße Eigenständigkeit mochten die Grafen allerdings nicht dulden. Zwar erwuchs der Markt mehr und mehr zum lebensweltlichen Zentrum der Casseler, seine Bedeutung verdankte er eben immer noch dem herrschaftlich verwalteten Fuldaübergang und war somit abhängig und leicht verletzbar.

So wundert denn auch nicht die herrschaftliche Sicherung des Flußüberganges. Einst vager Rechtsraum, wird die "Brückensiedlung" am östlichen Fuldaufer im Territorium der Unterneustadt (1277) aufgehoben. Der "anrüchige" Stapelplatz wird stadtrechtlich definiert, ausgestattet mit Rathaus und Kirche, dabei freilich mehr auf die Herrschaft bezogen als auf die nun "alte Stadt", denn unterschiedliche Stadtrechte existieren nebeneinander. Die Unterneustädter Gemeinde wird symbolisch zentriert mit dem Bau der Magdalenen-Kirche. Zugleich wird ihr damit ein Stigma aufgedrückt - oder besser: es wird mit der Benennung nach der heiligen Magdalena eine unbewußte bis vorbewußte Bedeutungszuweisung der Unterneustadt für das Ganze vorgenommen. Es greift der kollektive psychische Mechanismus der projektiven Abspaltung: die "Unterneustädter", "die auf der anderen Flußseite" erhalten die nun sündige, reuige Büßerin zum Mahnzeichen für ihre Gemeinde. Da die Unterneustadt jedoch unmöglich ohne die Altstadt als Ursprungsort des gesamten Siedlungsbereiches gedacht werden kann, ist deren psychosoziale Funktion eindeutig: Da die Strenge des eigenen Stadtrechts unerbittlich Ordnung und Disziplin einfordert und alle "devianten" Wünsche unterdrückt, werden diese zur eigenen Entlastung auf die Unterneustadt projiziert, freilich in der Abwandlung der negativen Form: Indem man sich selber als anständig konturiert und die anderen als sündhaftes Gesindel. Ob hierbei die Nähe der Altstädter zur Herrschaft eine gewisse Rolle gespielt haben mag, muß offen bleiben. Für spätere Zeiten gilt dies jedoch mit Sicherheit. Die Unterneustadt selber bleibt im Grunde genommen bis Anfang des 20. Jahrhunderts in ihren Gründungsgrenzen gefaßt. Es werden nur funktionale Veränderungen vorgenommen, die die negative Bedeutungszuweisung innerhalb des Ganzen noch verstärken. Bevor wir diese doch gewagte Hypothese weiter belegen, zurück zur Stadtentwicklung auf der Westseite der Fulda.

Die Umfassung der Stadt mit Mauer und Graben Mitte des 13. Jahrhunderts schloß bereits mehrere Erweiterungsphasen mit ein: Im Norden die Klostersiedlung des Ahnaberg-Klosters, das Judenviertel und schließlich die große Altstadterweiterung, in die ein Kirchenbau, die St. Cyriakus-Kirche an der westlichen Mauer mit eingeschlossen war. Dieser Kirchenbau liegt näher zur Burg als zum Markt. Im bürgerlichen Gefüge war er wohl nicht unterzubringen. Ob dem Konflikte vorausgingen, kann nicht mehr festgestellt werden, zumindest muß die randliche Lage nahe der Stadtmauer verwundern (vgl. Brunner 1913). Der Markt selber wird jedenfalls niemals durch religiöse Symbolik in der Psyche der Stadtbevölkerung verankert. Mütterlich imaginative Qualitäten fehlten somit dem ökonomischen Zentrum der Altstadt, so daß es auch nicht wirklich identitätsstiftend für alle geworden ist, denn der Markt wurde niemals auch ritueller Ort, auf den sich die Kasseläner innerlich hätten beziehen können als Ursprungsort, weil er nicht Taufort war und weil er nicht Begegnungsort in der Folge christlicher Feiern das lange Jahr hindurch gewesen ist. Es reichte eben nicht zu einem von den Bürgern errichteten größeren Kirchenbau am Markt als symbolischer Ausdruck ihrer Eigenständigkeit.

Daran änderte wenig der Bau des Karmeliterklosters mit der Brüderkirche 1292. Das Kloster und die Brüderkirche, als Verbindung zwischen Schloßbereich und Altstadt gedacht, blieb letztlich doch dem herrschaftlichen zugeneigt. Betont wird diese Nähe durch die spätere Hinzufügung des Renthofes, so daß die Brüderkirche nicht zum inneren Ort für die Kasseläner werden konnte. Die Drohgebärde im Hintergrund, dem weithin sichtbaren Schloß, legiert mit der präsentativen Symbolik der Brüderkirche zur elterlichen Allmächtigkeit, die zwar ein gewisses Schutzbedürfnis befriedigte, deren symbolische Unterwerfungsmacht die Individuen allerdings unmündig hielt und psychisch auf oraler Stufe fixierte: Im Marienkult und im Weihnachtsritual finden wir hierfür die Formen vor. Die grobe Beschneidung der Brüderkirche durch den Steinweg heute mag noch immer Ausdruck eines tiefsitzenden ambivalenten Bezuges der Kasseläner sein, der wohl für das gesamte behördlich besetzte Fuldaufer gilt.

Die Entscheidung für eine größere Stadterweiterung Anfang des 14. Jahrhunderts muß denn auch im Kontext des möglichen herrschaftlichen Zugriffes gesehen werden. Militärstrategisch gesehen wäre im Hinblick auf die Abwehr äußerer Feinde ein weiterer Ausbau der Unterneustadt sinnvoller gewesen, da die natürliche Flutlinie der Fulda für einen Graben leicht zu nutzen gewesen wäre. Sicherlich hatten die Besitzverhältnisse an der Ostseite der Fulda auf die Entscheidung Einfluß, allein einen Hinderungsgrund bildeten sie sicherlich nicht. Der wirkliche Sprung über die Fulda wurde nicht gewagt, die Unterneustadt blieb Brückenkopf, das Hemd war näher als die Hose: Der alte Graben wurde zugeschüttet und eine Vorstadt 1330 planmäßig der Altstadt angegliedert. Aufgeteilt in zwei Viertel - (obere und untere Burschaft) war die "Freiheit" stadtrechtlich gefaßt und als Verbindung an der Grenze der beiden Viertel in einem ausgesparten Karree mit Rathaus und Kirche bedacht. Insbesondere mit dem Bau der Martinskirche lagen für die "Freiheit" eindeutige zentrierende territoriale Markierungen vor, auf die die Neusiedler im rituellen Jahreszyklus bezogen wurden, sich schließlich darauf selbst bezogen und auf diese Weise ihre "freiheitlich"-städtische Identität mitbegründeten. Im Ringen um eine städtische Identität spielt die Martinskirche noch heute eine bedeutsame Rolle und gerät deshalb nicht von ungefähr immer wieder in die Schlagzeilen des Regionalteiles der örtlichen Presse.

Zum Ende des 14. Jahrhunderts bestand Kassel rechtlich aus drei Städten. Eine jede mit Rathaus bedacht vor allem auf ihre (doch nur scheinbare) Unabhängigkeit. Viertelsidentitäten hatten sich herausgebildet, die offenbar äußerst archaisch gegründet waren. Der ökonomische und letztlich politische Vorteil eines vereinigten Territoriums geriet nicht ins Blickfeld. Zu sehr war man offensichtlich mit sich selber beschäftigt - oder mit den anderen? Die Rivalitäten und Abwertungen schienen offenbar unüberwindlich, so daß die Zwangsvereinigung 1378 von Wilhelm dem Mittleren verfügt, dem Zeitgeschehen eher Rechnung trug als der doch arg behinderte bürgerliche Freiheitswillen der Kasseläner. Der gemeinsame Rat tritt nach 1400 im neuen Rathaus übereck dem Altstädter Rathaus zusammen. Der Bau ist zwar am Ursprungsort der Stadt angesiedelt, zurückgesetzt und eingeklemmt, zudem in seiner Ausführung bescheiden wird er nicht wirklich zum Symbol bürgerlichen Freiheitswillens. Wie denn auch, die Zeit hierfür war abgelaufen. Der Machtwille der Renaissance-Fürsten hatte längst begonnen, in den Städten die territorialen Strukturen zu definieren. Zu einem demonstrativen präsentativ-symbolischen Akt der Bürger gegenüber der Herrschaft, wie wir ihn aus anderen Städten kennen, so z.B. in Bremen, Hildesheim, Soest, in Süddeutschland, reicht die Kraft in Kassel nicht hin. Die Stadt emanzipiert sich niemals in adoleszenter Auseinandersetzung. Sie bleibt ihren Viertelsidentifikationen verhaftet, die nicht aufgehoben werden in einer allumfassenden städtischen Kasseler Identität, evtl. symbolisiert in einem dominanten Rathausbau oder gar - wie bereits hingewiesen - in einem Kirchenbau am Markt.

Dieses Versäumnis wird deutlich an der Herkunft der Kasseler Bürgermeister (vgl. Grimmel 1964/65). Bis ins 14. Jahrhundert hinein stammten sie vor allem aus dem städtischen Patriziat. Im 15. Jahrhundert traten Bürgermeister aus den Zünften hervor. Im 16. Jahrhundert verschwägerten sich die führenden städtischen Familien mit den Beamtenfamilien der Landgrafen. Dieser Verschmelzungsprozeß zu einer homogenen Führungselite hatte freilich auch eine Annäherung an die landgräfliche Politik zur Folge: ökonomisch sicherlich eine durchaus einträgliche Loyalität. Und dennoch ist im Hinblick auf den mittelalterlichen Ursprung der Stadt mehr als eine archäologische Spurensicherung notwendig. Diese unterste Schichtung ist zugleich biographisches Sediment und in einer komplexen Schichtung aufgehoben, deren Ganzheitlichkeit die Menschen emotional tief ergreift. Vor allem ist sie Ausdruck eines Gruppenprozesses, der Befreiung von väterlicher Bevormundung, die abzuschütteln zwar nicht gelang - aber immerhin. Darf diese Möglichkeit der Selbstbestimmung in einer Beamtenstadt wie Kassel nicht aufscheinen, weil kränkend ob der eigenen unterwürfigen Dienstbarkeit, die damit ins Bewußtsein treten würde?

3.2. Absolutismus

Der Hof setzt also die Merkzeichen. Das Ende des 15. Jahrhunderts und das gesamte 16. Jahrhundert hindurch ist es der Schloßkomplex, der erweitert und insbesondere befestigt wird. Landgraf Philipp nimmt seit 1523 den weiteren Ausbau seiner Hauptstadt in Angriff und hinterläßt - trotz kaiserlichen Schleifgebots von 1548 - eine Bastion mit polygonen Befestigungsbauten nach italienischem Muster: Der Territorialstaat begann sich durchzusetzen. Die bürgerliche Stadt sank mehr und mehr zum Hoflieferanten, zum Exerzierplatz und repräsentativen Territorium herab. Es ist der Beginn eines verwirrenden Schauspiels, bei dem nicht immer eindeutig auszumachen war, wer Publikum oder Compagnia, wo Bühne und wo Realität. Rennbahn und Ottoneum sind nur die äußeren Zeichen - ebenso wie die Einbeziehung der Fuldaauc ins stadt-herrschaftliche Territorium - eines tiefgreifenden Wandlungsprozesses. Um physisch und psychisch zu überleben, bleibt nur die Identifikation mit dem Hof, mit dem Blendwerk. Bei Wohlverhalten wird die Teilnahme gestattet, wird Theater, werden die Gärten geöffnet: Hinter der Gafferlust kann die Kränkung der Entmündigung versteckt werden. Und diese Kränkung scheint mehr und mehr psychosomatische Symptome zu zeitigen. Bis zur Zerstörung des Leibes ist es freilich noch lange hin.

Die Begrenztheit des innerstädtischen Territoriums wird überdeutlich vor der erschlagenden Wucht der Wälle. Selbst dem Hof sind Grenzen gesetzt. Die älteste Kirche Kassels und mehrere Zeilen Bürgerhäuser werden für den Marstall und für eine großzügige Platzanlage abgeräumt: Auf Kosten der Stadt. Damit waren allerdings die Möglichkeiten erschöpft. Um der Enge des Schlosses und der Stadt zu entkommen, weicht Landgraf Moritz schließlich auf den Berg aus: Auf dem Weißenstein wird anstelle eines Klostergebäudes ein Lusthaus mit Park angelegt. Schlagartig waren hierdurch die Perspektiven verändert worden, denn dort, wo sich die Herrschaft

Matthäus Merian, Ansicht von Kassel, Mitte des 17. Jh.

aufhielt, hatte sich der Blick hinzuwenden. Die Entdeckung der Zentralperspektive war bis an die Fulda vorgedrungen. Ein Fokus war gefunden worden, der mehr und mehr verinnerlicht wurde, der sich in den Köpfen festsetzte, vor allem verlangte er den Blick nach oben.

Insbesondere Landgraf Karl wußte die symbolische Unterwerfungsmacht dieser Perspektive zu handhaben (vgl. Philippi 1976). Mit der intuitiven Selbstsicherheit des absoluten Fürsten formte er das nähere Umfeld der Stadt und inszenierte für alle Zeiten eine Landschaft nach seinem Willen: Der Herkules, der später das Oktogon auf dem Karlsberg krönen sollte, ist nur das äußere Zeichen einer narzißtischen Selbstüberhöhung, deren Grandiosität den Söhnen keinen Raum zur Entfaltung lassen will und schon gar nicht den Untertanen. Orangerie und Karlsaue bilden hierzu gleichsam das Pendant in der Flußniederung. Diese Allgegenwärtigkeit eines Übervaters ermöglicht kaum ein Entkommen, weil es nicht nur der Blick ist, der nach oben zu richten ist, sondern immer auch der kontrollierende Blick von oben, der einem Territorium niederdrückende archaische Qualitäten verleiht und dem nur zu entkommen ist, wenn man sich mit ihm identifiziert (vgl. Laplanche/Pontalis 1973: 219 ff). Wenn Landgraf Karl den Weißenstein als perspektivischen Fokus ins Blickfeld nahm, so war er vorher schon der städtisch-herrschaftlichen Expansiontradition gefolgt mit der großzügigen Anlage der Oberneustadt. Deren unbefestigte Errichtung außerhalb der Wallanlagen verweist - neben aller narzißtischer Verblendung - auf die Weitsicht des absolutistischen Fürsten (vgl. Krüger 1978). Handwerk, Manufaktur und Handel bedurften großzügigerer Zuweisungen, vor allem wenn mit den daraus extrahierten Mitteln die eigenen ehrgeizigen Programme verwirklicht werden sollten. Die Lage Kassels zu den größeren Absatzmärkten setzte diesen Intentionen - trotz aller Bemühungen - auch denen der Nachfolger - enge Grenzen. Festgeschrieben waren hierdurch freilich für die nächsten zwei Jahrhunderte die Entwicklungsleitlinien der Stadt, die dem Spannungsbogen zum Karlsberg mit dem Oktogon folgen sollten.

Es hat den Anschein, daß in Deutschland in einigen Fürstentümern durch die Aufnahme der Gedanken der Aufklärung durch die Fürsten selbst, dem Bürgertum erst auf die Beine geholfen wurde. So wurde ein verändertes Selbstbewußtsein des absoluten Herrschers bereits in der Erziehung des späteren Landgrafen Friedrich II. angestrebt. Im Wochenstundenplan seines Genfer Lehrers Crousaz werden für den Prinzen Ansätze naturwissenschaftlichen Denkens, humanistische Anstöße und von der Aufklärung beeinflußte theologische Auffassungen mit den Grundelementen höfischer Erziehung verbunden. Als Resultat dieser Erziehung könnte Friedrichs "Regierungsprogramm" von 1760, seine "pensées diverses sur les princes" (vgl. Both, Vogel 1973) bezeichnet werden, als eine klassische Quelle des aufgeklärten Absolutismus. Gottgnadentum wird darin aufgegeben, Justizreform und Sozialpolitik gefor

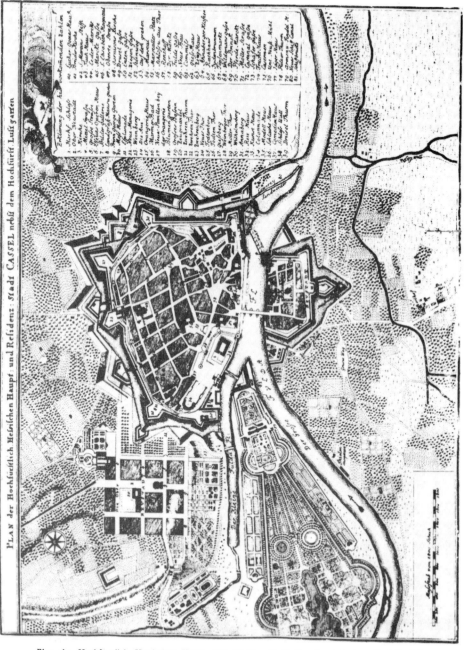

Plan der Hochfürstlich Hessischen Haupt- und Residenz-Stadt Cassel nebst dem Hochfürstlichen Lustgarten, Beilage zu: F. C. SCHMINCKE, *Versuch einer genauen umständlichen Beschreibung der Hochfürstlich-Hessischen Residenz- und Hauptstadt Cassel nebst den hahe gelegenen Lustschlössern Gärten und anderen sehenswürdigen Sachen*, Kassel 1767.

dert, Kunst und Wissenschaft gilt es zu fördern: Glück der Untertanen und Wohlfahrt des Landes liegen in der Hand des Fürsten, also auch ihre Realisierung in der Praxis.

Daß der Landgraf in Hessen-Kassel in seinen Bemühungen steckenblieb, ist sicherlich seiner Halbherzigkeit zu verdanken. Die Justizreform reichte nicht ans preußische Vorbild heran und mit der Volksbildung geizte er, ja verfestigte die tradierten Bildungsprivilegien. Sein Zugriff auf alle gesellschaftlichen Bereiche führte zu einer schlecht funktionierenden Zentralverwaltung und reichte bis zu fortgesetzten Entmündigungsversuchen der Stände. Merkantilistische Maßnahmen in der kameralistischen Form brachten bei weitem nicht den gewünschten Erfolg. Die Gründe für die versandeten Reformen lagen in der noch immer feudalen Struktur der Landwirtschaft und im Militarismus des Systems, sicherlich auch in den engen geographischen Gegebenheiten des Territoriums - und eben bei einem wenig entwickelten Bürgertum (vgl ebda.).

Immerhin schlägt sich Friedrichs aufklärerische Praxis in der Schleifung der Befestigungsanlagen 1767-69 nieder. Er befreit Kassel von jenem einengenden Korsett und es gelingt ihm mit Hilfe eines von Gohr, Le Doux und du Ry in einem städtebaulich

Ph. L. Feidel, Königsplatz nach Osten, 1820, Aquarell
(Früher Bibliothek des Vereins für Hessische Geschichte und Landeskunde)

genialen Wurf, die drei Städte auf dem linken Fuldaufer entlang einer Achse und unterbrochen durch eine Folge von Plätzen zu verbinden (vgl. Boehlke 1980). Friedrich entzieht sich hierdurch gleichzeitig der überväterlichen symbolischen Allgewaltigkeit eines Landgrafen Karl und kann dennoch dessen Tradition festsetzen. Mit dem Ausbau der Weißenstein-Allee (der späteren Wilhelmshöher Allee) stellt er klare Bezüge zu seiner Herkunft in den Vordergrund, mehr noch, er stellt sich selber ins Zentrum, und zwar nicht außerhalb, wie Landgraf Karl, sondern mitten in die Stadt. Mit dem Königsplatz fokussiert er die Zukunft der Stadt in mütterlicher Tönung. Durch die Rundung wird ein Ursprung geheuchelt, die der Patriarch mit der Säule dominiert.

Die Kasseläner haben seither ihr Leid mit diesem Platz. Er suggeriert durchaus verführerisch, was er gerne sein möchte: Der Ursprung der Stadt, das aber bleibt - trotz aller Planierungsversuche - der Altstädter Markt. Der Königsplatz könnte zum Zentrum der Region werden, wenn es gelingt, ihn "bürgerlich" zu besetzen. Die Königssäule ist lange schon gewichen, auf der geplanten Plattform eröffnen sich der Jugend vielleicht neue Perspektiven.

Zweifelsohne wurden durch diesen Platz die zänkischen Geschwisterstädte verbunden. Vor allem die hugenottische Oberneustadt wurde durch die Achse Königsstraße herangeholt. Die Neustadt, die als Adoptivkind allzu neidisch - weil bevorzugt - von den Altstädtern beäugt worden ist, wird durch väterliches Machtwort in die Familie gezwungen und durch die zwischen Friedrichsplatz und Königsplatz gelegene fürstliche Stadtresidenz geklammert.

Die Verhältnisse sind nun eindeutig und dulden keinen Widerspruch: Regierungsgebäude und Kasernen dominieren die Residenzstadt. Die traditionell herrschaftlich besetzten Orte entlang des linken Fuldaufers werden ausgeweitet. Zeughaus und ehemaliges Kloster Ahnaberg schließen als Artilleriekaserne im Norden ab. An der unteren Königsstraße liegt als Nordwestbegrenzung eine Kaserne, der Marstall bleibt ohnehin was er war. War den Kasselänern früher die Luft zum Atmen durch die Befestigungsbauten genommen, so reichte nun ein Kasernen-Gürtel hin, um aufklärerische Ideen schon gar nicht aufkommen zu lassen. Man fügte sich in sein Schicksal. Von den Soldaten und insbesondere den Offizieren ließ sich gut leben - und so manche Partie war für die Bürgerstöchter möglich - zumal Friedrich ja hinreichende Perspektiven für eine Stadtentwicklung aufgezeigt hatte.

Und wie er die Kasseläner zwang. Mit seinem Fluchtlinienplan für Kassel (vgl. Steckner 1983) hatte letztlich auch die Altstadt seinem Verschönerungsgebot Folge zu leisten. Der Blick sollte ungehindert der Linie folgen können - und wenn es auch nur Fassade war, die den mittelalterlichen Kern zu maskieren hatte. Die Regelmäßigkeit des Grundrisses faszinierte: Es handelte sich letztlich um nichts anderes als die Kontrollgeometrie des römischen Militärlagers, die schon zur Altstadterweite

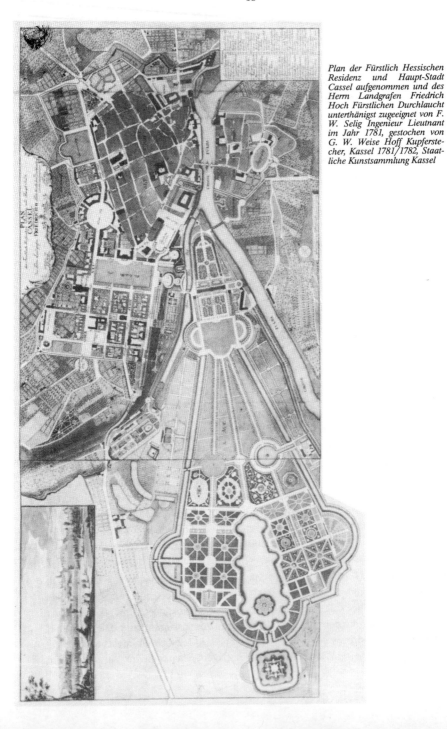

Plan der Fürstlich Hessischen Residenz und Haupt-Stadt Cassel aufgenommen und des Herrn Landgrafen Friedrich Hoch Fürstlichen Durchlaucht unterthänigst zugeeignet von F. W. Selig Ingenieur Lieutnant im Jahr 1781, gestochen von G. W. Weise Hoff Kupferstecher, Kassel 1781/1782, Staatliche Kunstsammlung Kassel

G.W. Weise, Friedrichsplatz 1789, Stich nach J.W.Kobold (Staatl. Kunstsammlungen Kassel, Kupferstichkabinett)

Kassel, Unterneustädter Kirche, Ansicht von Osten um 1900

rung und erst recht mit dem Entwurf der Oberneustadt fröhliche Urständ feierte. Die Stadt wurde allenthalben an allen Ecken und Enden beschnitten. "Unrentable Plätze" sollten verkauft werden, um dem Bauamt die nötigen Mittel für die Verschönerungsarbeiten zu verschaffen (Engelhard 1778:65 f). Mehr noch, Stadtgeschichte galt es auszumerzen: 1775 war die Neubenennung der Kasseler Altstadtstraßen abgeschlossen (vgl. ebda.). Das, was an das szenische Geschehen von damals, an die ehemals bürgerlichen Freiheiten hätte erinnern können, tief im Innnern verankert mittels der Namen, wurde ausgelöscht und durch dem Hof genehme Namen ersetzt. Ein Stück identifikatorisches Potential der Altstadt wurde systematisch zerstört: Die Einheit zwischen Ort und Namen wurde aufgehoben. Die Folge war denn auch ein schleichendes Absinken der Altstadt, Verwahrlosungstendenzen, die durch die Restaurierungen nur scheinbar gebremst worden waren. Dem Fürsten war die Altstadt ohnehin ein Dorn im Auge, also mußte sie es den Kasselänern auch bald sein: Man begann seine Geschäfte aufzugeben und zog in die "Boutiquen", des fürstlichen Teils der Stadt um. Ein Prozeß sozialer Segregation war in Gang gebracht worden.eigenartig widersprüchlich wurde die Entwicklung der Unterneustadt vorangebracht. Auch sie war von Friedrich II. von den Fesseln der Bollwerke befreit worden. Der Unterneustädter Torbereich wurde in eine ovale Platzanlage umgewandelt, sollte mit der nun zu errichtenden Magdalenen-Kirche zentraler Bezugspunkt der Urbanität jenseits der Fulda werden. Der Entwurf ließ an Großzügigkeit nichts zu wünschen übrig, allein es blieb bis Ende des 19. Jahrhunderts bei dieser Platzgestaltung. Erst im 20. Jahrhundert bis hin zu ihrer Zerstörung wurden größere Wohnquartiere hinzugefügt. Diese Widersprüchlichkeit zeigte sich in der Art der Ausstattung der Unterneustadt insbesondere mit öffentlichen Gebäuden. Die Errichtung eines Kastells am Kopf der späteren Fuldabrücke stellte die Herrschaftsverhältnisse klar. Trotz großzügiger Geste muß die Errichtung des anatomischen Theaters, einer "Schule für Ärzte und Wundärzte" sowie von "Zufluchtsorten für die Waisen, die Kranken, die Irren" an der Leipzigerstraße, ferner eines Findelhauses in der Unrterneustadt (vgl. Boehlke 1980) als eine problematische Konzentration emotional hoch belasteter Infrastruktur betrachtet werden.

Die bereits prekäre Statusposition der Unterneustadt innerhalb des Kasseler Städteensembles wurde durch diese Baumaßnahmen verstärkt: für die Städte westlich der Fulda wurde die Unterneustadt zur projektiven Folie für alles Ängstigende, Kriminelle, Deviante im weitesten Sinne.

Der Gestus der Abwertungen läßt sich weiter verfolgen und scheint symbolisch auf in der Geschichte des Neubaus der Magdalenen Kirche auf dem Leipziger Platz (vgl. hierzu Dittscheid 1982: 111-114). Jussows großzügige Pläne werden immer wieder beschnitten, jeglicher architektonische Aufwand sowohl außen wie auch innen wurde reduziert, schließlich verzichtete man auf einen Turmbau und begnügte sich in der Endausführung 1902-1908 mit einem zentralen Dachreiter. Den revolutionären Wurf Jussows konnten die Zurücknahmen nicht mindern. Als problematischer erwies sich da schon der wiederholte Umbau des Kastells. Sein vierter Umbau seit 1788 mußte bei seiner Errichtung 1794 als eindeutiger Wink für das evtl. aufmüpfige Bürgertum verstanden werden. Gleichsam zementiert wurde der sozial-räumlich, psychosoziale Status der Unterneustadt freilich erst mit der Errichtung des Kreisgerichtes am Leipziger Platz und seinem späteren Ausbau zum Bezirksgefängnis, so daß die Unterneustadt als projektive Folie nahezu über alle Einrichtungen verfügte, die ein "anständiger Kasseläner" für seine psychische Stabilisierung brauchte und die er gerne an einem Ort "auf der anderen Seite der Fulle" in sicherer Entfernung verwahrt haben wollte.

3.3. Moderne

Viele kritische Stimmen saßen ein im Kastell der Kurfürsten auf der rechten Fuldaseite. Alleine schon deswegen ist dieses Ufer stigmatisiert. Umso mehr muß der Mut eines Karl Schomburg verwundern, als er 1830 vor den Landesherren trat und eine Verfassung sowie die Konstitution des Landtages forderte. Eine tragische Geste, wenn man so will, vom Souverän die eigene Befreiung zu verlangen. Dennoch bemerkenswert - wenn auch verspätet -: Die Zeichen standen untrüglich auf Veränderung. In Kassel blieben solche Zeichen allemal "außen vor". Das Ständehaus war noch 1836 vor der Stadt angesiedelt und bildete - vielleicht gerade deswegen - den territorialen Identifikationskern für die Zeit der Verfassungskämpfe. Zumindest wurde dem gesamten Viertel mit dem Ständeplatz - als Promenade für den bürgerlichen Flaneur gedacht - ein Merkzeichen als Herzstück vorgegeben, das Raum ließ für viele. Am sternförmigen Friedrich-Wilhelms-Platz (heute Scheidemann-Platz) durfte Julius Eugen Ruhl die Ambitionen des Landtages nicht verwirklichen (vgl. Lohr 1984). Er hatte in die Gasse zu rücken, zumal der Konkurrenzgestus im Hinblick auf die Achse zum Königsplatz allzu eindeutig gewesen wäre. Dieser Verweis ins Glied durch den geschäftsführenden Kurprinzen brachte das Ständehaus der Husaren-Kaserne am Südwestende des Ständeplatzes näher, der Behausung jener verhaßten Garde du Corps, die die Knebeldienste für den Kurfürsten besorgte. Der Modernität von Ruhl's Entwurf konnten diese kurfürstlichen Interventionen keinen Abbruch tun. Im Stile des Empire verfolgt er eine klassizistische Tradition, der in ihrem Expansionsdrang zwar an der Kleinparzellenbesitzstruktur nach Westen hin Grenzen gesetzt wurden, die aber dennoch etwas von den bürgerlichen Möglichkeiten erahnen lassen, wenn auch die Orientierung noch im Grundriß des römischen castrum nicht zu übersehen ist.

Trotz aller bürgerlichen Selbstfindungsversuche fällt in die dreißiger Jahre des 19. Jahrhunderts der vorletzte Akt der symbolischen Selbstaufgabe der Kasseläner. 1837 wird das neue Altstädter Rathaus von der Stadt freiwillig abgerissen. Als Zwangsvereinigungssymbol von drei rechtlich ehemals selbständigen Städten war es zwar an symbolträchtigem Ort errichtet worden, allein seine Ausstrahlungskraft reichte nicht hin, von den Kasselänern als präsentativ-symbolischer Ausdruck ihres kollektiven Selbst erachtet zu werden. Ein Neubau in der Oberneustadt - man war in die Stadt von Landgraf Karl umgezogen und nun vollends ins Glied und an die Peripherie gerückt - verdeutlichte unmißverständlich die verbliebenen Aufgaben: Selbst-"ver"-waltung.

Daran änderten auch nichts die preußischen Prachtbauten. Der ökonomische Schub seit der Eroberung 1866 - oder sollte man besser Befreiung sagen? - hinterließ seine Spuren. Die Impulse kamen - bis auf Henschel - von außen. Die Leistungen insbesondere des Kasseler Judentums waren nicht mehr zu übersehen (vgl. Ausstellungskatalog 1987). In der Unteren Königsstraße war der Bau der Synagoge 1836-39 nur allzu gerechtfertigtes Zeichen und nahe ihren territorialen Ursprüngen am nördlichen Rand der Altstadt und nahe genug dem Zentrum, um bedeutungsträchtig zu sein. Die Holländische Straße bildete somit nicht von ungefähr eine zukunftsgerichtete Entwicklungsachse, weit ab vom Westen der Stadt - könnte man meinen. Dort zeigte sich um die Jahrhundertwende die andere Seite des Judentums: ihre Liebedienerei gegenüber den Hohenzollern. Man rückte mehr und mehr in ihre Nähe. Der Eklektizismus des Jugendstils im Vorderen Westen kürt die Übernahme feudal-absolutistischer Werte durch das Bürgertum - in Kassel einmal mehr bezogen auf den Herkules: Man mußte ihn vom Wohnzimmer-Fenster aus sehen können.

Soziale Segregationsprozesse erhielten nun ein industrielles Gepräge. Das Bürgertum zog es entweder direkt zu Füßen der Herrschaft am Mulang oder es grenzte sich ab mittels adaptierter Symbolik. Durch die Grundstückspreise im Westen der Stadt sorgte man freilich von vornherein für klare Verhältnisse (vgl. Jüngst 1988). Die Altstadt indessen sank immer weiter zum Proletarier-Quartier ab (Orte wie Bettenhausen und Rothenditmold wären hier mit einzubeziehen). Wie eine Altstadtsanierung vorzustellen war, läßt der Freiheiter Durchbruch erkennen (vgl. Schulz 1983). Der planerische Traum von der Entkernung der Innenstädte durfte ein Stückchen Wirklichkeit werden. Die Kasseler waren es offenbar einverstanden. Aber auch die Unterneustadt - ehedem schon Stiefkind genug - ließ man verkommen. In die Dachgauben konnte noch ein Bett mehr eingestellt werden, das dem Salzmann'schen Schichtrhythmus folgend vermietet worden ist. Soziale Konflikte blieben da nicht aus. Für die "anständigen" Kasseler Bürger wurde hierdurch nur bestätigt, was sie ja ohnehin schon wußten.

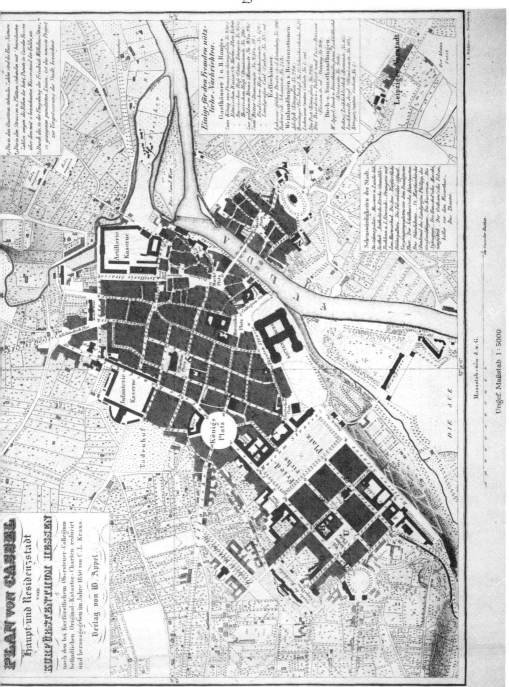

Plan von Cassel, Haupt- und Residenzstadt vom Kurfürstenthum Hessen, nach den bei Kurfürstlichem Obersteuer-Collegium befindlichen Original- Kataster-Charten reducirt und herausgegeben im Jahre 1840 von C. L. Kraus, Verlag von W. Appel

Blick von der Unterneustadt über das Zentrum Kassels zum Habichtswald im Jahre 1983, in Brier H. und Dettmar W.: Kassel, Veränderungen einer Stadt, Fotos und Karten 1928-1986, Kassel 1986

Der psychische Abspaltungsprozeß weiter Teile der Kasseler Bevölkerung - und hier insbesondere des Bürger- und Kleinbürgertums - schien nun soweit fortgeschritten, daß er gleichsam somatische Symptome zeitigte. Die landgräflich-kurfürstlich-wilhelminischen Lebensverhältnisse hatten keine Entkommenshandlungsschemata offengelassen (vgl. hierzu auch Doerry 1986). Die Selbstverstümmelung blieb als einziger Ausweg, um zumindest ein reduziertes Überleben zu ermöglichen. Es galt die Schmerzpunkte ein für allemal auszumerzen. Was die Bomber 1943 nicht schafften, erledigte das Planungsamt nach 1945 mit gezielten chirurgischen Eingriffen (vgl. Durth/Gutschow 1988). Die nationalsozialistischen Wiederaufbau-Devisen folgten einer Achsenideologie, die aus dem Nichts kommt und ins nirgends führt. Dem Funktionalen wurde gehuldigt, weil es keine Umwege verlangt, nichts in den Blick geraten kann, und deshalb so wenig erinnert zu werden braucht. Nur scheinbar, denn die Organchirurgie vermag zwar durch Herausschneiden den Schmerz zu lindern, jedoch nur um den Preis der Einschränkung von Lebensqualität. Und Schmerz ist immer ein Zeichen von Gesundheit! Steht man auf dem eingeebneten Messeplatz in der Unterneustadt, so empfindet man dort Schmerzen in der Form des Phantomschmerzes, wie er nach einer Amputation auftritt. Diese Art Schmerz verlangt eine lange Zeit des Abfindens, eine lange Zeit der Trauer über das verlorene Glied.

Fahrende Leut begegnen einem manchmal auf dem Messeplatz. Ein Anfang der szenischen Wiederannäherung wäre also getan, denn fahrende Leut lagerten schon dort, als es die Unterneustadt noch gar nicht gab.

4. In Kassel wohnt man nicht?

"Nein, in Kassel wohnt man nicht!". Man wohnt in Wilhelmshöhe, in Harleshausen, in Kirchditmold, in Wahlershausen, Bettenhausen, im Vorderen Westen etc., nur nicht in Kassel, weil es diese Stadt eigentlich gar nicht mehr gibt. Nun erfüllt der heutige City-Bereich durchaus seine infrastrukturellen Funktionen, mehr aber auch nicht. Man fährt dort hin, nur wenn es unbedingt notwendig ist - und verläßt wieder die Innenstadt wieder so schnell wie möglich. Über dieses Einkaufsverhalten kann auch die Image-Pflege des Einzelhandels im Verbund mit der Stadtverwaltung nicht hinwegtäuschen. Eine Kasseläner Identität gibt es nicht, allenfalls scheint eine gebrochene auf, wenn Zissel und der Herkules als Symbolfiguren zitiert werden. Da fühlt man sich schon heimischer im Klangraum des Kirchspiels der eingemeindeten ehemaligen Dörfer, die heute als städtische Unterzentren fungieren. In dem Maße, wie die städtische Identität mit dem Wiederaufbau vollends zerstört worden ist, in dem Maße zog sich die Bevölkerung auf dörfliche oder Viertels-Identitäten zurück, um psychisch überleben zu können: Man feiert seine eigenen Feste - und ist es zufrieden? Und den neu Hinzugezogenen ergeht es nicht besser. Die Innenstadt, insbesondere die Nordstadt wird einmal mehr den Randgruppen überlassen - oder den Interessen des Einzelhandels geopfert. Daß der Friedrichsplatz (sein Appendix wird heute Theaterplatz genannt) kein Friedrichsplatz mehr ist, ist er erst einmal in der Form einer Tiefgarage ausgehölt, ist hierbei von zweitrangiger Bedeutung, er war ohnehin nur Exerzierplatz verhaßter Regimenter.

Aufgrund der problematischen städtischen Identität der Kasseläner interessieren deshalb Planungsentscheidungen nur wenige, wenn nicht unmittelbar geschäftliche Interessen berührt werden - und die Engagierten stammen meistens nicht aus Kassel. Die Mitarbeiter/innen des Planungsamtes können hier wohl zugerechnet werden. Es scheint ein Wiederholungszwang zu greifen, dessen Mechanik etwas Unerbittliches in sich hat, weil keine Antwort auf die Frage gegeben werden kann: "Womit könnte ich mich in dieser Stadt identifizieren?" So bleibt denn nur die Erinnerungsarbeit und die Trauer. Diese bleibt selbst einem neu Hinzugezogenen nicht erspart. Die Erinnerungsarbeit ist mit Spurensuche draußen verbunden und mit der Wiedergewinnung der Ereignisgeschichte. Es liegt ein Trugschluß vor zu glauben, man bräuchte nur Gras - oder besser Beton und Asphalt über das Vergangene wachsen zu lassen. Selbst der Beton und der Asphalt provoziert noch die Fragen der Kinder! Wenn die Stadt schon nicht mehr substanziell fortleben konnte, so kann sie dies in den Köpfen ihrer Bewohner/innen. Erst nach der Trauer ist ein Vergessen möglich, das vom Verdrängen insofern zu unterscheiden wäre, weil die Wiedererinnerung ad hoc erfolgen kann.

Die Spurensuche hat in Kassel begonnen. Die Rekonstruktion der Ereignisgeschichte braucht wohl noch länger, weil z.B. Fragen nach dem Verbleib des Eigentums der vertriebenen Kasseler Juden noch immer auf eigenartige Empfindlichkeiten treffen. Die Suche darf einem Geschichtsverein nicht alleine überlassen werden: Die Staubsedimente - im noch zu schaffenden - Kasseler Stadtmuseum erweisen sich gegenüber der Erinnerung als äußerst undurchlässig. Da wäre noch die Selbstverständlichkeit eines historischen Atlanten anzumahnen, der den Schulen zur Verfügung stünde. Überhaupt wären sie der Ort, wo die Ausgrabungen beginnen müßten. Hoffnungsvoll klingt die Zeughaus-Initiative, weil der Schmerz der Wiederbegegnung auf diese Weise am besten durchgearbeitet wird und die Diffusität des Territoriums zur inneren komplexen Schichtung gerinnt, zum unlöschbaren territorialen Engramm der eigenen Lebenswelt. Vielleicht gelingen der Postmoderne einige Würfe, indem sie die Antagonismen zwischen alt und neu, zwischen "anständigen" und "anrüchigen" Vierteln dialektisch aufhebt. Die Gewalttätigkeit der Zentralperspektive der Wilhelmshöher Allee wird durch das neue Bahnhofsvordach in ihrer Unerbittlichkeit zumindest irritiert: Später Widerstand gegen die Landgrafen? An so manchem anderen Ort der "modernen" Stadt verfängt sich wieder der Blick in einer neu errichteten Gebäudefront.. Mit dem was ist leben, sich öffentlich darüber streiten - und "das Beste daraus machen" sind allemal Tugenden, vor allem aber Ausdruck einer politischen Kultur, an der im gruppendynamischen Sinne alle gesellschaftlichen Gruppen mitarbeiten müssen.

Und die Unterneustadt? Auch ihr "Wiederaufbau" wird noch manchen Streit vom Zaume brechen. Gut so! Ihre Grundrisse könnten einfach auf den Messeplatz gezeichnet werden um zu wissen, wo zu graben wäre. Das alleine wäre freilich nicht hinreichend. Der Chronist ist gefragt. Nur - soll die Unterneustadt im psychosozialen Sinne bezogen auf das ganze Kassel als das Wiedererstehen, was sie einmal war - ein Unort für die Kasseläner? oder soll sie ein Lebensort werden, der mit städtischen Funktionen ausgestattet ist, die die Unterneustadt - trotz Gefängnis - attraktiv und lebenswert erscheinen lassen?

Literatur:

Ausstellungskatalog (1987): Juden in Kassel. 1908-1933. Eine Dokumentation anläßlich des 100. Geburtstags von Franz Rosenzweig Kassel.

Bourdieu,P. (1976): Entwurf einer Theorie der Praxis. Frankfurt.

Brunner,H. (1913): Geschichte der Residenzstadt Cassel. Kassel (Neudruck 1978, Frankfurt).

Both,W.v. und Vogel,H. (1973): Landgraf Friedrich II. von Hessen-Kassel, München.

Boehlke,H.-K. (1980): Simon Louis du Ry. Ein Wegbereiter klassizistischer Architektur in Deutschland. Kassel.

Buck,H. (1968): Kassel und Ahnaberg. Studien zur Geschichte von Stadt und Kloster im Mittelalter. Diss., Frankfurt.

Dittscheid, H.-Chr. (1982): Kassel und die Krise der Bauaufgabe "Schloß" am Ende des Ancien Régime (Diss.), Mainz.

Doerry,M. (1986): Übergangsmenschen. Die Mentalität der Wilhelmminer und die Krise des Kaiserreichs. Weinheim und München.

Durth,W. und Gutschow,N. (1988): Träume in Trümmern. Planungen zum Wiederaufbau zerstörter Städte im Westen Deutschlands. 1940-1950. 2 Bde. Braunschweig, Wiesbaden.

Egli,E. (1979): Geschichte des Städtebaus, 3 Bde., Erlenbach-Zürich.

Engelhard,R. (1778): Endbeschreibung der hessischen Lande, Kassel.

Grimmel,E. (1964/65): Die Bürgermeister der Stadt Kassel 1500-1963. In: ZHG 75/76: 225-258.

Holtmeyer,A. (1923): Die Bau- und Kunstdenkmäler im Regierungsbezirk Cassel, Bd. 6, Kreis Cassel-Stadt, Marburg.

Hoffman-Axtleben,D. (1988): Die Identität der Stadt. Moralische, historische und ästhetische Gesichtspunkte des Wiederaufbaus von Freudenstadt. In: Stadtgestalt und Heimatgefühl. Der Wiederaufbau von Freudenstadt 1945-1954. Analysen, Vergleiche und Dokumente, Hamburg.

Hoffmann-Axtleben,D. (1989): Die verpaßte Stadt. Innenstadt Kassel, Zustandsanalyse und Methodik ihrer Wiedergewinnung. In: Gesamthochschule Kassel, Schriftenreihe des Fachbereichs Stadtplanung und Landschaftsplanung Bd. 15, Kassel.

Jüngst,P. und Meder,O. (1990a): Psychodynamik und Territorium. Zur gesellschaftlichen Konstitution von Unbewußtheit im Verhältnis zum Raum. Bd.I: Experimente zur szenisch-räumlichen Dynamik von Gruppenprozessen: Territorialität und präsentative Symbolik von Lebens- und Arbeitswelten. In: Urbs et Regio, Bd. 54, Kassel.

Jüngst,P. und Meder,O.(1990b): Innenstadt als Identifikationsraum. In: Riedel, U. (Hrsg.): Erlebnisraum Innenstadt. Beiträge zu einem Verkehrs-, Wirtschafts- und Kulturkonzept für Bremen. Bremen.

Jüngst,P. (1988): "Macht" und "symbolische Raumbezogenheit" als Bezugsgrößen innerstädtischer Differenzierungsprozesse in der Industriellen Revolution. In: Urbs et Regio Bd. 46, Kassel.

Lohr,S. (1984): Planungen und Bauten des Kasseler Baumeisters Julius Ruhl, 1796-1871, Dramstadt.

Lorenzer,A. (1968): Städtebau: Funktionalismus und Sozialmontage? Zur sozialpsychologischen Funktion der Architektur. In: Bernd,H.; Lorenzer,A. und Horn,K. (Hrsg.): Architektur als Ideologie, Frankfurt.

Lorenzer, A. (1984): Das Konzil der Buchhalter. Die Zerstörung der Sinnlichkeit. Eine Religionskritik, Frankfurt.

Langer,S.K. (1965): Philosophie auf neuem Wege. Frankfurt.

Laplanche,J. und Pontalis,J.-B. (1973): Das Vokabular der Psychoanalyse, 2 Bde. Frankfurt.

Mendel,G.(1972): Die Revolte gegen den Vater. Eine Einführung in die Soziopsychoanalyse, Frankfurt.

Philippi,H. (1976): Landgraf Karl von Hessen-Cassel. Ein deutscher Fürst der Barockzeit. Veröffentichung der hist. Kommission für Hessen, H. 34, Marburg.

Salow, E. (1978): Das Zunftwesen in Kassel bis zum Erlaß der hessischen Zunftordnung von 1693, Hess. Lichtenau.

Schulz,H. (1983): Altstadtsanierung in Kassel. Stadtumbau und erhaltende Stadterneuerung vor dem Zweiten Weltkrieg, Kassel.

Steckner,C. (1983): Die "Verschönerung" von Kassel unter Friedrich II. In: Kasseler Hefte f. Kunstwissenschaft und Kunstpädagogik, Heft 5: 33-51.

Wegener,K.-H. (1981): Kassel. Ein Stadtführer, Kassel.

Wunder,H. (1983): Wirtschafts- und Sozialstruktur Kassels im 18. Jahrhundert. In: Kasseler Hefte f. Kunstwissenschaft und Kunstpädagogik, Heft 5: 13-22.

Peter Jüngst

Psychodynamik und sozialräumliche Segregation. Überlegungen zur Territorialität und präsentativen Symbolik in den Städten der industriellen Revolution

Gliederung:

1. Vorbemerkung

2. Der methodische Zugang: über das Verhältnis präsentativer Symbolik zu Subjekten und Kollektiv

3. Primär- und Sekundärprozesse im Wandel - zur Zunahme von Aggressivität und intra- und interpsychischen Spaltungstendenzen

4. Zur Unverträglichkeit sozialer Gruppen - die anderen als Fokus von Aggression und Neidgefühlen

5. Zur phantasmatischen Bedeutung sozialer Viertelsbildungen

5.1. Identitätsstabilisierung und basale Schutzbedürfnisse gegen das bedrohliche "Draußen"

5.2. Territorialität und Symbolik als Ausdruck differierender Primär- und Sekundärprozesse

5.3. Szenisch-räumliche Ambivalenzen und die Neigung zur Mobilität

6. Territoriale Ordnungsmuster als Ausdrucksformen intergruppaler Beziehungsstrukturen

6.1. Das Sektorprinzip als stadtspezifische Umsetzung "szenisch-räumlicher Schachtelung"

6.2. Modifikationen und Abweichungen vom Sektorprinzip - zu den psychosozialen Bedingungskontexten besonderer territorialer und präsentativ-symbolischer Formen

7. Schlußbemerkung

1. Vorbemerkung

Seit einiger Zeit beschäftige ich mich mit innerstädtischen Differenzierungsprozessen in der industriellen Revolution am Beispiel von Kassel (Jüngst 1988a und Jüngst u.a. 1993). Bei der theoretischen Strukturierung des betreffenden Forschungsprogramms erwies sich die Kategorie der "symbolischen Raumbezogenheit" - neben der Kategorie "Macht" - als eine zentrale Bezugsgröße, mittels derer Prozesse innerstädtischer Differenzierung während der industriellen Revolution in einen umfassenderen theoretischen Erklärungskontext eingeordnet werden konnten. Anliegen dieser neuerlichen Annäherung an symbolische Raumqualitäten innerstädtischen Geschehens während der industriellen Revolution (hier in Mitteleuropa, aber auch in anderen sich industrialisierenden Staaten wie Großbritannien und die USA) ist es, jene in systematischerer Weise auf ihre sozialpsychologischen Qualitäten zu hinterfragen, als dies im Rahmen meiner früheren Studie möglich war, die mehr auf die Integration einer Vielzahl sozialökologischer und verwandter wissenschaftlicher Ansätze abzielte. Bei diesem neuerlichen Beginnen suche ich mich durchgehend auf eine am psychoanalytischen Paradigma orientierte Methodologie zu stützen, die - davon bin ich mehr und mehr überzeugt - eine wichtige Voraussetzung darstellt für jeden tieferen Zugang zu sozialen Phänomenen. Im vorliegenden Falle scheint mir eine psychoanalytisch orientierte Sozialpsychologie insbesondere dazu geeignet, das theoretische Rüstzeug bereitzustellen, die mit der industriellen Revolution veränderten Territorialitäten und symbolischen Bezüge unserer Städte zu begreifen. Mittels eines entsprechenden theoretischen Zugangs lassen sich letztere als Ausdrucksformen komplexer psychodynamischer Prozesse interpretieren, die zugleich dazu dienten, den in der gesellschaftlichen Umbruchphase der industriellen Revolution modifizierten intra- und interpsychischen Erlebensformen von Subjekten und sozialen Gruppen eine neue räumliche Fassung und Kanalisierung zu geben.

Um sich dieser Problemlage anzunähern, kann freilich keineswegs von dem besonderen ökonomischen Kontext abstrahiert werden, innerhalb dessen jene neuen Formen von Territorialität und präsentativer Symbolik zum Tragen kamen und der sich aus einer metatheoretischen Perspektive heraus ja zugleich als realweltliches Komplement zu jenen individual- und sozialpsychologischen Veränderungen begreifen läßt. Im Falle der hier interessierenden Aspekte territorialer Stadtgestaltung und Differenzierung waren es in der sich ausbildenden Wettbewerbsökonomie insbesondere die Mechanismen eines entwickelteren Boden- und Mietmarktes (vgl. Jüngst 1988a, S. 22 f. u. 28 ff.), innerhalb derer neue symbolische Raumbezüge und territoriale Formen zur Ausprägung gelangten. Im Hinblick auf die Segregationserscheinungen während der Industriellen Revolution heißt dies, daß sich räumliche Differenzierungen prinzipiell über die ökonomische Potenz der Wohnungsnachfrager regelten. Je höher das Einkommen war, desto mehr stieg die Wahlmöglichkeit zwischen verschiedenen potentiellen Wohnstandorten, d.h. der Entscheidungsspielraum der einkommensstärkeren Gruppen erwies sich im Prinzip als beliebig groß.

Hier nun läßt sich, wie ja schon Hamm (1977) herausgestellt hat, jener uns hier vor allem interessierende weitere Verteilungsmechanismus sozialräumlicher Differenzierung annehmen, der sich über symbolische Raumbezüge jeweiliger Wohninteressenten zu vorhandenen und potentiellen Wohnstandorten regelte. Jener Mechanismus wurde primär für solche Gruppen entscheidungsrelevant, denen die ökonomischen Bedingungen einen mehr oder weniger großen Entscheidungsspielraum bei der Realisierung eigener symbolisch geprägter Raumansprüche erlaubten. Entsprechend dieser These läßt sich weiter folgern: hatten sich die Gruppen mit einem größeren Entscheidungsspielraum für einen Standort entschieden, so verblieben für die jeweils übrigen Gruppen die restlichen Standorte, wobei der Freiheitsgrad bei der Realisierung eigener symbolisch geprägter Raumansprüche wiederum mit den jeweiligen ökonomischen Potenzen variierte. Angesichts eines solchen Verteilungsmechanismus (siehe hierzu ausführlicher Jüngst 1988a, S. 28 ff sowie S. 63, 74 ff und 80 ff) gerät die inhaltliche Ausfüllung der Kategorie "symbolische Raumbezogenheit" und deren Einbindung in eben jene über Mechanismen des Boden- und Mietmarktes faßbaren Segregationsprozesse zur Notwendigkeit. Dabei wird es vor allem auch erforderlich sein, die Kategorie symbolische Raumbezogenheit, die ja in dem hier diskutierten Zeitraum in ihrer inhaltlichen Füllung beträchtliche Wandlungen erfährt, in den Kontext jener Veränderungen sozial- und individualpsychologischer Bezüge zu stellen, wie sie gegen Ende des Absolutismus und während der Industriellen Revolution die Gesellschaft insgesamt und ihre sozialen Teilgruppen zu ergreifen begannen.

2. Der methodische Zugang: über das Verhältnis präsentativer Symbolik zu Subjekten und Kollektiv

Zur Aufschließung sozialpsychologischer Dimensionen symbolischer Raumbezüge dient ein am psychoanalytischen Paradigma orientierter methodischer Ansatz, wie er zuerst von Lorenzer entwickelt wurde. Er geht insbesondere davon aus, daß jeglichen Phänomenen, so auch städtischen Ensembles und sonstigen städtischen territorialen Gebilden eine weithin unbewußte "präsentative Symbolik" anhaftet, zu der Individuen je eine spezifische Resonanz entfalten. Mit dem Begriff "präsentative Symbolik" wird - entsprechend den Ausführungen von Lorenzer - die "Ganzheit" der Erlebens- und Gefühlsvielfalt bezeichnet, die ein gegebener Gegenstand abbildet und zugleich beim Betrachter auslöst. Jene im Gegenstand abgebildete unzerlegte und damit auch weithin undurchschaubare "Ganzheit" der Erlebnisvielfalt führt den Betrachter in der Begegnung an spezifische emotionale Tiefenschichten heran (vgl. Lorenzer 1984, S. 31 sowie auch Langer 1965). Diese Tiefenschichten lassen sich nach Ergebnissen psychoanalytischer Forschung und Theoriebildung zu jeweils besonderen Beziehungs- und Erlebensstrukturen in Bezug setzen, wie sie im Verlauf seiner Lebensgeschichte vom Individuum erfahren und gespeichert wurden und in je spezifischen Lebenssituationen in unterschiedlichen Mischungen in der Form von Gefühlsstimmungen und Phantasiekomplexen reaktiviert werden können. Solche Formen biographisch erworbenen Beziehungserlebens werden auch evoziert in der Begegnung mit städtischen Ensembles wie überhaupt städtischer Territorialität. Entsprechend können symbolische Raumbezüge - und hier greife ich auf von Oskar Meder und mir durchgeführte Studien zurück (Jüngst/Meder 1986,1988 und Jüngst 1988b) - als symbolische Belegungen geographischen Raums mit vergangenem und gegenwärtigem Beziehungserleben bzw. mit diesem verbundenen Gefühlsanteilen verstanden werden. Die symbolisierten Beziehungs- und Erlebensstrukturen geraten meist kaum oder nur partiell ins Bewußtsein der Akteure, ist doch der Zugang zu diesen durch lebensgeschichtliche Ereignisse mehr oder weniger verschüttet und unterliegt auch Tabuisierungen unterschiedlichen Ausmaßes. Im übrigen kann davon ausgegangen werden, daß die Anvermittlung solchen Beziehungserlebens an äußere Realität und dessen Repräsentierung im Subjekt als Aufschichtung innerer Szenarien sozialgruppenspezifisch erfolgt, d.h. dem selben Gegenstand werden je gruppenspezifisch getönte Symbolisierungen angeheftet.

Damit verweist präsentative Symbolbildung auf spezifische intra- und interpsychische Prozesse gesellschaftlicher Formationen, die sich in eben jener Symbolik repräsentieren. Präsentative Symbolik verdient unser Interesse jedoch nicht nur als Ausdrucksform inneren Erlebens, das sich in eben jenen symbolischen Formen niederschlägt. Vielmehr kann auch umgekehrt angenommen werden, daß die Begegnung von Subjekten und Gruppen mit präsentativer Symbolik aufgrund der dieser eignenden psychischen Tiefendimensionen jeweils spezifische intra- und interpsychische Resonanzen evoziert, die psychosoziale Prozesse beeinflussen und damit handlungsträchtig werden. D.h. der Umwelt eignet nicht nur der Charakter einer Projektionsfolie für intra- und interpsychische Dynamik, vielmehr wirkt diese mittels ihrer Territorialität und der dieser angehefteten präsentativen Symbolik unmittelbar auf die kollektive Psychodynamik zurück. Die Umwelt vermag auf solche Weise als wesentliches Medium zur Tarierung labiler Gesellschaftsverhältnisse zu wirken - und jeglicher Gesellschaftsformation eignet ja aufgrund der ihr immer immanenten intra- und interpsychischen Virulenzen eine latente Labilität - , indem sie mittels ihrer symbolischen Generierungsmacht individual- und sozialpsychologische Spannungsmomente aufzufangen und in gesellschaftlich akzeptierter Weise zu kanalisieren sucht. Sie stützt damit psychosoziale Kompromißformen (Heigl-Evers/Heigl 1979 und 1983, Jüngst/Meder 1992, S. 1 ff.), wie sie sich zwischen Subjekten und den verschiedenen Teilgruppen einer Gesellschaft ausgebildet haben. Soweit dies den Untersuchungsgegenstand Stadt betrifft, so geschieht dies mittels einer besonderen Territorialität, deren präsentativ-symbolische Formen die Subjekte existentiell ergreifen und auf diese Weise in vorhandene gesellschaftliche Verhältnisse einzubinden suchen.

Infolge ökonomischer und sozialer Umbrüche mögen überkommene Territorialität und ihr immanente präsentativ-symbolische Formen in eine Disfunktionalität zu den dynamisierten gesellschaftlichen Verhältnissen und diesen immanenten psychosozialen Spannungsmomenten geraten. In diesem Fall muß das Territorium und die diesem inhärente präsentative Symbolik den dynamisierten Gruppenprozessen in einer Weise angepaßt werden, die zur Stabilisierung neuer, den ausgelösten intra- und interpsychischen Virulenzen adäquaterer psychosozialer Kompromißformen beiträgt. Im Sinne einer Ungleichzeitigkeit der präsentativen Symbolik (vgl. Jüngst/Meder 1990a, S. 508ff) wird das Territorium neu strukturiert, bis entwickeltere Formen von präsentativer Symbolik gemäß einem neuen psychosozialen Kompromiß der Gruppe tragen. Dabei können freilich verbleibende "konservative" Formen präsentativer Symbolik für die Gruppe im Krisenfalle Auffangcharakter haben, sollten sich die neuen Formen als noch nicht hinreichend stabilisierend erweisen (Jüngst/Meder 1990b).

3. Primär- und Sekundärprozesse im Wandel - zur Zunahme von Aggressivität und intra- und interpsychischen Spaltungstendenzen

An anderer Stelle (Jüngst 1988a) habe ich schon herausgestellt, daß es hier nicht darum gehen kann, die komplexe Vielzahl möglicher symbolischer Raumbezogenheiten als Bezugsgrößen für städtische Territorialität und hier im Vordergrund stehende städtische Segregationspozesse zu verwenden. Die industrielle Revolution kennzeichnet eine gesellschaftliche Umbruchphase extremen Ausmaßes, in der mehr oder weniger fixierte Herrschaftsverhältnisse mit entsprechenden szenisch-herrschaftlichen Raumstrukturen im Kontext einer akzellerierenden "heißen" Gesellschaft (Erdheim 1984) Umformungen erfahren und es zu territorialen Verteilungskämpfen kommt, bis neue Herrschaftsverhältnisse mit einem szenisch-räumlich gemäßen Zugriff auf Raum durchgesetzt sind. Ich hatte die Annahme vertreten, daß in solchen Kontexten, für die "chaotische", d.h. für die einzelnen

Subjekte und Gruppen nicht überschaubare und damit bedrohliche Raumsituationen charakteristisch sind, insbesondere zwei Dimensionen präsentativer Symbolik von besonderer Bedeutung werden. Zum einen sind es räumlichen Strukturen anvermittelte Machtsymboliken, mit denen Ergebnisse territorialer Auseinandersetzung zum Ausdruck gebracht werden können. Die Teilhabe an entsprechenden räumlich fixierten und strukturierten Machtsymbolen beinhaltet gerade in Situationen chaotisch erscheinenden Wandels auch Elemente der Selbstversicherung, durch die die eigene Positionierung dokumentiert wird. Zugleich erfolgt eine Abgrenzung gegenüber jenen Subjekten und Gruppen, die die erworbene Macht wieder gefährden und in die Unsicherheit eines Daseins zurückzustoßen drohen, in dem weder die Kontrolle über die Umwelt und die anderen möglich erscheint, noch andere für das Subjekt Versorgungsfunktionen in einem als ausreichend empfundenem Maße übernehmen. Damit ist zugleich auf die zweite Dimension hier angenommener präsentativer Symbolik verwiesen, die durchaus mit der ersteren Überlappungen aufzeigen kann. Es ist dies eine szenisch-räumliche Symbolik des Aufgehobenseins und des Rückzugs. Sie verspricht - vor allem in "chaotischen" Raumsituationen - auf einer höhersymbolischen Ebene eine Konstituierung von identitätsstiftenden Szenen und Räumen, wie sie in frühkindlichen Welten erstmals inszeniert, d.h. erfahren und phantasiert worden waren.

Sind mit diesen Überlegungen insbesondere intra- und interpsychische Turbulenzen angesprochen, die Subjekte und tendenziell ganze Gruppen in "regressive" Reaktionsweisen und ihnen entsprechende szenisch-räumliche Verhaltensmuster zu treiben scheinen, so spricht u.a. die Konstanz und das Ausmaß der eingeleiteten sozialräumlichen Veränderungen für die Wirksamkeit tieferliegender psychischer Mechanismen, die nicht nur der Wirksamkeit temporärer individueller und kollektiver Regressionen geschuldet sein dürften. Vielmehr läßt sich vermuten, daß diese Mechanismen in einer Veränderung der psychischen Konstitution von Subjekten selbst, ja tendenziell in der Veränderung von Erlebens- und Verhaltensweisen ganzer sozialer Gruppen wie auch der Interaktionsbezüge zwischen sozialen Gruppen wurzeln dürften. Um solchen Zusammenhängen näher nachgehen zu können, erscheint es sinnvoll, sich zunächst den komplexen Veränderungen von Subjektivität und Gruppenbezügen zuzuwenden, die sich in unserer Gesellschaft gerade in den hier zur Debatte stehenden Zeiträumen der Industriellen Revolution vollzogen. Dies kann freilich an dieser Stelle - sowohl angesichts der bisher nur geringen wissenschaftlichen Durchdringung entsprechender Fragestellungen als auch aufgrund der Komplexität der betreffenden Thematik - nur skizzenhaft geschehen. Dabei erfahren insbesondere jene Aspekte solcher Veränderungen Beachtung, von denen Auswirkungen auf Territorialität und präsentativ-symbolische Raumbezüge erwartet werden können.

Einen zentralen Stellenwert für die angesprochenen komplexen Veränderungen von Subjektivität und Gruppenbezügen dürften die tiefgreifenden Veränderungen familialer Strukturen und ihnen korrespondierender Mechanismen von Persönlichkeitsformung und Präformierung psychosozialer Bezüge besitzen, wie sie im ausgehenden Absolutismus und während der industriellen Revolution sich durchzusetzen begannen. Die Produktionsweise des "ganzen Hauses" der alten Gesellschaft stellte eine Familienwirtschaft dar, in der einerseits der Mann für die heranwachsenden Kinder präsent war, andererseits aber auch die Mutter im Produktionsprozeß meist "in erheblichem Maße engagiert war" (Prokop 1989, S. 81). "Das Selbstbewußtsein der Frauen gründete in der starken Stellung der häuslichen Produktion. Ihre Arbeit war unersetzlich. An dieser Tatsache fand die patriarchalische Unterordnung ihre Grenze. Eine Mutterrolle im heutigen Verständnis gab es nicht" (ebda.). "Es gab, zumal im häuslichen Bereich, keine Trennung der Wohnbereiche und der Arbeitsbereiche" (ebda.).

Mit der zunehmenden Trennung von Wohn- und Arbeitsstätte vollzog sich - ausgehend vom gehobenen Bürgertum - eine neue Definition der Mutterrolle. Sie stand in Korrespondenz zu gesellschaftlichen Erfordernissen: Die wachsende Bildung der Männer verschärfte die Beziehungsasymmetrie im Geschlechterverhältnis. Für den Mann, der in der sich herausbildenden kapitalistischen Konkurrenzgesellschaft zunehmend existentiellem Druck ausgesetzt war, wurde die Frau zum Hort der Innerlichkeit und Gefühle. "Anders als die Frauen der Aristokratie, anders als die arbeitenden Frauen der unteren Klassen, führten die Frauen der gehobenen bürgerlichen Schicht (...) das zurückgezogene Leben einer Hausfrau in einem moralisch strengen Milieu. Hier entstand die "Neue Mütterlichkeit" real" (ebda., S. 204; s. auch Badinter 1982). Diese Frauen waren die ersten, die in einer eher modernen Form der Familie lebten. Sie waren abhängig vom Geldeinkommen des Ehemannes und ohne eigene außerhäusliche Geschäfte. Sie standen außerhalb eines familienübergreifenden Lebenszusammenhangs, wie er die Lebensverhältnisse der Frau in der "Alten Gesellschaft" gekennzeichnet hatte.

Jene drastischen Veränderungen von szenisch-räumlichen Konstellationen im familialen Bereich zeitigten tiefgreifende Wandlungen familialer Psychodynamik (Jüngst/Meder 1989): Der Mann verwies die Frau auf das Haus und damit, soweit es ihre emotionale Befriedigung anging, insbesondere auf den Umgang mit den Kindern. Die tendenzielle Unbefriedigtheit der Frau im erlebten Mangel mit dem Mann suchte sie zu kompensieren und sich partiell an ihm unbewußt zu rächen (vgl. auch Cooper 1972) in einer inzestuösen Nähe, für die sich vor allem der Junge aufgrund seiner entgegengesetzten Geschlechtlichkeit anbot. Der frühen Überschwemmung mit wechselnden Gefühlen des Veschlungen-Werdens und der Verschmelzung sowie den zunächst auf die Mutter gerichteten Kastrationsphantasien wurde der Junge durch die Triangulation, dem Dazwischen-Treten des Vaters entrissen, der Junge wurde gleichsam gerettet. In einer sekundären und tertiären Sozialisation, die gleichsam als Grundform diese "Rettung" fortschrieb und modifizierte, mußte er sich auch später von jenen Subjekten, die er als personalisierte Mutterimagines erlebte, fernhalten und sich in die homoerotisch getönte Sicherheit der Institutionen der Männergesellschaft flüchten. Der Junge organisierte später seine Bezüge zu seiner Frau so wie sein Vater. Indem der junge Ehemann eine befriedigende Beziehung im unmittelbaren Umgang verweigerte, prädisponierte er unbewußt das Schicksal seines Sohnes, aber auch das der Tochter.

In jenen Staaten, in denen sich im Verlauf des Absolutismus und der Industrialisierungsphase eine zunehmende Militarisierung - so in Gestalt einer allgemeinen Wehrpflicht - vollzog, dürfte die skizzierte Psychodynamik noch in erheblichem Maße verstärkt worden sein. Schon in den Kriegen des 18. und 19. Jhdts. waren immer wieder die Männer von zu Hause fortgeführt und insbesondere die Jungen der alleinigen Obhut der Mütter überlassen worden. Deren emotionale Bedürfnisse konnten nur gleichsam heimlich im Rahmen der Familie mit dem Abbild des Mannes, dem Sohn befriedigt werden. Verstärkte Verschlingungsängste ergaben sich für die Jungen als Folge, woraus sich massive Aggressionen als Abwehrformationen aufbauten, eine Aggressivität, die jedoch nicht gegen das geliebte Objekt gerichtet werden konnte, sondern projektiv abgespalten werden mußte und gegen dritte schließlich agiert worden ist. Die heimkehrenden und auch die länger dienenden Väter, die ihre Abwesenheit in Formen homoerotisch getönter Männerbündelei noch in der Anwesenheit fortsetzten, vollzogen die Triangulation in der Regel auf rigideste und brutalste Weise. Sie wurden von den Jungen als Aggressoren erlebt, mit denen sie sich, wollten sie in solchen elenden Szenen überleben, nur noch identifizieren konnten. Es fehlte in der Regel an positiven Identifikationen, an positiven Vorbildern, die ihr labiles Ich gestützt hätten gegenüber den Verschlingungsängsten vor den Müttern. Den Jungen standen vor allem Väter zur Verfügung, die mit ihren Taten prahlten und auf diese Weise erfahrene Kränkungen und erlebte Ohnmacht verleugneten.

In den sich militarisierenden Staaten dürfte jene überspitzte patriarchale Dynamik - vermittelt vor allem über homoerotisch gefärbte Männerbündnisse (s. auch Theweleit 1980) - nahezu alle lebensweltlichen Bereiche durchdrungen haben. Die Aggressionen ob der Übergriffe der Väter, Übergriffe, die sich in der Schule und beim Militär fortsetzten, legierten mit jenem vorgeformten Reservoir an Aggressivität, das aus den Verschlingungsängsten vor den Müttern rührte. Gezielt geformt und gerichtet wurde jenes Reservoir im Verlauf des militärischen Drills, so daß es immer wieder nur eine Frage der Zeit war, wann im Interesse der herrschenden Gruppierungen jenes aggressive Potential gesellschaftlich legitimiert in kriegerischen Handlungen freigesetzt werden konnte.

Eine teilweise ähnliche psychodynamische Ausrichtung wie die allgemeine Wehrpflicht dürfte - jedenfalls für den Bereich der Unterschichten - die um sich greifende Fabrikarbeit mit den sie begleitenden disziplinierenden Vorschriften, der Monotonie von Arbeitsabläufen und erniedrigenden Arbeitssituationen gehabt haben. Sie riß Individuen aus tradierten Zeit- und Raumstrukturen, die ihrer Subjektivität mehr oder weniger angepaßt waren, und unterwarf sie dem Maschinentakt industrieller Produktion und einem zugeschärften Autoritarismus (Kaschuba 1990). Der Maschinenwelt und ihren Trägern ausgesetzt zu sein, dürfte letztlich Phantasmen übermächtiger kontur- und zeitloser, weil allgegenwärtiger parentaler Imagines evoziert haben, vor denen kein Entkommen möglich war. Solche gewalttätige Einbindung, die ihre Stützung in einer entsprechend reduzierten präsentativen Symbolik und Territorialität der Fabrikstätten fand und die im Subjekt Gefühle der Erniedrigung und Bedrohung evozierte, griff in Formen von Unzufriedenheit und Aggressivität jedenfalls auch in den familialen Bereich, insbesondere auf die Kinder über. Letztere wurden auf diese Weise tendenziell in Situationen prononcierter Abhängigkeit versetzt, d.h. einem Angst-Wunschpotential ausgeliefert, das oszillierte zwischen minimaler Befriedigung und gleichsam drohender Vernichtung.

Mit den vorausgeschickten Überlegungen wurde versucht, die Auswirkungen veränderter heteronomer Systembedingungen auf die Erziehungspraxis gegenüber Heranwachsenden sowie für deren psychisches Erleben zu umreißen, insbesondere mit Blickrichtung auf die veränderte trianguläre Konstellation. Wenig Beachtung wurde dabei Veränderungen primärer Beziehungskonstellationen geschenkt, insbesondere der Soziologie des Verhältnisses der Mütter zu ihren Kindern als Ergebnis veränderter Wert- und Normensysteme, die wiederum mit sozialen und ökonomischen Veränderungen korrespondierten. Gerade auch jene Veränderungen primärer Beziehungskonstellationen dürften in nicht unerheblichem Maße Voraussetzung für den Wandel und die Wirkung von Sozialisationsabfolgen gewesen sein, indem sie sich in spezifischer Weise mit dem ödipalen Erleben legierten (Thevenin 1976, vgl. auch Aries 1976 u. Johansen 1980).

Diese Veränderungen sind zu begreifen als zunehmende Distanzierung der Mütter gegenüber den unmittelbaren Bedürfnissen des Kindes nach Geborgenheit, Versorgung und Gewährenlassen. So betont Prokop für die alte Gesellschaft: "Trotz der regionalen Unterschiede kann man für die erste Lebensphase feststellen, daß die traditionelle Erziehung an Beruhigung und Besänftigung des Kindes orientiert war" (Prokop 1989, S. 192). Wenn auch die Erziehung offenbar auf eine "Passivierung des Säuglings" (ebda.) - so etwa über die weitverbreitete Form des Wickelns - hin orientiert war, so wies "die allerfrüheste und frühe Kindheit viele befriedigende Züge" (ebda., S. 193) auf. In der zweiten Hälfte des 18. Jahrhunderts begannen sich jedoch schon Änderungen entsprechender Erziehungsstile im gehobenen Bürgertum abzuzeichnen. Während vorher Bestrafungen beider Eltern, insbesondere jedoch durch den Vater eher ad hoc angesichts des Tatbestandes von Regelverletzungen erfolgten, die zugleich Temperaments- und Wutausbrüche auslösten, wurde nun zunehmend "die Zuchtlosigkeit, vor allem Faulheit und Vergnügungssucht (...) Gegenstand einer systematischen Bekämpfung. Genügte es in der Vergangenheit, daß das Kind sich einfügte, daß es trollig oder hübsch war, so interessieren jetzt die Gedanken und Beweggründe des Kindes (...). Eine besondere Aufmerksamkeit gilt der sexuellen Neugierde und der Sexualbewältigung der Kinder" (ebda., S. 193). Die Erziehungsmechanismen zielten nun "einerseits auf Körperdisziplin (Abhärtung, Desexualisierung) (...), andererseits auf Aktivierung" (ebda.). Als Verhaltensstrategien wurden durchgesetzt: frühes Abstillen, früzeitige Regulierung (z.B. der Essenszeiten), Sauberkeitserziehung und frühe Einsamkeitserfahrungen.

Weiter wirksam waren sicherlich in der uns interessierenden Epoche schon Tendenzen zur Reduktion der großfamilialen Lebenswelten. Indem Verwandte als Bezugspersonen, als signifikante Andere in vermindertem Ausmaß zur Verfügung standen, waren die Mütter vor allem unterer Schichten gezwungen, um ihren alltäglichen Verrichtungen nachkommen zu können, die Kinder häufiger sich selber zu überlassen. Auf diese Weise erwarben die Kinder eine frühzeitige scheinbare Unabhängigkeit, die emotionale Defizite verdeckte. Die Auswirkungen von defizitären Primärbeziehungen führten zur latenten Gefährdung der Subjekte, im späteren Leben leicht in Gefühle der Verlassen- und Verlorenheit abzugleiten, die in der Regel abgewehrt wurden in der Form homophiler Gruppenbindungen und einer Skala von Ersatzbefriedigungen als kompensatorischem Ausgleich.

Die Brüchigkeit von Primärbeziehungen hatte vor allem wohl in den innerstädtischen Auffanggebieten von Zuwanderern und ärmeren Stadtbewohnern mit ihren durchaus auch slumartigen Zuständen ein Ausmaß erreicht, das in mancher Hinsicht der hochgradig defizitären Primärsozialisation in Elendsvierteln heutiger Entwicklungsländer vergleichbar ist. Auch damals dürfte - gerade wenn wir an die häufigen Wirtschaftskrisen, die sanitären Zustände, die langen Arbeitszeiten, die hochgradig Energien absorbierenden Überlebensstrategien sowie die Brüchigkeit von Partnerbeziehungen (u.a. kenntlich an den hohen Zahlen unehelicher Kinder) denken - zugetroffen haben, was Rabanal am Beispiel peruanischer Elendsviertel herausarbeitet: "Die rasch aufeinander folgenden Geburten und vorzeitigen Todesfälle, das vorzeitige Verlassenwerden... stellen Situationen familialer Destrukturierung dar, die den Wachstums- und Reifungsprozeß der Kinder beeinträchtigen" (Rabanal 1990, S. 30). "Das Bewußtsein für kindliche Bedürfnisse ist zumeist wenig ausgeprägt" (ebda., S. 31), wobei zugleich ein "Fehlen von Sicherheit in der Beziehung zu den Erwachsenen" und eine "Schwäche der Ich-Struktur" konstatiert werden kann (ebda., S. 96). Soweit solche biographischen Aufschichtungen auch für die Kinder der sich in der Industrialisierungsphase neu konstellierenden städtischen Unterschichten kennzeichnend wurden, mußte es dazu kommen, daß sie auch als Erwachsene weithin in einer Welt fehlender Objektkonstanz, parasitärer Beziehungen und oraler Abhängigkeit verharrten.

Ausdruck und Verstärker der familial angelegten Beziehungskonstellationen stellten jene mehr oder weniger offen sadistischen Erziehungsformen dar, wie sie in Mitteleuropa u.a. unter dem Begriff der "schwarzen Erziehung" (Rutschky 1977) gefaßt werden können. Sie waren keineswegs nur auf die Primärsozialisation beschränkt, sondern begannen auch Schulen und selbst Hochschulen zu prägen. Wohl fand mit ihrer Hilfe eine Loslösung der Subjekte von der Familie zugunsten - jedenfalls soweit es die Mittel- und Oberschichten betraf - einer partiellen "Individuierung" statt, wie sie in der veränderten Gesellschaft gefordert war. Damit erhielten die sich ausbildenden Erziehungsinstitutionen des "Vaters" Staat gleichsam auch Rettungsfunktionen angesichts der skizzierten familialen Labilisierungen. Zugleich jedoch wurden die Jungen in beträchtlichem Ausmaß der Abhängigkeit von der Gruppe und dabei insbesondere deren jeweiligen Vaterfiguren unterworfen. Auflehnung gegen den Gruppenkonsens hätte jene frühesten und frühen Ängste wiederbelebt, durch deren übermächtige Aktivierung die Älteren das generative Konfliktpotential unterdrückt hatten. Insofern wurde jeder, der von den Grundsätzen der Gruppe abzuweichen begann, zum willkommenen Aggressionsobjekt: auf den Abweichler konnten all jene aufgestauten Aggressionen abgewälzt werden, die im Binnenverhältnis von Familie und sozialer Gruppe unterdrückt werden mußten.

Angesichts jener Erfahrungen primärer und sekundärer Sozialisation - die sich in den einzelnen Subjekten und Sozialgruppen freilich recht unterschiedlich ausgestalteten - kann insgesamt von einer verstärkten "narzißtischen" Orientierung gesprochen werden. Sie ergab sich aus den betont regressiven Bedürfnissen - insbesondere als Folge der brüchig gewordenen Vaterbindungen und überengen Bindungen zur Mutter - , die im Kontext der neuen Sozialisationsformen als unterschwellige Antriebsmomente implantiert worden waren. Wie freilich jene "narzißtischen" Orientierungen letztlich verarbeitet wurden - variierend von Formen surrogatartiger Wunscherfüllungen bis hin zu "Ich-starker" Dominanz über die anderen, die Umwelt bzw. zu sublimierter Gestaltungskraft im Bereich etwa von Wissenschaft und Technik - war letztlich Resultat von variierenden Prozessen primärer, sekundärer und tertiärer Sozialisation. Dabei erwies sich vor allem der Ausbau des Schul- und Bildungswesens als wirksam, der den Personalbedarf der sich ausdifferenzierenden Wettbewerbsökonomie und der sich entwickelnden Staatswesens abdecken sollte. In den sozialisatorischen Angeboten und struktursetzenden Momenten der neuen Sozialisationsformen und der sie tragenden Institutionen war ja immer die Möglichkeit angelegt, jene problematischen Dispositionen auf eine sublimiertere Stufe zu führen und zugleich durch die Stärkung von Ich-Kräften gleichsam zu bändigen, sie damit - im Rahmen gesellschaftlicher Vorgaben - einigermaßen zu kanalisieren.

D.h. jene Labilität, der - wie skizziert - ein ausgeprägtes Bedürfnis zur fortdauernden Kompensation innerer Bedürfnisse auf einer regressiv-basalen Ebene entsprach, konnte in die Latenz gedrängt werden durch die "Ich-starke" Dominanz über die anderen, die Umwelt infolge des adaptiven "Erfolges" von Charakterformierungen, die auf variierenden Prozessen primärer, sekundärer und tertiärer Sozialisation aufzubauen vermochten. Wesentliches Moment solcher Adaptionen war offenbar die realitätsbezogene Ausformung früher Größenphantasien, die letztlich eine Identifikation mit der als übermächtig empfundenen ersten Bezugsperson, der Mutter voraussetzte. Solange die Realität mit jenen Phantasien einigermaßen in Einklang gebracht wurde - und die letztlich auf die frühe Dualität zurückgehenden Wahrnehmungs- und Manipulationsmöglichkeiten von Umwelt können ja beträchtlich sein - mochte ein extrem durchsetzungskräftiges Ich aufrecht erhalten bleiben. Allerdings war dieses nicht zu einer wirklichen Einfühlung in die Bedürfnisse der jeweils anderen in der Lage, der letztlichen Anerkennung ihrer Verschiedenheit, ihrer eigenständigen Andersheit. Vielmehr wurde die manipulative Verfügung über andere dazu benutzt, die eigenen übermäßigen Näheängste und Nähewünsche manipulativ zu agieren. Zugleich - und gerade dieser Aspekt verdient besonders hervorgehoben zu werden - blieb abgespalten oder zumindest latent jene der narzißtischen Orientierung eignende Verletzlichkeit erhalten, die Gefahr des aggressiv bzw. depressiv gewendeten Zusammenbruchs, wenn die Phantasie vom eigenen grandiosen Selbst an der Realität zu zerbersten und sich in das Gegenteil zu verkehren drohte (s.z.B. Argelander 1980).

4. Zur Unverträglichkeit sozialer Gruppen - die anderen als Fokus von Aggression und Neidgefühlen

Ziel der latenten und manifesten Aggressionen, deren Wurzeln wir im vorigen Kapitel zu skizzieren suchten und die nach innen nur in verkappten Formen (so als psychosomatische Reaktionen, als überstrenges Überich bzw. erdrückende kollektive Moralvorstellungen) wirksam werden konnten, waren die Abweichler vom Gruppenkonsens, aber auch Angehörige von Gruppen mit anderen Interessen, insbesondere mit anderen Lebensstilen. Hier konnte die von Doerry (1986) für die wilhelminische Generation herausgestellte Tendenz von sozialen Gruppen zur Auswirkung gelangen, sich nach außen hin abzuschließen, indem andere ausgegrenzt wurden (ebda., S. 161).

Insbesondere im Verhältnis zwischen oberen Schichten und Unterschichten bedeutete das Ausmaß der aufgeschichteten, aus präödipalen und ödipalen Quellen rührenden Erlebensstrukturen eine wachsende Aggressivität in Gestalt tief wurzelnder Ressentiments (Wurmser 1989), die angesichts des den Subjekten inhärenten Mangels an Kompromißfähigkeit (Doerry 1986 am Beispiel der Wilhelminischen Generation) weithin nur durch strukturelle und direkte Gewalt ruhiggestellt, aber auch agiert wurde. So vermochten die die städtischen Kommunen dominierenden Ober- und oberen Mittelschichten jene Aggressivität gegenüber Angehörigen der Unterschichten, denen das Etikett der Minderwertigkeit angeheftet wurde, in mehr oder weniger kontrollierten Formen durchaus auch auszuleben. Dabei dienten jene sozial schwachen Gruppen gleichsam als Projektionsfolie von Unwertgefühlen, wie sie dem beschädigten eigenen Selbst entsprangen. Die entfaltete Aggressivität kann damit auch als Abwehrform eben jener Unwertgefühle interpretiert werden.

In Zeiten ökonomischer Krisen und der Akzellerierung sozialer Umwälzungen erfuhr jenes Gemisch primärprozeßhafter Affekte eine besondere Aktivierung und dürfte in beträchtlichem Ausmaß daran mitgewirkt haben, daß das szenisch-räumliche Zusammenleben von "oben" und "unten", wie es auf engem Raum in der vorindustriellen Stadt noch möglich gewesen war und sich zu Beginn der Industrialisierungsphase in englischen Städten, aber auch deutschen Industrieansiedlungen in Formen beträchtlicher sozialer Mischung noch nachweisen läßt (vgl. Dennis 1984, S. 221, Ward 1980, Meynen 1978), sich offenbar zunehmend problematisch gestaltete. Insofern können die räumlich-sozialen Entmischungen, wie sie sich in unseren Städten durchzusetzen begannen, u.a. als Ausdruck der zunehmenden Unverträglichkeit im Zusammenleben unterschiedlicher sozialer Gruppen gewertet werden, ein Ursachenkomplex, der als solcher wiederum auf die wachsenden Differenzen der Bodenpreise unterschiedlicher Stadtgebiete und die sie begleitenden Segregationstendenzen einwirkte.

Entsprechende Fokussierungen von Aggressionen auf andere wurden verstärkt, umso mehr die eigene soziale Gruppe als Garant von Sicherheit funktionalisiert werden mußte (und damit als auch ambivalent besetzbares Objekt kaum mehr zur Verfügung stand), weil im Kontext von gesellschaftlichen Umbrüchen eigene Positionen gefährdet schienen. Verunsicherungen um eigene Positionen erhielten auch dadurch Auftrieb, daß scheinbar festgefügte tradierte Beziehungssysteme zwischen sozialen Gruppen ins Wanken gerieten. Jene Beziehungssysteme hatten ja immer schon schichtenspezifisch formierte und kanalisierte Wünsche und Ängste, letztlich wechselseitige Abhängigkeiten familialen Ursprungs gebunden - so etwa zwischen väterlich-patriarchalen und infantilen Positionen im Falle des Verhältnisses von Ober- und Unterschichten. Die Labilisierung solcher Bindungen im Rahmen von gesellschaftlichen Umwälzungen drohte in den einzelnen Individuen und den verbliebenen und sich neu strukturierenden Schichtungen die Freisetzung von Aggressivität in Formen zumindest wechselseitiger Abwertung zu fördern. Diese wurde, sehen wir von Ansatzpunkten wie Kleinkriminalität und zunehmend auch "klassenkämpferischer" oder gar spontan wirksam werdender Aggressivität ab, am jeweilig anderen Lebensstil, an symbolischen Demonstrationen der jeweilig anderen Gruppe festgemacht, an ihrem "schmutzigen" oder auch "verschwenderischen" und "zügellosen" Verhalten. Dabei mochten die symbolischen Äußerungsformen der jeweils anderen und ihnen gemäße Lebensformen Möglichkeiten von Entlastung und Lustbefriedigung spiegeln, die bei den Angehörigen der jeweils eigenen Gruppe angesichts ihrer spezifischen psychosozialen Konditionierungen und der mit dieser verbundenen Unfähigkeit, solche Formen psychischer Entlastung zu nutzen, Neid und Eifersuchtsgefühle evozieren mußten. Hier sei etwa an das mittelständische Arbeitsethos und die stärker auf Enthaltsamkeit und Verdrängung oraler und auch sexual-libidinöser Befriedigungsformen hin ausgelegten Lebensstile (s.oben) im Vergleich zu den Unterschichten (Theweleit 1980) gedacht. Deren Anerkennung als durchaus legitime, eigenständige Lebens- und Befriedigungsformen war angesichts nicht nur der prononcierten Entsagungen mittelständischer Lebensstile, sondern auch der zugeschärften Brüchigkeit lebensgeschichtlicher Erfahrungen im Verlaufe der skizzierten Veränderungen primärer und auch sekundärer Sozialisationsmechanismen kaum möglich. Die Befriedigungsformen jener anderen erinnerten doch zu sehr an die verstärkten eigenen Mangelerfahrungen und Sehnsüchte (s.oben). Ihnen unmittelbar nachzukommen war gleichsam unmöglich, hätte doch der direktere Zugang zu Entlastung und Lustbefriedigung Angstpotentiale freigesetzt, die frühen elterlichen Imagines, damit archaischen Über-Ich-Komponenten wie auch dem korrespondierenden kollektiven "Über-Ich" der eigenen Gruppe geschuldet waren. Die Wut und die Enttäuschung über das Entgangene, die gegenüber jenen parentalen Imagines aus einem Gemisch imaginierter und durchaus auch real unterlegter Vernichtungsdrohungen heraus im Unbewußten verbleiben mußte, konnte sich umso leichter - vermengt mit unbewußten Gefühlen von Neid und Eifersucht - in Formen von Abwertung und Ausgrenzung gegenüber den jeweils anderen entladen.

Vor allem in den neuen industriellen "Großstädten" dürften entsprechende Trends zur Ausgrenzung der anderen auch durch besondere sozialpsychologische Konstellationen unterstützt worden sein. Wir können von einer besonderen Zuschärfung psychosozialer Konfliktpotentiale ausgehen, einer erhöhten

Entgleisungsgefahr der letztlich immer labilen Beziehungen zwischen arm und reich - Unterschieden, wie sie ja gerade in den Großstädten ein extremes Ausmaß erreichten und immer weniger durch personalisierte bindungskräftige Beziehungen patriarchalen Charakters aufgefangen werden konnten. Gerade in Zeiträumen eines "Manchester"-haften Unternehmertums, in denen sich noch keine neuen Ordnungssysteme durchgesetzt hatten, die die entstandenen rechtsfreien Räume wieder einzuschränken vermochten, verkoppelte sich zudem jene sozialisatorisch zugespitzte Aggressionsbereitschaft mit ausgeprägten narzißtischen Dispositionen, wie sie sich angesichts der brüchig gewordenen Vaterbindungen und der überengen Bindungen zur Mutterfigur als bedeutsame Teilstrukturen von Subjekten auszuprägen begannen (vgl. Calogeras 1989 am Beispiel der Krupp-Familie). Die für die vorindustrielle Periode doch mehr oder weniger bezeichnenden patriarchalen Bezüge führender Gruppen gegenüber den übrigen Mitgliedern städtischer Gesellschaften drohten zu nur noch manipulativen Gebärden zu verkommen. Oder sie schlugen gar in offene Rücksichtslosigkeit, den vollständigen Mangel an Empathie gegen "die da unten" um (vgl. zu analogen Prozessen am Beispiel des Verhältnisses der französischen Aristokratie zu den bäuerlichen Unterschichten Erdheim 1984, S. 388 ff.), denen in der Wahrnehmung der Führungsgruppen Menschliches weitgehend abhanden gekommen schien. Denn dort, wo entsprechende narzißtische Orientierungen auf keine Grenzen stoßen, suchen sie das eigene Selbst absolut zu setzen und die anderen zur Verlängerung des eigenen Selbst umzufunktionieren (ebda.). Je mehr dabei das Subjekt in Teilbereichen seines Daseins auf Grenzen stößt, desto eher wird es die dabei erlittenen Frustrationen an anderer Stelle weiterzugeben suchen.

Zudem ließen sich für große Teile der sich in neuer Weise rekonstituierenden Unterschichten (auch sie wurden ja mehr oder weniger von neuen Sozialisationsformen ergriffen) immer weniger Wohn- und Lebensformen realisieren, die auch von ihrer Seite ein "friedliches" Neben- und Miteinander gegenüber Angehörigen oberer Sozialschichtungen implizierten. Jenes Nebeneinander, das schon aufgrund technologischer und auch städtisch-strategischer Bedingungen in der vorindustriellen Stadt nahegelegen hatte und in den Formen unmittelbarer szenisch-räumlicher Nachbarschaft oder auch im Kontext des "ganzen Hauses" praktiziert worden war, hatte ja seine besonderen psychosozialen Voraussetzungen gehabt. So hatten jene oben skizzierten neuen Sozialisationsformen noch nicht oder erst in Ansätzen ihre beunruhigende, verstärkt aggressive Dynamik entfaltet, d.h. integriertere, auf die sichernde und entlastende Präsenz beider Elternfiguren bezogene Lebenserfahrungen bedingten letztlich geringere Ambivalenzspannungen in den Subjekten, wobei freilich gruppenspezifisch und - gerade auch angesichts des unmittelbaren Ausgesetztseins des vorindustriellen Menschen gegenüber dem Tod - mit erheblich differierenden psychischen Ausgangsdispositionen von Subjekten gerechnet werden muß. Doch konnten die Bezüge von "unten" zu "oben" insgesamt wohl positiver, d.h. eher im Sinne parental sichernder Übertragungen erlebt werden. Abgestützt worden waren solche eher positiven Übertragungen vor dem Durchbruch zweifellos auch vorhandener aggressiver Unterströmungen (wie er insbesondere im Falle ökonomischer und gesellschaftlicher Krisen drohte) u.a. durch eine spezifische präsentative Symbolik, in der die patriarchale Herrschaftsstruktur der damaligen Zeit zum Ausdruck kam - so etwa in der Gestaltung von Rathaus und Kirche und der prächtigen Patrizierhäuser an den Marktplätzen als städtischen Zentren (vgl. Jüngst 1992). Zudem entsprach jenen eher positiv gefärbten Übertragungsbeziehungen von "unten" zu "oben" auf Seiten der städtischen Oberschichten ja eine mehr oder weniger patriarchal geartete Gegenübertragung, der auf der Realebene durchaus ein gewisses Maß an Reziprozitätsleistungen korrespondieren mochte. Ja, wir können annehmen, daß gerade die Integration herausgehobener Familien in ihr sozialräumliches Umfeld ein wichtiger Faktor war, dem Aufflackern von Konflikten zwischen Gruppen mit unterschiedlichem sozialökonomischem Status entgegenzuwirken und sich verselbständigende identifikatorische Bindungen innerhalb eher benachteiligter Gruppen abzuschwächen. Die vollständige Entfremdung verschiedener Lebenswelten wurde verhindert und damit der Entstehung surrealer phantasmagorischer Bilder von der Welt des/der jeweils anderen ein gewisser Riegel vorgeschoben. Die szenisch-räumliche Verflechtung durch alltagsweltliche Begegnungen dürfte sich dämpfend ausgewirkt haben, solange gewisse Grundregeln der Reziprozität aufrecht erhalten worden sind.

*Kassel: Der Marktplatz mit dem Rathaus und der Fleischschirne im Jahre 1785
(Schwarzweißwiedergabe eines Bildes von E. Metz - nach Bildtafel 8 aus Metz 1961 - mit freundlicher
Genehmigung von Frau Friedel Metz)*

Freilich kann auch für die vorindustrielle Periode unserer Städte von einem erheblichen Ambivalenzpotential sowohl innerhalb der Subjekte als auch zwischen den sozialen Schichten ausgegangen werden, das - abgesehen von den realweltlichen Unterschieden in Arbeits- und Lebensmöglichkeiten - seine Aufladungen zunächst aus ja immer präsenten konflikthaften präödipalen und ödipalen Erinnerungsspuren bezog. Allerdings blieb jene Ambivalenz insofern weithin kontrolliert, als insbesondere die Sozialisationsformen unterer Schichten in vieler Hinsicht denjenigen "kalter" Gesellschaften bzw. "kalte(n) aus der Entwicklung ausgeschlossenen Teilbereiche(n)" (Erdheim 1984) ähnelten. Zudem wirkten der christliche Mythenkomplex und die mit ihm stabilisierten und präsent gehaltenen Phantasien (s. u.a. Jüngst/Meder 1990c) darauf hin, daß die durch "Einfrierung" von ihren unmittelbaren Zielen abgelenkten Aggressionen vor allem auch gegen das Individuum selbst, so in der Form von Schuldgefühlen und rigiden Über-Ich-Strukturen, sowie auch psychosomatischen Reaktionen gelenkt werden konnten.

Nicht zuletzt dürfte das Durchbrechen latenter Ambivalenzen von Individuen und Teilgruppen gegenüber den sozialen Eliten und dem städtischen Kollektiv durch die existentiellen Drohgebärden vorhandener rigider Rechtssysteme geschützt worden sein. Mittels ihrer Hilfe wurden nicht nur Aggressionen kollektiv gebündelt und gegen den "Verbrecher" gerichtet, der sich die insgeheim von allen ersehnte und darum umso mehr tabuisierte Abweichung von den gesellschaftlichen Normen erlaubte, sondern zugleich strebten die "die da unten" danach, die Verfluchung von Herrschaft durch eben die zur Hinrichtung Verurteilten voll schauernder Begierde zu hören (Foucault 1975, S. 75). Aber die Strafe erfolgte umgehend und es wurde bestätigt: "Wer gegen die gesellschaftlichen Tabus handelt und sich an der Obrigkeit vergreift, muß sterben." (Erdheim 1984, S. 419). Schließlich mochten Ambivalenzen auch auf Minderheiten, so Juden und rechtlose Nichtstädter, abgespalten oder gar - insbesondere in Zeiten gesellschaftlicher Krisen und mit ihnen einhergehender kollektiver Regressionen - in der Form von Hexenverfolgungen und religiöser Unterdrückung agiert werden.

Alle diese kollektiven Sicherungsmechanismen zur mehr oder weniger reibungslosen Einbindung der Unterschichten in die vorhandenen psychosozialen Kompromißformen begannen sich schon vor Beginn der Industrialisierungsphase (und zwar vor allem in größeren städtischen Zentren sowie Residenzstädten mit stärker polarisierten Gesellschaftsstrukturen) und dann mit erhöhter Intensität in dieser selbst zu verändern oder gar mehr oder weniger aufzulösen. Zugleich griffen mehr und mehr jene oben skizzierten neuen Sozialisationsformen mit den über sie in die Subjekte implantierten verstärkten intra- und interpsychischen Ambivalenzen. Dabei dürfte es weithin wohl noch zu einer beträchtlich stärker ausgeprägten Brüchigkeit von Persönlichkeitsstrukturen und psychosozialen Bezügen als im Falle höherer Sozialschichten gekommen sein, wie aus den obigen Ausführungen deutlich geworden sein sollte. Stärker individuierende Erziehungs- und Bildungsmechanismen sekundärer Sozialisation, die jene frühen Turbulenzen auf sublimiertere Ebenen hätten heben können, blieben den Unterschichten weitgehend versagt. Vielmehr waren die disziplinierende Maschinenarbeit und der ganze mit dieser verbundene Vorschriftenapparat sowie auch gerade die allgemeine Wehrpflicht daraufhin angelegt, sie eher in einem basalregressiven Niveau zu belassen. Dessen verstärkte Ambivalenzen begannen freilich - trotz oder gerade wegen auf regressive Fixierungen zielender Disziplinierungsmaßnahmen - die vorhandenen Realbezüge zu Mittel- und Oberschichten mit manifest aggressiven Besetzungen zu versehen. Die neue kollektive Utopie und Ideologie des Sozialismus als eines klassenlosen paradiesischen Daseins frei von Neid- und Eifersuchtsgefühlen spiegelte gleichsam basal-regressive Phantasien, die sich real ja zugleich in "geschwisterlichen" und parental gearteten Beziehungsstrukturen neuer Institutionen (Arbeiterkneipen, Gewerkschaften, etc.) rasant wachsender Wohnquartiere niederzuschlagen begannen. Projektionsfolie der aus der intra- und interpsychischen Binnenwelt solcher Wir-Strukturen ausgelagerten überstarken Aggressionen wurden die anderen, die "Klasse" der "Kapitalisten" und ihre "Günstlinge", die - jedenfalls in ihrer Gesamtheit - infolge ihrer weithin typischen narzißtisch-selbstbezogenen Abkoppelung von der existentiellen Realität unterer Schichten solche negativen Fokussierungen geradezu herausforderten. Erinnert sei nur, mit welch haßvollhämischer Genugtuung Arbeiterzeitungen in Kassel um die Jahrhundertwende die sich in den Wohlstandsvierteln häufenden Suizide von bankrotten Unternehmern eben dieser Stadt kommentierten.

5. Zur phantasmatischen Bedeutung sozialer Viertelsbildungen

5.1. Identitätsstabilisierung und basale Schutzbedürfnisse
gegen das bedrohliche "Draußen"

Symbolisierungen, die basal-regressive Bedürfnisse des Aufgehobenseins in möglichst reibungsloser Einheit mit der Umwelt, aber auch ihre kompensatorischen Verkleidungen mittels demonstrativer Macht- und Prachtentfaltung beinhalten, können verschiedenerlei Charakteristiken vorfindlichen geographischen Raumes anvermittelt werden. Im vorliegenden Kontext steht die phantasmatische Bedeutung vorhandener oder intendierter sozialer Strukturen von Wohngebieten im Vordergrund der Überlegungen. Mit der sozialen Struktur von mehr oder weniger gruppenspezifischen Wohngebieten, wie sie sich in der gesellschaftlichen Umbruchphase auszubilden begannen, ist die Tendenz angesprochen, an einem Ort wohnhaft zu sein, wo man "unter sich" war bzw. - im Sinne des Aufstiegs - auch dazugehörte. Hierbei ging es einmal um jene Dimension der "Macht", die ja auch verwandte Kategorien wie Überlegenheit, Großartigkeit, Selbstdarstellung, sowie "Orientierung nach oben" und "Abgrenzung nach unten" beinhaltete. Es waren dies vor allem Bezeichnungen für kompensatorische Strategien, die, soweit sie vom Subjekt gleichsam als lebensnotwendig empfunden wurden, darunter situierte Trennungsängste und Gefühle der Schwäche, des Ausgeliefertseins und der Minderwertigkeit verkleiden halfen, die letztlich auf frühen lebensgeschichtlichen Erfahrungen aufbauten.

Zum anderen sind aber auch jene Aspekte der Sicherung und Einbettung des Individuums in eine spezifische Gruppe gemeint, für die ein Wohnareal in mehr oder weniger großem Ausmaß symbolisch und real stehen konnte. Damit wurde das Wohnareal tendenziell zum Territorium einer Gruppe, deren Mitglieder auf der Grundlage ähnlicher Primär- und Sekundärsozialisation, konvergierender Wissens- und Normensysteme sowie ähnlicher Lebens- und Berufslagen unbewußten bis bewußten Identifizierungsprozessen unterlagen und dabei gleichsam ein Bündnis eingegangen waren, das sich in der Herstellung eines mehr oder weniger ausgeprägten letztlich auf basalen Introjekten aufbauenden Wir-Gefühls dokumentierte. Dabei drückte sich in den betreffenden Wissens- und Normensystemen sowie Lebens- und Berufslagen ja die mehr oder weniger gleichgerichtete sekundäre Verarbeitung und Formierung jener primärprozeßhaften Erlebensweisen aus, die mit den gesellschaftlichen Umbrüchen einschneidende Veränderungen erfahren hatten. D.h. in gruppenspezifisch durchaus unterschiedlicher Weise waren jene inneren Beziehungsfiguren, Erlebensweisen und Affekte kanalisiert, umgewandelt und mehr oder weniger sublimiert worden, wobei sie in Formen präsentativer Symbolik (so in den Formen von Architektur und Gartengestaltung) der Realwelt und den vermittelten Umgangsformen mit eben dieser Realwelt angeheftet wurden. Im Rahmen entsprechender interaktioneller Bezüge, in denen die prinzipielle Gleichgestimmtheit verwandter symbolischer Ausdrucksformen festgestellt wurde, vermochte so das Wohnareal zum "szenischen Identitätsraum" zu werden, in dem das Individuum - entsprechend lebensgeschichtlichen Vorbildern - ein Aufgehobensein im szenischen Geschehen des Viertels zu erfahren suchte. Den stark regressiven Bedürfnissen, die durch die neuen Sozialisationsfomen in verstärktem Maße als unterschwellige Antriebsmomente implantiert worden waren, dürften auf der Ebene des Wohnumfeldes in verstärktem Maße Wünsche nach einem von Fremdelementen bereinigten, die eigene Entfaltung nicht behindernden Ambiente entsprochen haben, in dem das Aufgehobensein im "Wir" der eigenen Gruppe möglichst ohne Störung erlebt werden konnte. Die zugleich in Haus-, Garten- und auch Viertelsgestaltung demonstrierten Zeichen von Macht und Erfolg lassen sich als eine besondere Äußerungsform eben jener "narzißtischen" Orientierungen betrachten. Gleichsam in einem dialektischen Verhältnis zur psychischen Rekonstitution, wie sie die Zugehörigkeit zu der sozialen Welt eines szenischen Identitätsraumes bereitstellte, stand die tendenziell mitvermittelte materielle Rekonstitution. Zum einen erfolgte letztere - aufbauend auf tendenziell gleichartigen Primärprozessen -in Form einer dem Viertelumfeld spezifischen Sozialisation, die die Zukunftssicherung der nächsten Generation und damit die Perpetuierung der eigenen Identität über die Kinder intendierte. Zum anderen wurde die materielle Rekonstitution auch dadurch gestützt, daß - jedenfalls in der subjektiven Einschätzung der Bewohner - auch berufliche Karriere, materieller Erfolg und Vermögenssicherung vom Status und dem Interaktionsfeld des Wohnviertels und damit letztlich auch die eigene labilisierte Identität tangiert wurden.

Schließlich - und auch hier kann eine Anknüpfung an lebensgeschichtliche Erfahrungen und Vorbilder angenommen werden - ging es offenbar auch darum, eigenes Territorium und damit eigene soziale Welt vor Einbrüchen von außen zu schützen. Dahinter stand sicherlich das Bedürfnis, eher unter seinesgleichen wohnen zu wollen als die Unsicherheit auf sich zu nehmen, unter anderen in einem "Draußen" zu leben, das allzu leicht zum "Raum symbolischer oder auch realer Bedrohung" (s. Jüngst/Meder 1986) - nicht zuletzt auch angesichts gesundheitlicher Gefährdungen in sozialen Erosionsprozessen ausgesetzten innerstädtischen Verdichtungsgebieten - geraten mochte. Damit kann als Gegenpol einer Symbolik der Sicherung und Einbettung auf einer entsprechenden Dimensionsachse die Vorstellung des Ausgesetztseins und der Bedrohung als eine negativierende Symbolik angenommen werden. Es handelte sich dabei um die territoriale Anbindung und präsentativ-symbolische Verankerung individueller wie kollektiver Spaltungsprozesse. Denn je mehr das eigene Wohngebiet zu einem Behältnis für Phantasien von regressivem Aufgehobensein im eigenen Wir gerann, desto eher mußten Verschlingungsängste und Aggressionen gegenüber jenem Wir - das ja als phantasmatische Repräsentanz einer frühen "mütterlichen" Bezugsfigur begriffen werden kann - in Form von Aggressivität abgespalten und nach außen gelenkt werden. Solche abgespaltenen präödipalen Ängste und Aggressionen vermischten sich mit jenen aggressiven Phantasien, die aus kastrierenden Erfahrungen mit sadistischen Vätern rührten. Je mehr jene Gefühle basaler Wut ob der mit ihnen einhergehenden Strafphantasien und Schuldgefühle verleugnet werden mußten, desto eher wurden sie projektiv dem "Draußen" und seinen Bewohnern angeheftet, die damit auf der phantasmatischen Ebene zu bedrohlichen und zugleich abgewerteten Imagines avancierten. Es war dies eine Bedrohlichkeit, die umso größer erschienen sein dürfte, je mehr die eigene Aggressivität geleugnet und den anderen zugeschoben

Kassel: Stadthalle und Neumarkt (Bebelplatz) im Hohenzollernviertel (Stadtarchiv)

Kassel: Villenkolonie Mulang um 1880 (Photograph Emil Rothe - Murhardsche Photosammlung Gesamthochschulbibliothek/Hessische Abteilung)

werden mußte. Daß sich die jeweils anderen freilich in durchaus unterschiedlicher Weise für die Anheftung solcher Projektionen eigneten, darauf wurde oben schon hingewiesen.
Angesichts der zunehmend regressiven bzw. "narzißtisch"-kompensatorischen Tendenzen der gesellschaftlichen Umbruchphase kann die mittels solcher szenisch-räumlicher Spaltungsmechanismen erfolgende Neu-Territorialisierung und präsentativ-symbolische Dichotomisierung städtischen Raumes als psychosoziales Arrangement begriffen werden, daß die beteiligten sozialen Gruppen zur Stabilisierung ihrer gefährdeten Identitäten gleichsam benötigten. Die fortwährende Präsenz der anderen ermöglichte gerade durch ihre Verschiedenheit die Aufrechterhaltung eines scheinbar stabilen Selbst, indem Konflikthaftes und Bedrohliches veräußerlicht und bei sich dazu besonders anbietenden Trägern deponiert wurde. Ihre Orte gerannen damit zu scheinbaren Gegenwelten eigener Existenz und Wunscherfüllung. Dabei blieb allerdings die latente, aber auch manifest werdende Wunschphantasie, jene Orte und ihre Träger dem eigenen Willen zu unterwerfen oder - ob dieser Unmöglichkeit - gar zu vernichten. Zugleich läßt sich annehmen, daß die tendenziell kontrapunktischen Lagebeziehungen zwischen oberen und Unterschichten (vgl. Jüngst 1988a, S. 87) den territorialen Ausdruck der skizzierten antagonistischen Gruppenbezüge darstellten, wobei die pekuniäre Bewertung von Grund und Boden den Oberschichten und oberen Mittelschichten die Möglichkeit gegeben hatte, entsprechende Distanzierungswünsche in äußere Realität umzusetzen.

5.2. Territorialität und Symbolik als Ausdruck
differierender Primär- und Sekundärprozesse

Indem die präsentative Symbolik der Wohnareale verschiedener sozialer Schichtungen Darstellungs- und Abgrenzungswünsche nach außen und Sicherungswünsche nach innen zum Ausdruck bringt, kann sie als veräußerlichte Manifestation gruppenspezifischer innerer Szenarien aufgefaßt werden. Damit ist die präsentative Symbolik zum einen Repräsentant primärhafter Prozesse (Laplanche/Pontalis 1972, Bd. 2, S. 396; Bauriedl 1975, S. 98 ff.), indem sich in ihren Ausdrucksformen - in wie auch immer vermittelter Form - frühe Beziehungsmuster mit ihren je spezifischen Wunsch-Angst-Konstellationen spiegeln. Zum anderen ist die präsentative Symbolik aber auch Ausdruck sekundärhafter Prozesse, wie sie im Kontext sekundärer und tertiärer Sozialisation zur Ausformung gelangen.
Solche primärhaften und die darauf aufbauenden sekundärhaften Prozesse psychischer Konstitution sind ja gruppenspezifisch durchaus unterschiedlich: So kann - wie oben skizziert - prinzipiell davon ausgegangen werden, daß jene

Sozialisationsformen, denen Angehörige höherer Sozialgruppen in der Industrialisierungsphase unterlagen (so im Kontext eines zunehmend ausgebauten Schul- und Bildungswesens), in stärkerem Maße auf die Erreichung einer Individuierung und die Entwicklung von Ichkräften hin ausgelegt waren. Eine solche Individuierung mit der ihr korrespondierenden Freisetzung und zugleich gelenkten Kanalisierung und partiellen Sublimierung narzißtischer und ödipaler Triebenergien wurde zunehmend zur Voraussetzung für die Aufrechterhaltung ökonomisch-sozialer Existenz von Angehörigen gehobener Schichten in einer akzellerierenden "heißen" Gesellschaft. Kennzeichen einer solchen erhöhten Individuierung war die partielle Lösungsfähigkeit bzw. gar Lösungsnotwendigkeit aus Verwandtschafts- und unmittelbaren (so nachbarlichen) Gruppenbezügen zugunsten von abstrakteren und höhersymbolischen Gruppenbezügen. Eine Individuierung in diesem Sinne bedeutete aber zugleich, daß im Kontext biographischer Aufschichtungen Verschlingungs- und damit auch Näheängste, wie sie der symbiotischen Lebensphase entstammten (und gerade auch durch die neuen familialen Konstellationen der gesellschaftlichen Umbruchphase gefördert wurden), in verstärktem Maße aufscheinen konnten und verhaltensrelevant wurden.

Entsprechend wurde durch das Wohnen nicht nur die Zugehörigkeit zu den anderen, sondern zugleich auch ein verstärktes Bedürfnis nach szenisch-räumlicher Abgrenzung zum Ausdruck gebracht. Dabei beinhaltete jene Abgrenzung zum einen wohl die Möglichkeit zur Entfaltung eigener Individualität, zum anderen aber die Abwehr von Näheängsten, wie sie auf lebensgeschichtlichen Erfahrungen aufbauten. Zur Umsetzung solcher szenisch-räumlichen Distanzierungen im städtischen Raum vermochten eben die besonderen ökonomischen wie auch politischen Potenzen zu dienen, zu deren Erwerb und Perpetuierung die im szenisch-räumlichen Kontext des Viertels praktizierten Sozialisationsformen wiederum wichtige Voraussetzungen darstellten.

Bei Angehörigen unterer Sozialgruppen hingegen kann nicht nur angesichts der größeren existentiellen Not, sondern auch aufgrund spezifischer Sozialisationsformen, die in geringerem Maße auf "Individuierung" und Entwicklung von Ich-Kräften der Subjekte hin ausgelegt waren, ein verstärktes Bedürfnis nach unmittelbarer Sicherheit und Aufgehobensein erwartet werden und damit ein größeres Angewiesensein auf basal geartete personale Kontakte bei gleichzeitig verringerter manifester Wirkung von Näheängsten. Entsprechend basal getönte Kommunikationsbedürfnisse dürften sich, soweit sie nicht auch über den Arbeitsplatz zum Ausdruck gelangten, in privaten, halböffentlichen und öffentlichen Formen, vor allem in Aspekten der Konfigurierung des unmittelbaren Wohnumfeldes als primärem Identitätsraum artikuliert haben (denken wir hier nur an die sich rasch entwickelnde Kneipenszene mit ihren oralen Befriedigungsformen).

Insofern kann im Falle von Angehörigen unterer Schichten von besonderen Formen des "unter sich seins" ausgegangen werden. Stärker auf basale Gruppenbezüge orientiert, vermochten sie jedoch unter bestimmten Voraussetzungen spezifische Formen des Zusammenlebens zu entwickeln, die nicht nur identitätsstiftend waren, sondern auch solidarische Qualitäten im Falle von Auseinandersetzungen mit der ökonomisch-sozialen Außenwelt zu garantieren schienen. Denn kann die Entstehung und regionale Ausprägung von segregierten Unterschichtenquartieren primär als Resultat von über Boden- und Mietmarkt ausgeübter ökonomischer Macht anderer Gruppen betrachtet werden, so trifft doch zugleich zu, daß diese vor allem durch die Mittel- und Oberschichten eingeleitete Segregation der Unterschichten Prozesse gegenseitiger Identifikation und damit die Ausbildung eines spezifischen szenisch-räumlichen Bewußtseins förderte. Ihm eigneten nicht nur Sicherungsfunktionen nach außen und damit zugleich ein mobilitätshemmender Charakter. Vielmehr dürfte darüberhinaus ein solches szenisch-räumliches Bewußtsein die Ausprägung eines viertelsspezifisch geprägten "proletarischen" oder Arbeitermilieus mit seinen spezifischen Verhaltens- und Umgangsweisen (s.z.B. Harris 1984 und Dennis 1984) befördert haben und - auf der Basis jener oben benannten letztlich regressiven Kollektivphantasien (Kap. 4) - die Ausbildung kollektiver von Bewußtheit zur Unbewußtheit hin variierender Abwehrmechanismen und Abwehrstrategien gegenüber Intrusionen, die das sicherheitsgebende szenisch-räumliche Ambiente des Viertels zu bedrohen schienen. Nicht zuletzt wurden damit reale Entsprechungen für jene Feindbilder verstärkt, die sich Angehörige anderer sozialer Gruppen von Unterschichtenvierteln im Verlauf der gesellschaftlichen Umwälzungen geschaffen hatten.

Freilich muß in diesem Zusammenhang auch vor Idealisierungen einer "proletarischen Arbeiterkultur" gewarnt werden, die ihre Quellen u.a. aus utopisch-weltanschaulichen Voreinstellungen und mit ihnen verquickten spezifischen individual- und sozialpsychologischen Konstellationen beziehen mögen. Zweifellos war für die innerstädtischen Auffangbecken einströmender Arbeitssuchender häufig ein beträchtliches Maß psychosozialer Anomie kennzeichnend (s. auch Kap. 4) mit dem Verfall positiver Bindungen zu psychosozialer und materialer Umwelt zugunsten maligner Regressionen in Gestalt von Verlorenheits- und Einsamkeitsgefühlen, empor gespülter Aggressionen (Kriminalität) und einer unkontrollierten Sexualisierung, die enorme Sehnsüchte nach Versorgung und Zugewandtheit bei andauernder Bindungslosigkeit und auch Bindungsunfähigkeit zu überdecken suchte. Auch der hohe Krankheitsgrad etwa in der Kasseler Altstadt dürfte u.a. als Ausdruck psychosomatischer Reaktionen gewertet werden können, so wie der dort weit verbreitete Alkoholismus Versuche spiegelte, die angesichts der äußeren Verhältnisse evozierten inneren Archaismen gleichsam ruhig zu stellen, zu ertränken (s. hierzu beispielsweise die räumliche Verteilung der zahlreichen "Schänken" in Kassel schon um 1834 und 1865 - s. Jüngst u.a. 1993). Verstärkt wurden solche Phänomene wohl nicht zuletzt durch sozialpsychologische Mechanismen, wie sie Großgruppenprozessen eignen, brachten doch aufgrund der ökonomischen und der demographischen Verhältnisse ausgelöste Mobilitätsschübe in die industriellen Zentren enorme Zusammen-ballungen von Menschenmassen mit all den solchen Massenphänomenen eignenden Gefährdungspotentialen zu individueller und kollektiver Regression. So dürfte gerade das Ausgesetztsein in einer als fremd und überwältigend erlebten sozialen Umwelt Phantasmen archaischer Imagines evoziert haben begleitet von massiven Verlorenheitsängsten und Versorgungswünschen, die angesichts unklarer Situationsdefinition und labilisierter Identität zusammen mit aggressiv gearteten Abwehrreaktionen empor gespült wurden.

Wie diese vergleichenden Überlegungen zur präsentativen Symbolik und ihnen entsprechenden Interaktionsformen und Lebensstilen in "besseren" und "schlechteren" Vierteln nahelegen, kann vermutet werden, daß sich in ihnen nicht nur eine jeweilig besondere Gruppenzugehörigkeit nach innen und außen dokumentierte, sondern daß in ihnen zugleich - in einer wie auch immer gearteten Form - die gruppeninternen Ambivalenzen der Subjekte zueinander aufgehoben waren. D.h. im Falle der Angehörigen höherer Sozialschichten dienten die Weiträumigkeit der Wohnanlagen und die betonten szenisch-räumlichen Abgrenzungen (etwa in Gestalt von Gartenanlagen und aufwendigen Grundstücksbegrenzungen) gegenüber anderen Mitgliedern derselben Gruppe u.a. dazu, prononcierte Nähe- und Verschlingungsängste zu tarieren. Zugleich waren die Angehörigen solcher Sozialschichten - auf einer höhersymbolischen Ebene - aufgrund ihrer besonderen Darstellungs- und Sicherheitsbedürfnisse auf ein Wohnumfeld im szenisch-räumlichen Rahmen eben dieser Gruppe angewiesen.

Auch Weiterentwicklungen präsentativer Symbolik in Architektur und Stadtgestaltung, wie sie sich - in Abhängigkeit von gesellschaftlichen Strömungen - zum Zwecke der Veräußerlichung und damit auch Entlastung und Sublimierung intra- und interpsychischer Virulenzen von Subjekten einer sich akzellierenden "heißen" Gesellschaft im Verlauf der Industrialisierungsphase jeweils durchsetzten, dokumentierten sich gruppenspezifisch in jeweils ihr gemäßer Weise. Jede Gruppe verarbeitete solche Strömungen entsprechend den lebensgeschichtlichen Voraussetzungen ihrer Mitglieder und darauf aufbauenden psychosozialen Kompromißbildungen und setzte sie in spezifische präsentativ-symbolische Formen um.

Als eine spezifische Variante solcher sekundärprozeßhaften Verarbeitungen mögen etwa die Stilelemente des Historismus interpretiert werden. In ihnen kamen - so etwa in der Nachwirkung des deutsch-französischen Kriegs - die machtpolitisch erzwungenen Identifikationen des Bürgertums mit den Vaterimagines der Monarchien und den ihnen zugehörigen aristokratisierten Führungscliquen zum Ausdruck. Dabei mochte es sich durchaus auch um mehr gradual erfolgende, nichtsdestoweniger weitreichende psychosoziale Anpassungen handeln, wie sie etwa Mario Erdheim (1984) für das kaiserliche Wien herausgearbeitet hat. Allerdings kamen mit der ökonomischen Erstarkung des Bürgertums zunehmend auch Bestrebungen zum Zuge, mittels architektonischer Formen eine betontere Eigenständigkeit zu bekunden - so etwa im Aufgreifen von Stilelementen der Hansestädte oder auch der verschiedenen Varianten des neu kreierten Jugendstils. Vor allem aber beinhaltete die synthetisierte und ausladende Architektur und Formensprache des Historismus eine Symbolik, die in ihren Verweisen auf Traditionen und ihnen anhaftende Phantasiekonfigurationen eine sozial geordnete Welt nationaler Prägung jenseits von existentiellen ökonomischen Umbrüchen und sozialen Konflikten und den mit ihnen drohenden Unsicherheiten versprach. In ihr konnten sich gerade Subjekte, deren psychische Konstitution eben jene oben skizzierte basale Brüchigkeit aufwies, mit scheinbar immer schon dagewesener und unhinterfragter Herrschaft identifizieren (vgl. u.a. Gropius 1925, S. 5 f). Im übrigen scheint solcher auf traditionale Formen der Herrschaftsausübung ausgerichteten Symbolik häufig auch eine besondere szenisch-räumliche Orientierung des Wohnens auf rand- und innerstädtische Bezugspunkte solcher Machtausübung (Nähe zu Schloß- und Parkanlagen) entsprochen zu haben.

5.3. Szenisch-räumliche Ambivalenzen und die Neigung zur Mobilität

Indem präsentative Symbolik und Lebensstile in Wohnarealen unterschiedlicher sozialer Gruppen je spezifische Arten primärer und sekundärer Sozialisationen spiegelten, konfrontierten sie die jeweils anderen mit den darin aufgehobenen Erlebens- und Beziehungsstrukturen. Diese Konfrontation konnte insofern beängstigend wirken (und damit die oben angesprochenen negativen Projektionen verstärken), als sie Subjekte und Gruppen jeweils mit beängstigenden Anteilen eigener Lebensgeschichte in Kontakt zu bringen vermochte (s. grundsätzlich hierzu auch Devereux 1984), die mittels Mechanismen der Unbewußtmachung und des Agierens gleichsam ruhiggestellt worden waren. So dürfte der Besuch von Unterschichtenvierteln mit ihren eher unmittelbaren Umgangsformen, verdichtetem Wohnen und oral orientierter Kneipenszene an eben jene Nähe- und Verschlingungsängste (und auch darunter situierte, meist abgewehrte basale Strebungen nach Nähe und Verschmelzung) gerührt haben, die in der eigenen Villa und dem eigenen Viertel durch ein hohes Maß an individueller Verfügung über Raum, an Abgrenzungsmöglichkeiten und Weitläufigkeit tariert wurden. Umgekehrt konfrontierten eben solche weitläufigen Villengebiete Angehörige der Unterschichten nicht nur mit der darin aufgehobenen Macht- und Wohlstandsdemonstration, sondern auch mit dem Formenangebot von Lebensweisen, die durch partielle Ablösung von basal gearteten Bezügen und höher-symbolische Orientierungen charakterisiert waren. Damit berührten sie Empfindungen des Ausgesetzt- und Verlorenseins und tangierten zugleich Selbstwertgefühle. Auch im Verhältnis sozial (-räumlich) weniger weit getrennter Gruppen kann die Emergenz entsprechender Berührungsängste angenommen werden, die mehr oder weniger aggressiv geartete Abwehr- und Kompensationsstrategien herausforderten. Aus Raumgründen sei diese Fragestellung jedoch hier nicht weiter verfolgt (zu analogen Bezügen zwischen verschiedenen Sozialgruppen - freilich in einem ganz anderen kulturellen Kontext - s.Jüngst/Meder 1992, Kap. 5.1.).

Angesichts der beträchtlichen Unterschiede präsentativer Symbolik gruppenspezifischer Wohnareale und der ihnen entsprechenden kollektiven Erfahrungsaufschichtungen und psychosozialen Kompromißbildungen läßt sich vermuten, daß dem szenisch-räumlichen Streben nach oben konträre Empfindungen gegenüber standen. Äußern mochten sie sich - entsprechend den obigen Ausführungen - als Gefühle des phantasierten Ausgesetztseins in einem räumlich-szenischen Umfeld, dessen Wahrnehmung neben Aspekten der Attraktion auch solche der Fremdheit und der Bedrohung enthielt, insbesondere bei den Angehörigen der Unterschichten Unwertgefühle auslöste und damit auch aktivisch in Ablehnung und Feindseligkeit gewendet wurde. Die jeweiligen Verarbeitungen solcher Ambivalenzen dürften mit entscheidend dafür gewesen sein, inwieweit Subjekte, deren soziale und ökonomische Positionierungen im Verlauf ihres Berufslebens sich veränderten, eher im herkömmlichen sozialen Umfeld mit seiner entsprechenden präsentativen Symbolik verblieben oder sich szenisch-räumlich eher nach oben orientierten. Aufbauend auf lebensgeschichtlichen Dispositionierungen dürften solche "szenisch-räumlichen Ambivalenzen" einerseits von szenisch-räumlichen Bindungen an das sozialgruppenspezifische "Wir", andererseits aber auch von den in einer "heißen" Gesellschaft ausgeprägter werdenden Ablösungs- und Autonomiebestrebungen (Erdheim 1984) und damit der Bereitschaft zur szenisch-räumlichen Distanzierung eben gegenüber jenen Bindungen bestimmt worden sein. Entsprechend der gesellschaftlich-ökonomischen Dynamik und der familialen Situation unterschiedliche Formen der primären, sekundären und tertiären Sozialisation, in denen je eine spezifische Verarbeitung von Wünschen nach Nähe und nach Distanzierung stattfand, wie auch die hiervon nicht unabhängigen Möglichkeiten von Subjekten in andere Gruppen aufzusteigen, mochten hier wirksam werden.

Entsprechende auf "mißglückte" An- und Einpassungen zurückgehende philobatische Charakterzüge, wie sie von Balint (1970) und Raeithel (1981) beschrieben wurden, dürften nicht nur relativ typisch für Auswanderer gewesen sein, sondern - wenn auch insgesamt in wohl geringerer Intensität - für die in die Städte einströmenden Arbeitskräfte und insbesondere für berufliche Aufsteiger. Bei ihnen handelte es sich insbesondere um Zweit- und später Geborene, also Nichterben, bei denen in verstärktem Maße früh implantierte Ambivalenzen gegenüber den Eltern und dem heimischen Ambiente vermutet werden können. Ein begleitendes Element solcher psychischen Dispositionen war sicherlich auch die Chance, neue Erfahrungen im "Draußen", in der Stadt, im neuen Berufsfeld, nicht nur instrumental für den Erwerb neuer technischer Fähigkeiten zu nutzen, sondern auch als Möglichkeit, Wandlungsprozesse der eigenen inneren Biographie voranzutreiben und damit veränderten szenisch-räumlichen Umwelten eher zu entsprechen.

6. Territoriale Ordnungsmuster als Ausdrucksformen intergruppaler Beziehunsstrukturen

6.1. Das Sektorprinzip als stadtspezifische Umsetzung "szenisch-räumlicher Schachtelung"

Entsprechend den vorangegangenen Ausführungen eignete dem Beziehungsverhältnis der Ober- und oberen Mittelschichten zu den Unterschichten ein zunehmender Antagonismus, der sich nicht nur in einer betonten szenisch-räumlichen Distanzierung der ersteren von Wohnstandorten der letzteren, sondern auch in einer sich entwickelnden bewußten szenisch-räumlichen Abgrenzungsstrategie zumindest von Teilen der Letzteren gegen "oben" artikulierte. Anders freilich stellte sich das Verhältnis zwischen Mittel- und Oberschichten, ja überhaupt zwischen unmittelbarer benachbarten ökonomisch-sozialen Gruppierungen dar. Jenes Verhältnis, so können wir annehmen, regelte sich in erster Linie nach den Aufstiegsorientierungen von Subjekten, wie sie für die in Form einer ökonomischen Wettbewerbsgesellschaft akzellerierende "heiße Gesellschaft" charakteristisch wurden und für die insbesondere das Streben nach einer wie auch immer gearteten Teilnahme an Macht sowie den über diese Teilhabe vermittelten Wunscherfüllungen konstitutiv wurde. Zugleich war dieser sich räumlich artikulierende Nähewunsch aber auch Ausdruck der Identifikation mit höheren Gruppen, letztlich den führenden Gruppen oder Personen, die als personalisierte bzw. kollektive Vaterimagines der jeweiligen städtischen Gesellschaft begriffen werden können.

Damit standen jenen Tendenzen, die auf eine szenisch-räumliche Entmischung und Distanzierung von Wohnstätten unterschiedlicher sozialer Gruppen hin ausgerichtet waren (und diese Tendenzen wurden vor allem im Verhältnis von "oben" zu "unten" wirksam), gleichfalls psychodynamisch gesteuerte Bewegungsrichtungen gegenüber, die auf die szenisch-räumliche Annäherung von Wohnstätten unterschiedlicher Sozialgruppen hin angelegt waren - Bewegungsrichtungen, die vor allem im Verhältnis von "unten" zu "oben" wirksam wurden. Es war dies gerade unter den sich neu konstellierenden psychodynamisch höchst ambivalenten Voraussetzungen eine durchaus doppelbödige Orientierung, einerseits die Unterwerfung unter den Aggressor, an dessen Macht über die Symbolik räumlicher Nähe zumindest eine partielle Teilhabe erstrebt wurde (wobei die Teilhabe zugleich die Abgrenzung nach unten beinhaltete), andererseits sicherlich aber auch der imaginierte Schutz durch parentale Figuren vor der Unsicherheit und Bedrohlichkeit des Daseins. Für letzteres standen ja in der heraufziehenden Wettbewerbsgesellschaft symbolisch - aber auch ganz real - nicht zuletzt die sozial und räumlich weiter "unten" angesiedelten Gruppen, denen jeweils konflikthafte Anteile des eigenen Selbst angeheftet wurden. Dabei erschien die schützende Identifikation mit denen "da oben" (die im übrigen als Fortführung entsprechender Identifikationen im Feudalismus und Absolutismus begriffen werden kann) umso notwendiger, als das Nichterreichen dieses "oben" einen fortwährenden Hinweis darstellte auf die eigene Schwäche, das Nicht-Vollständig-Verfügen-Können über die anderen, die eigene Umwelt.

Dieses Streben nach Teilhabe, resultierend aus Identifikationen und auch Schutzbedürfnissen dürfte das wesentliche Agens von Standortorientierungen sozialer Viertel gewesen sein, wie sie Hoyt 1939 in seiner berühmten Studie am Beispiel nordamerikanischer Städte erstmals umfassend festgestellt hat. Eine mehr oder weniger ausgeprägte symbolisch-räumliche Anlehnung "nach oben", wenn dieses "oben" selbst schon nicht erreichbar ist - so ist hier die Annahme - entwickelte sich im Verlauf der Industrialisierungsphase zu einem wesentlichen Grundprinzip sozialräumlicher Viertelsbildung in den neuen Stadtarealen, wobei es freilich in dem von ideellen und verdinglichten Residualien einer vorindustriellen "Standesgesellschaft" weniger tangierten Nordamerika wohl eine konsequentere Umsetzung fand als etwa im mitteleuropäischen Raum.

Entsprechend diesem Grundprinzip der symbolisch-räumlichen Orientierung "nach oben" ergab sich eine Tendenz, um die Wohnstandorte der in der Wahrnehmung der anderen mit höchster Potenz ausgestatteten sozialen Gruppe sozial mehr oder weniger abgestufte Wohnareale mit jeweils geringerem Status auszubilden, eine Abfolge, die insgesamt mit dem Begriff der "szenisch-räumlichen Schachtelung" (vgl. Jüngst/Meder 1986) beschrieben werden kann. Als äußere symbolische Grenzindikatoren der als jeweilige "Schachteln" fungierenden szenischen Räume dienten Bestandteile dieser (wie z.B. äußerlich sichtbarer Status von Häusern und Straßen, Aussichtslagen, planerische Arrangements etc.), die einerseits in besonderer

Weise für den Grad jeweiliger Teilhabe an ökonomisch-sozialer und damit in der unbewußten Wahrnehmung immer auch parental gearteter Macht standen und andererseits ein "unter sich sein" für die jeweiligen Einwohnergruppen bzw. ein "nicht-dazu-gehören" oder auch ein "dazu-gehören-wollen" bei den anderen als symbolische Konnotationen evozierten.

Angesichts der Herausbildung eines geschäftlichen Zentrums und damit der Aushöhlung der Stadtmitte als Wohnort der Eliten kann nun in der Industrialisierungsphase mit der Aus-bildung von "szenisch-räumlichen Schachtelungen" vor allem seitlich zur Wachstumsrichtung nach außen wachsender Arale höchster Exklusivität gerechnet werden. Auf die möglichen Ansatzpunkte und Verstärkungsmechanismen solcher sektoralen Bildungen von Eliten kann hier nicht im einzelnen eingegangen werden (s. Jüngst 1988a). Festgehalten sei hier nur, daß die Tendenz zu sektoralen Formungsprinzipien durch die allmähliche Ausbildung mehr oder weniger sektor-zentrierter "mental maps", wie sie sich u.a. über konkrete Erfahrungen als Vorstellungsmatrizen internalisierten, verstärkt worden sein dürfte (vgl. Adams 1969 sowie Jüngst 1988a, S. 106). So läßt sich vermuten, daß solche "mental maps" ausgeprägte positive symbolische Belegungen und emotionale Besetzungen aufwiesen, sofern die Ansprüche an die symbolischen Raumbezüge des sozialen Umfeldes gewahrt blieben. Insbesondere ließ sich beim Verbleiben innerhalb eines Sektors am ehesten der Kontakt zu bisherigen Identitätsräumen mit ihren vertrauten Kommunikationsbezügen und den unterlegten Phantasien eines basalen Aufgehobenseins wahren und das Risiko des Ausgesetztseins gegenüber einer neuen Umwelt mit den dieser angehefteten Bedrohungspotentialen abschwächen.

Wohl konnte es unter bestimmten Bedingungen (s. Jüngst 1988a, S. 63 ff) zur Entstehung eigenständiger, von der Richtung des gewachsenen Sektors mehr oder weniger abgelöster Wohngebiete kommen, doch waren radikale Richtungsänderungen bekanntlich selten. So eigneten sich etwa herausgehobene landschaftliche Konfigurationen, die an sich etwa in Folge mit ihnen verbundener Symbolgehalte von mehr oder weniger subtiler Machtdemonstration und/oder auch phantasierten Rückzugs als Wohnorte für Eliten geeignet gewesen wären, kaum für solche Zwecke, wenn sie in der Verlängerung eines sektoral ausgebildeten Unterschichtengebiets lagen. Ein solches bewirkte offenbar gleichsam flächenhaft ausstrahlende negative Symbolübertragungen. Vor allem aber war hier auch ein symbolisch gearteter Barriereeffekt von Unterschichtenvierteln in Rechnung zu stellen, der das "Jenseits" kaum in den Blick geraten ließ. Zudem dürfte die Durchquerung solcher Viertel - im Sinne der obigen Ausführungen - wohl ein besonders geartetes Ausgesetztsein bedeutet haben, indem diese Viertel tendenziell zu "Räumen symbolischer Bedrohung" gerannen.

Die unbewußten Dimensionen solcher Bedrohung dürften sich jedenfalls aus jenen tabuisierten Anteilen der kollektiven Lebensgeschichten der Eliten gespeist haben, die im realen Verhältnis zwischen Oberschicht und Unterschicht reaktiviert wurden und angesichts der Folie proletarischer Viertel ihre besondere Brisanz erhielten. Auf eine mögliche Variante solcher tabuisierten und damit verdrängten Anteile verweist etwa Theweleit in seinen "Männerphantasien". Seine Analysen der Freicorpsliteratur von Mittel- und auch Oberschichtenangehörigen der zwanziger Jahre legen die symbolische Belegung von Arbeiterquartieren als "roter Sumpf" oder "Hort einer roten Brut" nahe, d.h. in psychodynamischem Sinne banden jene Quartiere u.a. tabuisierte und abgewertete Anteile deformierten sexuellen Empfindens, wie sie als Produkt der "schwarzen Erziehung" (Rutschky 1977) zur verstärkten Ausprägung gekommen waren.

6.2. Modifikationen und Abweichungen vom Sektorprinzip - zu den psychosozialen Bedingungskontexten besonderer territorialer und präsentativ-symbolischer Formen

Sektorale Formungsprinzipien und ihnen entsprechende Mobilitätsvorgänge, wie sie oben als Ausfluß des Prinzips szenisch-räumlicher Schachtelung und der ihnen zugrundeliegenden Wirkungsmechanismen intra- und interpsychischer Konstellationen und darauf aufbauender Symbolbezüge charakterisiert wurden, treffen für frühe Phasen industrieller Städte nur bedingt zu. Für diese können sowohl in deutschen, aber vor allem offenbar in englischen Industriestädten größere Wohnareale mit sozial durchaus gemischter Bevölkerung festgestellt werden (Jüngst 1988, S. 75f, 112) Auf dem Hintergrund eines sozialpsychologisch orientierten Ansatzes symbolischer Raumbezogenheit seien hierzu kurz folgende Erwägungen offeriert: Solange in der Ablösungsphase der vorindustriellen Gesellschaft überkommene Sozialgruppen sich noch aufzulösen und umzustrukturieren bzw. neue Sozialgruppen sich - gerade auch unter Aufnahme von Migranten - erst zu formieren begannen, dürfte die Wahl szenisch-räumlicher Bezugspunkte in beträchtlichem Maße nicht nur entlang sozialgruppenspezifischer Bindungen, sondern auch nach verwandtschaftlichen, landsmannschaftlich-regionalen (vermittelt u.a. über vertraute Dialekte) und kulturellen (bzw. kulturell-religiösen) Kriterien verlaufen sein und damit stratigraphisch orientierte Gruppen-bildungen abgeschwächt haben.

So können als besondere Formen basalen "unter sich seins" auch in der Industrialisierungsphase bestimmte Formen der Solidarität von ethnischen Gruppen gedeutet werden, für die das Verbleiben in einem über räumliche Nähe vermittelten szenischen Zusammenhang offenbar einem Bedürfnis nach Rekonstitution überkommener psychosozialer Beziehungsnetze entsprach. Abgewehrt werden mußte hier eine gefährliche Außenwelt, in deren Wahrnehmung sich die von einem kapitalistisch-industriellen Ambiente ausgehenden Bedrohlichkeiten mit jenen verkoppelten, die die Begegnung mit einer als fremd empfundenen städtischen Kultur mit sich brachte, wie zugleich auch die eigenen Beziehungsnetze einen Zugang zu eben jener Außenwelt verschaffen sollten. Hinter solchen, für den Geographen eher spektakulären ethnischen Bindungen bleiben jene szenisch-räumlichen Wir-Bezüge meist verborgen, die auf verwandtschaftlichen und regionalen Bindungen aufbauten und ja aus der heutigen Gastarbeiter- und Entwicklungsländerforschung durchaus bekannt sind.

Zudem wurden jene die "szenisch-räumlichen Schachtelungen" regulierenden sozialpsychologischen Mechanismen durch die Wirkungen der Gleichzeitigkeit von Ungleichzeitigkeiten überlagert. Subjekte aus Sozialgruppen, die in ihren besonderen Charakteristiken noch der vorangegangenen Ständegesellschaft entsprachen (so viele der Handwerkszünfte), suchten einerseits Reste ihrer alten Gruppenzusammengehörigkeit zu wahren, andererseits befanden sie sich in einem Prozeß existentieller Bedrohung, der sie nach neuen Bündnissen und Identifizierungen suchen ließ. Es waren dies Vorgänge, die sowohl eine Anlehnung nach oben wie nach unten bzw. den Versuch einer mehr oder weniger gelingenden Integration in neue Sozialgruppen bedeuten konnten. Solche sozialpsychologischen Prozesse enthielten immer auch Momente "szenisch-räumlicher Konfrontation", sahen sich doch die Angehörigen gefährdeter traditioneller Gruppen Angehörigen neu sich ausbildender unterer Sozialgruppen gegenüber, die sie zur eigenen Existenzsicherung (Vermietung) benötigen mochten, auf deren untergeordneten Status sie zugleich aber auch abzufallen drohten. Tendenzen zu solchen szenisch-räumlichen Konfrontationen schienen wohl in besonderem Maße in jenen Arealen sozialer Erosion und kommerzieller Stagnation auf, die sich im "Lee" des zentralen Bereichs tertiärer Aktivitäten vor allem in Altbauquartieren ausbildeten (Lichtenberger 1972).

Schließlich stellt sich im Kontext sogenannter "sozialer Mischungen" auch die Frage, inwieweit szenisch-räumliche Distanzierungsmechanismen auch im kleinräumlichen Umfeld (so innerhalb des Hauses, zwischen Vorder- und Hinterhaus, innerhalb der Straße) wirksam zu werden vermochten und welche Funktionen sie in solchen Fällen in den Beziehungen zwischen den Angehörigen verschiedener Gruppen erfüllten. So wäre hier zu prüfen, inwieweit in einem zunächst eher noch "patriarchalisch" als dominant antagonistisch geprägten Verhältnis (durchaus auch im Sinne der Ausführungen zur vorindustriellen Stadt in Kap. 4) zwischen Unternehmer und Beschäftigten gegenseitige partielle Identifikationen szenisch-räumlich benachbarten Wohnlagen entsprachen, d.h. damit solchen Wohnlagen ein relativ eng aufeinander bezogenes, zugleich aber durch kleinräumliche Distanzierung abgegrenztes

Verhältnis von "oben" und "unten" anhaftete, bis die oben skizzierten intra- und interpsychischen Prozesse auf stärkere szenisch-räumliche Separierungen des Wohnens hin zu wirken begannen. Freilich ist mit diesem kurzen Exkurs auf die Anfänge der industriellen Revolution das Phänomen nicht wegzudiskutieren, das gerade auch in mitteleuropäischen Städten vor allem in den inneren Stadtbereichen Segregierung sich auch später nur unvollkommen vollzog. Aus der Perspektive eines raumsymbolischen Theorieansatzes soll hier nur auf einen Punkt dieses sicherlich komplexen Sachverhaltes hingewiesen werden:

Die Entstehung von entsprechenden Wohnvierteln besonderen sozialen Charakters wurde offenbar durch Diskrepanzen von sozialem Status und ökonomischen Möglichkeiten begünstigt. So scheint der relativ hohe soziale Status der in Mitteleuropa stark anwachsenden gehobenen und höheren Beamtenschaft bei gleichzeitig noch mäßigem Einkommen einen spezifischen Trend zu Miethausarealen unterstützt zu haben, die trotz einer mehr oder weniger ausgeprägten sozialen Mischung ihrer Bewohner in ihrer äußerlichen Anlage auf die Teilnahme an einem gehobenen Lebensstil ausgelegt erschienen. Gefördert worden sein dürfte diese Art von Viertelsbildung durch die ökonomische Abstützung jeweils gehobeneren Wohnens durch ein - auf der ökonomischen Ebene - quasi-symbiotisches Verhältnis zu mittleren bis unteren Sozialgruppen, die durch Inanspruchnahme weniger präferierter Wohnungen zu einer tolerierbaren Mietrelation eher "besseren" Wohnens beitrugen. Man kann vermuten, daß für eine solche "Symbiose" sich vor allem jene Sozialgruppen (mittlere und untere Beamte und Angestellte) eigneten, die im Lebens- und Wohnstil tendenziell "nach oben" orientiert waren und sich weitgehend mit den bestehenden politischen und herrschaftlichen Ordnungen identifizierten. Sie dürften Verwertungsinteressen wie auch szenisch-räumliche Bedürfnisse der gehobeneren Bewohner weniger gestört haben, als dies im Falle von Mietern mit vergleichbaren Einkünften, aber "proletarischem" Herkommen und Verhalten der Fall war, die ja ein entsprechend phantasmatisches und vielleicht auch reales Bedrohungspotential darstellten. Hier kamen Bedürfnisse nach szenisch-räumlicher Abgrenzung in besonderer Form zur Geltung. Die Zurschaustellung eines privilegierten Status und sozialer Positionen gegenüber unmittelbar benachbarten Gruppen geringeren Status mit einem insgesamt eher devoten Verhalten geriet angesichts der eigenen prekären Zwischenposition zur inneren Notwendigkeit und konnte über die Verfügung bevorzugter Wohnlagen und deren präsentative Ausgestaltung ausgeübt werden, wenn schon der Einzug in ein villenartiges Einfamilienhaus unterblieb. Die vorhandenen Unterschiede in den Nutzungsmöglichkeiten der einzelnen Stockwerke wurden zur geeigneten Projektionsfolie von Abgrenzungs- und Statusbedürfnissen; die damit geschaffene symbolische Qualität des Wohnens in den unteren

Stockwerken fand nach außen ihre manifeste Repräsentanz in den aufwendigen Ausgestaltungen von Wänden, Fenstern und Balkons der korrespondierenden Hausbereiche. Trotz ihrer kleinräumlichen Differenzierung bildeten auch solche Mietshausviertel bekanntermaßen häufig Bestandteile gehobener sektoraler Bildungen, wenn sie auch dominant in deren Innenbereichen zu finden waren.

7. Schlußbemerkung

Fassen wir die bisherigen Erwägungen thesenhaft zusammen und übersetzen sie auf die Ebene gesamtstädtischer Dimensionierung, so lassen sich aus den skizzierten identifikatorischen und antagonistischen Symbolbezügen, wie sie über jeweilige gruppenspezifische Möglichkeiten der Machtausübung zum Tragen kommen, letztlich komplexe Wirkungsmechanismen städtischer Differenzierung ableiten. Dabei resultieren jene freilich nicht nur aus dem im Prinzip der szenisch-räumlichen Schachtelung benannten Verhältnis der Wohnareale verschiedener Sozialgruppen zueinander, sondern auch aus der anderswo (s. Jüngst 1988a) skizzierten Rückwirkung jener symbolischen Bezüge und ihnen entsprechender Interaktionsgefüge auf die Wachstumsrichtung des zentralen Bereichs tertiärer Aktivitäten und des diesem in Richtung der gehobenen Wohnviertel angelagerten Bereichs aktiver Assimilation. Als indirekte Folge jener Rückwirkung können im übrigen die Areale kommerzieller Stagnation und sozialer Erosion in der Leelage jenes zentralen Bereichs gelten, die häufig einen räumlich unmittelbaren Übergang bzw. Anschluß an angelagerte sektorale Bildungen von Industrie- und Unterschichtenquartieren aufweisen.

Zum Abschluß seien noch einige vergleichende Bemerkungen zur Wirkung symbolischer Raumbezogenheiten in den mitteleuropäischen und den angelsächsischen Städten der Neuen Welt gestattet. Einerseits kann wohl eindeutig festgehalten werden, daß die komplexeren historisch-baulichen und historisch-rechtlichen Ausgangs- und Verlaufsbedingungen des Wachstums mitteleuropäischer Städte größere Abweichungen von sektoralen Formierungsprinzipien als in Nordamerika nahelegen. Andererseits läßt sich mutmaßen, daß gerade in mitteleuropäischen Städten eher eine Tendenz zum durchgehenden Erhalt des gehobenen "Sektors" bis in den unmittelbaren Citybereich bestand und auch heute noch besteht - dies vor allem angesichts einer wohl stärkeren emotionalen und traditionalen Anbindung an die historischen Zentren und damit einer höheren Aufladung entsprechender räumlicher Symbolbezüge, als dies in nordamerikanischen und wohl auch frühen englischen Industriestädten der Fall war bzw. ist. Gerade die mitteleuropäischen Städte stellten und stellen ja mit ihren historisch gewordenen Zentren eine besondere Form symbolischer Raumbezogenheit bereit: Indem hier in Gestalt von Architektur und historischen Ensembles Konnotationen evoziert wurden, die eine Orientierung an historisch-gesellschaftlichen Ursprüngen beinhalteten (Jüngst 1988a; s. auch Jüngst u.a. 1977), wurde eine parental geartete symbolische Einbindung und zugleich Zeitlosigkeit und damit tendenziell eine regressive Fixierung erzeugt, die einen spezifischen Stellenwert der Selbstversicherung angesichts von Änderungen sozialer und räumlicher Umwelt einzunehmen begann.

In nordamerikanischen Industriestädten kamen stattdessen richtungsmäßig entgegengesetzte symbolische Orientierungen zur Geltung: Hier kann mit der Wirkung spezifischer psychokultureller "Apriori" gerechnet werden, die den Rand- und Umlandbereichen der Städte besondere Symbolisierungen zuwiesen und entsprechend ausgerichtete Mobilitäten beschleunigten. Sogenannte durch besondere Sozialisationsmechanismen "hergestellte" philobatische Charaktere(vgl. Balint 1960), wie sie Raeithel (1981 und 1988) für die USA herausgearbeitet hat, begünstigten hier ein hohes Maß an Mobilität, das an einem "immer größer" und "immer weiter" orientiert war und vor allem ein hohes Maß an Distanzierungsbedürfnis und damit Bedarf an Raum - auch in den Wohnarealen der Unterschichten - beinhaltete (der ja zugleich reichlich vorhanden war). Eher negativ geartete frühe Objektbindungen, wie sie Raeithel anhand historischer Quellen zu Auswanderern belegt hat, scheinen jenes über besondere Sozialisationsformen vererbte "psychokulturelle Apriori" zu bilden, daß das Gute immer am anderen Ort, in der Weite, suchen ließ, eine Tendenz, die u.a. auch die Abschnürung gehobener Wohnsektoren gegenüber dem Central Business District infolge der hohen Mobilitätsbereitschaft unterstützt haben mag. Eine solche modale "Grund"-Disponierung (vgl. Balint 1970; s. auch Calogeras 1989), die in der Primärsozialisation mehr oder weniger systematisch erzeugt und in der Sekundärsozialisation entsprechend gesellschaftlichem Umfeld und dessen Anforderungen mit sicherlich variierenden Resultaten verarbeitet wurde, mag wesentlich mitverantwortlich gewesen sein für die schnelle Veraltung und Verwahrlosung sozialer Viertel zugunsten neuer Wohnareale (das verheißungsvolle Neue wird ersehnt, benutzt, zerstört und wieder zugunsten von Neuem verlassen) und auch den - im Vergleich etwa mit mitteleuropäischen Verhältnissen in der Industrialisierungsphase - insgesamt geringeren Solidarisierungsgrad innerhalb US-amerikanischer Unterschichtquartiere (etwa in Form gewerkschaftlicher Organisationsformen) zugunsten erhöhter Mobilität und sozialem Aufstieg (s. Raeithel 1981, S. 111 ff. und 291 ff.). Distanzbedürfnisse und Beziehungsstörungen in der Form von Mißtrauen, Neid- und Eifersuchtsgefühlen (bei freilich gleichzeitig "früherreifer" Selbständigkeit und ausgesprochenen Fähigkeiten zur Aufnahme eher kursorischer Kontakte) waren als basale Persönlichkeitsanteile offenbar in einer Weise in die Subjekte implantiert, daß sie nur unzureichend auf andere Gruppen abgespalten werden konnten, vielmehr im Binnenverhältnis von Sozialgruppen selbst äußerst virulent blieben (man denke nur an die starken Konflikte innerhalb und zwischen amerikanischen Gewerkschaften - s. ebda.) mit sicherlich spezifischen Konsequenzen für ihre Territorialität und präsentativ-symbolischen Formen (s. das Extrem der "Skid Rows").

Literatur

Adams, J. S.: Directional Bias in Intra-Urban Migration. In: Economic Geography, Bd. 45, 1969, S. 302 ff.

Argelander, H.: Der Flieger: eine charakteranalytische Fallstudie. Frankfurt 1980.

Ariés, P.: Geschichte der Kindheit. München 1976.

Badinter, E.: Die Mutterliebe. Geschichte eines Gefühls vom 17. Jahrhundert bis heute. München 1982.

Balint, M.: Angstlust und Regression. Stuttgart 1960.

ders.: Therapeutische Aspekte der Regression - Die Theorie der Grundstörung. Stuttgart 1970.

Bauriedl, Th.: Theoretische Probleme der ichpsychologischen Diagnostik. München 1975.

Calogeras, R.: Die Krupp-Dynastie und die Wurzeln des deutschen Nationalcharakters. Eine psychoanalytische Kulturstudie. München 1989.

Cooper, D.: Der Tod der Familie. Reinbek 1972.

Dennis, R.: English Industrial Cities of the Nineteenth Century. A Social Geography. Cambridge 1984.

Devereux, : Angst und Methode in den Verhaltenswissenschaften. Frankfurt 1984.

Doerry, M.: Übergangsmenschen. Weinheim und München 1986.

Erdheim, M.: Die gesellschaftliche Produktion von Unbewußtheit. Eine Einführung in den ethnopsychoanalytischen Prozeß. Frankfurt 1984.

Foucault, M.: Überwachen und Strafen. Die Geburt des Gefängnisses. Frankfurt 1977.

Gropius, W.: Vorwort. In: W. Gropius (Hrsg.): Internationale Architektur. München 1925, S. 5-8 (Bauhausbücher 1)

Hamm, B.: Die Organisation der städtischen Umwelt. Ein Beitrag zur Sozialökologischen Theorie der Umwelt. Stuttgart 1977.

Harris, R.: Residential Segregation and Class Formation in the Capitalist City: a Review and Directions for Research. In: Progress in Human Geography, Bd. 8, 1984, S. 26 ff.

Heigl-Evers, A. und Heigl, F.: Die tiefenpsychologisch fundierte (analytisch orientierte) Gruppenpsychotherapie. In: Heigl-Evers, A. und Streek, U. (Hrsg.): Die Psychologie ds 20. Jahrhunderts. Bd. 8, Zürich 1979, S. 802-811.

dies.: Die projektive Identifizierung - einer der Entstehungsmechanismen psychosozialer Kompromißbildungen in Gruppen. In: Gruppenpsychotherapeutische Gruppendynamik, Jg. 18, 1983, S. 316-327.

Hoyt, H.: The Structure and Growth of Residential Neighbourhoods in American Cities. Washington 1939.

Johansen, G.: Betrogene Kinder. Eine Sozialgeschichte der Kindheit. Frankfurt 1980.

Jüngst, P.: "Macht" und "symbolische Raumbezogenheit" als Bezugsgrößen innerstädtischer Differenzierungsprozesse in der Industriellen Revolution. Urbs et Regio, Bd. 46, Kassel 1988a.

ders.: Das Dort als Spiegel von Wünschen und Ängsten - Zur Wahrnehmung anderer Länder am Beispiel der Türkei. In: Urbs et Regio, Bd. 48, Kassel 1988b, S. 147-176

ders.: Psychodynamik und Altbaustrukturen. Zur präsentativen Symbolik historischer Ensembles und Architektur. In: Die alte Stadt. 1992, S. 211-223.

Jüngst, P./Ebbers, L./ Theobald, K.: Kassel zu Beginn der Industriellen Revolution. Atlas zu den Kasseler Adressbüchern 1834 und 1856. Urbs et Regio, Bd. 61, Kassel 1993 - In Druck.

Jüngst, P./Kampmann, D., Schulze-Göbel, H.: Zum Problem von Wahrnehmung und Handlungsmöglichkeiten sozialer Gruppen in altstädtischen Kernregionen am Beispiel der Marburger Oberstadt. In: Urbs et Regio, Bd. 6, Kassel, 1977, S. 1 ff.

Jüngst, P./Meder, O.: Zur Grammatik der Landschaft - über das Verhältnis von Szene und Raum. Urbs et Regio, Bd. 42, Kassel 1986.

dies.: Innere und äußere Räume - Zur Symbolbelegung und emotionalen Besetzung städtischer Umwelt. In: Winter, J./Mack, J. (Hg.): Herausforderung Stadt - Aspekte einer Humanökologie. Berlin 1988, S. 261-291.

dies.: Über die Verführbarkeit des Forschers. In: Urbs et Regio, Bd. 51, Kassel 1989, S. 425-469.

dies.: Psychodynamik und Territorium. Zur gesellschaftlichen Konstitution von Unbewußtheit im Verhältnis zum Raum. Bd. 1: Experimente zur szenisch-räumlichen Dynamik von Gruppenprozessen: Territorialität und präsentative Symbolik von Lebens- und Arbeitswelten. Urbs et Regio, Bd. 54, Kassel 1990a.

dies.: Die Innenstadt als Identifikationsraum. In: Riedel, U. (Hrsg.): Erlebnisraum Innenstadt. Ergebnisse eines Symposiums der Freien Hansestadt Bremen am 20./21. Febr. 1990, Bremen 1990b, S. 49-62

dies.: Das scheinbare Ende des Martyriums. Der christliche Mythenkomplex auf dem Weg zum staatstragenden Korsett. In: Fragmente - Schriftenreihe zur Psychoanalyse, Bd. 32/33, Kassel 1990c, S. 166-183

dies.: Psychodynamik und Territorium. Zur gesellschaftlichen Konstitution von Unbewußtheit im Verhältnis zum Raum. Bd. 3: Teritorialität und präsentative Symbolik der römischen Welten und die psychosoziale Kompromißfähigkeit ihrer Eliten. Urbs et Regio, Bd. 58, Kassel 1992

Kaschuba, W.: Lebenswelt und Kultur der unterbürgerlichen Schichten im 19. und 20. Jahrhundert. München 1990.

Langer, S.K.: Philosophie auf neuem Weg. Frankfurt 1965.

Laplanche, J./Pontalis, J.-B.: Das Vokabular der Psychoanalyse, 2. Bde. Frankfurt 1972.

Lichtenberger, E.: Ökonomische und nichtökonomische Variable kontinental-europäischer Citybildung. In: Die Erde 1972, S. 216 ff.

Lorenzer,A.: Das Konzil der Buchhalter. Die Zerstörung der Sinnlichkeit. Eine Religionskritik. Frankfurt 1984.

Metz, E.: Hochfürstlich Hessische Residenzstadt Cassel. Kassel 1961

Meynen, H.: Die Wohnbauten im nordwestlichen Vorortsektor Kölns mit Ehrenfeld als Mittelpunkt. Forschungen zur deutschen Landeskunde, Bd. 210, Trier 1978.

Prokop, U.: Mutterschaft und Mutterschafts-Mythos im 18. Jahrhundert. In: Schmidt-Linsenhoff, V. (Hg.): Sklavin oder Bürgerin? Französische Revolution und Neue Weiblichkeit 1760-1830, Marburg 1989.

Rabanal, C.: Überleben im Slum. Frankfurt 1990.

Raeithel, G.: "Go West". Ein psychohistorischer Versuch über die Amerikaner. Frankfurt 1981

ders.: Geschichte der Nordamerikanischen Kultur. Bd. 2. Vom Bürgerkrieg bis zum New Deal 1860-1930. Weinheim 1988.

Rutschky, K. (Hrsg.): Schwarze Pädagogik. Frankfurt-Berlin-Wien 1977.

Thevenin, T.: The Family Bed. Minneapolis 1976.

Theweleit, K.: Männerphantasien. Bd. 1: Frauen. Fluten, Körper, Geschichte. Stuttgart 1980 Bd. 2: Männerkörper - Zur Psychoanalyse des weißen Terrors. Stuttgart 1980.

Ward, D.: Environs and Neighbours in the "Two Nations" Residential Differentiation in Midnineteenth-century Leeds. In: Journal of Historical Geography, Bd. 6, 1980, S. 133 ff.

Wurmser, L.: Die zerbrochene Wirklichkeit. Psychoanalyse als das Studium von Konflikt und Komplementarität. Berlin 1989

Jürgen Strassel

Die private Natur des Bürgers.
Zur Gartenarchitektur des E. L. Lutyens.

In den Kunstprinzipien der Arts and Crafts-Bewegung des 19. Jahrunderts gelangte das wohlhabende englische Bürgertum erstmals zu einer eigenen, originären Form in der Gestaltung der alltäglichen Lebensumwelten seiner Individuen. In endgültiger Absetzung von den damaligen Formen des traditionellen Wohnens des Adels erstellten Architekten, Dekorateure, Gärtner und Designer delikate Kunstwelten zur vornehmlich privaten Verfügung, in denen ein großer Teil der wirtschaftlich erfolgreichsten und selbstbewußtesten sozialen Schicht des damals reichsten Landes der Erde, die upper middle class des United Kingdom, sein Lebensgefühl ästhetisch formuliert fand. Als eine der spätesten und entwickeltesten Verwirklichungen solcher Umwelten gelten die country house- und Gartenanlagen von E.L. Lutyens (1869-1944) und der Gärtnerin Gertrude Jekyll (1843-1932). Zwischen dem Beginn der 90er Jahre des letzten Jahrhunderts und dem Ersten Weltkrieg, dem Ende dieser Entwicklungsphase des englischen Bürgertums, baute oder projektierte Lutyens über 200 Landhäuser, Gertrude Jekyll entwarf insgesamt 360 Pflanzpläne, bei ca. 100 Anlagen arbeiteten beide zusammen. "A Lutyens house and a Jekyll garden" galten als die raffinierteste Verwirklichung der Auffassung der edwardianischen Mittelklasse von Wohnen, Privatheit, Umwelt, Lebensführung und Naturerfahrung. Worin bestand, woher rührte ihre Bedeutung?

*

Lutyens Stil war ein eigenartiger Konservatismus. Der Baugeschichte Englands entlieh er Formelemente, die er frei kompilierte zu Bauten von hohem architektonischen Wert und legendärem Ambiente. Seine erste Stilphase, der die meisten country houses entstammen, orientierte sich in Fortführung der Arts and Crafts-Prinzipien am Surrey Vernacular Style, der den regionalen Stil der ländlichen Architektur seiner Heimat nachahmte. Fachwerk, weit herabgezogene Dächer, hohe Giebel mit Ziegelverkleidung und gewaltige Kamine kennzeichnen diese idyllischen Häuser, die sich in die Landschaft Südenglands gleichsam einschmiegen. Munstead Wood, das Haus, das er für Gertrude Jekyll baute, entsprach ganz diesem Geist. Den

Arts and Crafts-Maximen der Verwendung lokaler Materialien und traditioneller Handwerkstechniken blieb er auch treu, als er sich anderen Stilen zuwandte, zuerst dem Tudor Style, in dem er kühne und extravagante Schöpfungen wie Marsh Court bei Stockbridge, Hampshire ausführte, die ihn rasch berühmt machten. In ihm entstanden auch Gartenanlagen, die zwar den historisierenden Vorstellungen der Formalisten folgten, doch dabei so freie und phantasievolle Verarbeitungen traditioneller Vorgaben darstellten, daß sie Lutyens eigene und unverkennbare Architektur wurden. In seiner dritten Phase vor dem Ersten Weltkrieg, der georgianischen, glättete sich der Stil zu Fassaden von delikater Symmetrie, und auch die Gärten wurden schlichter, großzügiger. Die starke Kammerung seiner frühen Anlagen, ihre architektonische Gliederung zu Anordnungen atmosphärisch sehr unterschiedlicher Gartenräume, löste sich weitgehend auf. Offenere Gestaltungen verbanden sich stärker als zuvor mit dem Außenraum. Dies verstärkte sich noch in Lutyens letzter Phase, der klassizistischen, der vorwiegend seine Gebäude und Gärten aus den 20er Jahren angehören. Die Moderne, der International Style, blieben ihm zeitlebens fremd (zu Leben und Bauten Lutyens siehe: Weaver 1913, Butler 1950, Hussey 1950, Greenberg 1969, O'Neill 1980, Lutyens 1980, Lutyens 1981, Gradidge 1981, Brown 1985, Inskip 1986).

Zu erster Berühmtheit verholfen hatten Lutyens seine Landhausentwürfe, in den beiden ersten Jahrzehnten des 20. Jahrhunderts kamen Geschäftshäuser, Brücken, Banken, Kirchen, städtische Wohngebäude, Denkmäler u.a. dazu. 1912 wurde er mit der Planung von Neu Delhi und dem Bau des Palasts des Vizekönigs beauftragt, 1918 geadelt, ab 1929 entwarf er die Kathedrale von Liverpool, die er als größte Kirche der Christenheit plante, 1938 wurde er zum Präsidenten der Royal Academy gewählt.

Daß es die country house-Entwürfe gewesen waren, die dieser Karriere die Grundlagen lieferten, liegt an der Bedeutung der Lebensform, für welche diese Architektur entstand: des country life der Mittelschicht. Bereits in spätviktorianischer Zeit gab es eine rasch steigende Nachfrage nach luxuriösem Wohnraum auf dem Lande. Ursache dafür war zum einen die rasche Expansion Londons als Wirtschaftszentrum und der damit verbundene Mangel an städtischem Wohnraum sowie die Verschlechterung der Umweltsituation in den Industriestädten; zum anderen schuf der Ausbau von Eisenbahnlinien zwischen London und den großen Hafen- und Industriestädten an der Südküste und in den Midlands, die besonders im letzten Drittel des 19. Jahrhunderts zugleich das Gebiet um London radial erschlossen, eine schnelle Verbindung zwischen der Stadt und ihrem ländlichen Umland. Die Londoner City war so von einem ländlichen Wohnsitz aus in kürzester Zeit zu erreichen, das Wahrnehmen geschäftlicher und sozialer Kontakte, kultureller Einrichtungen und von Konsummöglichkeiten in der Hauptstadt wurde zum

Tagesausflug. Ebenso leicht konnten die Landhäuser von Gästen zu kurzfristigen Ferien- und Wochenendaufenthalten aufgesucht werden.

Die Verwirklichung einer solchen Wohnform setzte zweierlei voraus: die Existenz gesellschaftlicher Wertschätzungen, die das Wohnen auf dem Lande zum Bestandteil einer begehrten Lebensform machte und ein Maß an Wohlstand, das es einer ganzen sozialen Schicht erlaubte, sich diesen Traum zu erfüllen (vgl. hierzu bes. Aslet 1982, Girouard 1980). Wohlstand fand sich im England des späten 19. Jahrhunderts wie in keinem anderen Land der Erde. Mehr als ein Jahrhundert raschen industriellen Wachstums, die koloniale Ausbeutung eines großen Teiles der Welt und die Beherrschung vieler internationaler Konsumgütermärkte hatten zu einer Konzentration von wirtschaftlichem und privatem Reichtum in England geführt. Wenn auch gerade zum Ende des Jahrhunderts Großbritannien seine Führungsrolle als "Werkstatt der Welt" und als Handelsmacht zu verlieren begann, konnten sich die oberen Schichten dennoch eine Lebenshaltung erlauben, die England zum Ort des erlesensten und modernsten Luxuskonsums machte. Die Realisierung des Wunsches, auf dem Lande zu leben, war ein Teil davon. Sicherlich entsprang er auch einer Orientierung des englischen Bürgertums an der Lebensform der ländlichen Oberschicht. Und ebenso kam darin ein sich mit der Industrialisierung und ihrer Zerstörung von Umwelt entwickelndes verändertes Naturgefühl zum Ausdruck. Kaum eine Rolle spielte dagegen in dieser Zeit mehr das Streben nach sozialem Aufstieg. Noch in der Mitte des 19. Jahrhunderts war der Besitz großer Ländereien und eines zugehörigen Landhauses die Voraussetzung für politischen und gesellschaftlichen Erfolg in Großbritannien gewesen. Dieser wiederum war gebunden an eine traditionsbestimmte, mit der landwirtschaftlichen Produktion verwachsene Lebensform. Sie war im wesentlichen die des landbesitzenden Adels und unterschied sich deutlich von dem Erwerbsleben in den Städten. Das neureiche Bürgertum hatte nur langsam Zugang zu dieser Welt gefunden. Im letzten Drittel des 19. Jahrhunderts jedoch verschlechterte sich die Lage des Landadels deutlich. Das Anwachsen der Industrie zum wichtigsten Wirtschaftsfaktor und die Schlüsselrolle von Handel und Finanzwesen hatten mit der wirtschaftlichen auch die Struktur der politischen Macht deutlich verändert. Der Einfluß des Bürgertums wie der Arbeiterschaft war größer geworden. Zugleich hatte die Landwirtschaft in den 70er Jahren unter schlechten Ernten gelitten, die zum Import billigen Überseegetreides besonders aus den USA geführt hatten, was die Preise auf dem Binnenmarkt stark drückte. Die landbesitzenden Schichten besaßen nicht mehr das politische Durchsetzungsvermögen, diese für sie ungünstigen Auswirkungen des Freihandels gegen diejenigen ökonomischen Fraktionen durchzusetzen, die von dieser handelspolitischen Regelung profitierten und die gegen ein Ansteigen der Lebenshaltungskosten der Masse der Bevölkerung waren, um sich selbst vor der andernfalls unumgänglichen Erhöhung der Löhne oder sozialen Unruhen zu schützen. Folge der daraufhin sinkenden Einkommen in der Landwirtschaft war eine erhebliche Verschlechterung der wirtschaftlichen Situation vieler Grundbesitzer bis zur Verarmung und Aufgabe ihrer Landsitze, die nun zu günstigen Preisen vom städtischen Bürgertum erworben werden konnten. Die soziale Struktur der besitzenden Schichten auf dem Lande begann sich zu verändern.

Dabei ging es den neuen Landbewohnern keineswegs um eine Übernahme adeliger Lebens-, Wohn- und Wirtschaftsformen: die wohlhabenden Geschäftsleute der Londoner City hatten ihren eigenen Lebensstil, den sie aufs Land verlegten. Bestimmend war für sie nicht die Landwirtschaft, sondern das Naturerlebnis, nicht die Pflege von Tradition, sondern der Genuß zeitgemäßen Luxus, nicht der Gedanke ländlicher Zurückgezogenheit, sondern der eines regen gesellschaftlichen Lebens, das Stadt und Land zugleich umfaßte. Zudem legten die geringe Wohnqualität in den rasch wachsenden Industriestädten voller Hektik, Lärm und Schmutz, ihre hohe Verkehrsdichte, die Emissionen der Produktionsanlagen und die Nähe der Wohngebiete der oberen Schichten zu den städtischen Slums der viktorianischen Zeit die Flucht aus der Stadt in die industriefreien suburbanen Zonen oder ganz aufs Land nahe. Die romantische Fiktion eines den sozialen Konflikten fernen, friedlichen Landlebens, das ästhetische Naturerlebnis und eine gesunde Lebensführung in frischer Luft und mit sportlichen Aktivitäten waren neben dem gesellschaftlichen Stellenwert des Wohnens auf dem Land die hauptsächlich mit ihm verbundenen Vorstellungen. Die Verbreitung des Automobils zu Beginn des Jahrhunderts beseitigte die letzten technischen Probleme bei der Ausdehnung des städtisch-bürgerlichen Lebens auf das Land.

Die Verstädterung des Umlandes der großen Städte, die in der ersten Hälfte des 19. Jahrhunderts mit der Entstehung suburbaner Erweiterungen der bestehenden städtischen Siedlungen begonnen hatte, griff nun weit in die Fläche aus und schuf Kulturlandschaften mit einem ganz neuen Charakter. Davey zeichnet uns ein Bild davon:

> "If between 1900 and 1910 you had taken a balloon from Brighton and floated north-west above England, you would have seen drift after drift of Arts and Crafts buildings: first the large houses of wealthy City men on the Surrey ridge between Guildford and Redhill, then, passing the metropolis, there was another belt of brick and tile houses in south Hertfordshire and Middlesex. Further north, a pattern emerged, each large town had a crescent of suburbs, usually running from south-west to north to take advantage of the prevailling winds which blew urban smoke away to the east. In north Oxford, the more adventurous dons were living in Arts and Crafts houses ...

In Birmingham, rich business men were building some of England's most beautiful suburbs at Four Oaks and Sutton Coalfield. Away to the east, a strong telescope might have picked out the summer cottages of Leicester magnates built on the edge of the Charnwood forest. Near Manchester, there was Middleton and in Leeds the newly developed suburbs of Adel and Roundhay. Then north aggain to the wastes of the Scottish border with a glance at the retreats of rich Lancashire cotton men in the Lakes. Beyond, in Glasgow, the same pattern was repeated, with new, adventurous houses springing up to the north west and on the banks of the Clyde.
Between these major cities, and always near to the knots of the Victorian railway network which knitted the country mansions, the artists'houses and the estate cottages from which so many Arts and Crafts architects derived their income. Here and there was a new church or a village hall, the public works of the richer private house patrons." (Davey 1980, 99)

Der hierzu erforderliche Umbau alter Landsitze und die Errichtung entsprechender Neubauten in so großer Zahl stimulierten die Entwicklung der Architektur. R. Norman Shaw war einer der ersten Architekten gewesen, der auf diese Nachfrage gezielt reagiert hatte. Viele der jüngeren Architekten stellten sich von vornherein ganz auf diesen neuen Markt ein. Gegen Ende des 19. Jahrhunderts finden sich in diesem Bereich die Namen und Bauten einer Reihe bekannter englischer Architekten der Zeit: Vosey, Baillie Scott, Mackintosh, Newton, Prior, Macmurdo, Blomfield waren für die von ihnen entworfenen Landhäuser berühmt. Lutyens war der jüngste unter ihnen. Die britische Architektur dieser Zeit galt als eine der originellsten der Industrieländer. Und viele der Landhäuser, die Lutyens bis zum Ersten Weltkrieg baute, werden zum Reizvollsten gezählt, was in dieser letzten Hochzeit britischen Reichtums und Luxus entstand.

Die häufigste Bezeichnung, die sich in der englischsprachigen Literatur für Lutyens Klientel findet, ist die der 'Neureichen'. Industrielle und im Handel, im Finanzbereich, an der Börse und im Versicherungswesen Tätige, auch Politiker sind vornehmlich die Bauherren seiner Häuser. Auch noch in edwardianischer Zeit, in der Phase des Rückgangs des englischen Wirtschaftswachstums, existierte ein großer privater Reichtum bei vielen Angehörigen der oberen Schichten, der besonders durch die außerordentlich niedrigen Löhne der Handwerker und Hausangestellten eine luxuriöse Lebensführung möglich machte. Hierzu gehörte die bewußte und intensive Herstellung von Freizeiten, ein Gewinn, durch den der wirtschaftliche Erfolg besonderen Sinn bekam. Der Rückzug aus dem Erwerbsleben schon in der Lebensmitte und der Genuß des erarbeiteten Reichtums galten als erstrebenswertes Ziel. Wo diese Lebensanteile Gegengewichte zu Arbeit und städtischem Leben bilden sollten, wurden sie vor allem zu sportlicher Betätigung und sozialen Aktivitäten auf dem Lande oder zum Reisen genutzt. Die wachsenden technischen Möglichkeiten zur Mobilität erleichterten dies zunehmend.

Daß die hierfür geschaffenen country houses anderen Ansprüchen und Umwelterwartungen dienen sollten als die traditionellen Landsitze der gentry und der Aristokratie, liegt nahe. Als häufig nur temporäre Wohnsitze neben den Stadtwohnungen waren sie kleiner - der Begriff 'small country house' wurde zum Stilbegriff für sie -, ihre Innengestaltung entsprach den Anforderungen von Feiern und Geselligkeiten und der Unterbringung einer großen Anzahl für kurze Zeit anreisender Gäste. Die Außenanlagen mußten die Möglichkeit zu Sport und Erholung in freier Natur geben - je nach den Neigungen des Besitzers vor allem zu Tennis, Krocket, Bowling und Wassersport. Auch hierzu waren viel kleinere Grundbesitze erforderlich als sie zu den traditionellen country seats mit ihren Park- und Waldgeländen gehörten. Als idealer Standort galten stadtnahe Lagen mit guter Verkehrsanbindung, für die reiche middle class Londons etwa "unspoilt Surrey within easy driving distance of a station for London" (Gradidge 1980, 43). Hier entstand der 'stockbroker belt', in dem sich Häuser von Voisey, Baillie Scott oder Webb und die frühen Häuser Lutyens im Surrey Vernacular Style in besonderer Dichte finden.

Die bauliche Ausführung und dekorative Gestaltung der country houses der upper middle class läßt Schlüsse auf die ästhetische Ausrichtung ihrer Besitzer zu. Offensichtlich gab es deutliche Stilrichtungen, die häufig an bestimmte Architekten gebunden waren, die ihrerseits ganz eigene und unverwechselbare Baustile und Formenapparate entwickelt hatten. So gilt etwa Vosey mit seinen klaren, kargen, fast abstrakt wirkenden, weiß gestrichenen Häusern als Architekt eher intellektuell ausgerichteter Mittelständler (Aslet 1982, 36/37). Baillie Scott schuf bewußt an den Kunstformen der Arts and Crafts-Bewegung und des Jugendstils orientierte Gestaltungen, die ihm nach dem Ersten Weltkrieg auch auf dem Kontinent Aufträge einbrachten. Und Lutyens galt als Meister des schöpferischen Umgangs mit den historischen englischen Stilen.

Die Phase des Reichtums der Erfolgreichen, der diese Architektur angehörte, endete mit dem Ersten Weltkrieg. Von 1902 bis 1913 hatte sich die Höhe der englischen Exporte noch einmal verdoppelt, doch die Produktivität der Wirtschaft, besonders der traditionellen Textil- und Schwerindustrie, war im internationalen Vergleich erheblich gesunken. Ein großer Teil der englischen Einkommen kam aus Investitionen im Ausland, aus Dienstleistungen und der Nahrungs- und Genußmittelindustrie. Der Weltkrieg zerstörte wichtige ausländische Märkte und stärkte die weltwirtschaftliche Bedeutung der USA. Mit der alten Form des Reichtums endete in England das repräsentative Landleben der oberen Mittelschicht im großen Stil. Andere Formen folgten nach, doch die Zeit des country house war bis auf Ausnahmen vorbei. Lutyens baute nach 1918 nur noch drei Landhäuser. Auch die in ihren Entwürfen wirksam werdende allgemeine Wendung der englischen Architektur zum Klassizismus steht im Kontext eines viel weitgehenderen gesellschaftlichen Wandels, wie ihn P. Davey kennzeichnet:

> "London was rebuilt as imperial capital in the first decade of the century ... the great schemes ... were all erected in the high classical style ... .Throughout middle class life, from the boy scout movement to the Stock Exchange, there was new emphasis on order and leadership, on things established, old looking and tested. Antique collecting became the rage to the detriment of working craftsmen. In architecture, the main spokesman of the new mood was Reginald Blomfield. Though a member of the Art Workers' Guild and the Arts and Crafts Exhibition Society from their earliest years ... Blomfield had long been a classicist ... Commenting on the late nineteenth century he urged that because 'the co-operative art of the Middle Ages was no longer possible, some-one must take the lead. A strong individual intelligence was needed to restore order in this chaos of eclecticism.'" (Davey 1980, 155)

An drei Gartenanlagen, die Lutyens baute, soll die Eigenart seiner Raumgestaltung deutlich werden: dem Garten von Folly Farm, in welchem zwei Stilphasen in ein Verhältnis zueinander treten, dem Garten von Hestercombe, in welchem der Architekt einen traditionellen Wohnsitz des Landadels in seiner Formsprache weitergestaltet - für beide Gärten entwarf Gertrude Jekyll die Pflanzpläne - und schließlich am Garten von Ednaston Manor, einem der schönsten georgian houses Lutyens'.

*

Folly Farm, Sulhampstead, Berkshire.

Folly Farm besteht aus drei Bauteilen verschiedenen Alters. An ein Jahrhunderte altes, nicht sehr großes Bauernhaus mit Fachwerkwänden und reitgedecktem Schuppen baute Lutyens 1906 ein H-förmiges Haus aus silbergrauem und rotem Ziegelstein im Stil der manor houses des späten 17. Jahrhunderts an, das an einem Ende mit dem alten Haus verbunden wurde. Dabei entstanden zwischen den Häusern, einer Scheune und der ebenfalls neuerrichteten hohen Mauer zur Straße eine Reihe kleiner, zusammenhängender Innenhöfe, die Lutyens als walled gardens gestaltete. Er verlängerte sie noch um einen langen Heckengang und ein großes Staudenbeet in die südlich des Hauses gelegenen Wiesen.

Das so entstandene Gesamtgebäude war auch für ein bürgerliches Landhaus etwas klein, und als der Besitzer 1912 wechselte, wurde ein drittes, wesentlich geräumigeres Haus angebaut. Überraschenderweise entwarf Lutyens dieses in einem ausdrucksstarken vernacular style und nicht in einem der formellen Stile, deren er sich in dieser Zeit vornehmlich bediente - im gleichen Jahr begann er mit den extrem klassizistischen Arbeiten in Neu Delhi. So kehrt der Architekt in Folly Farm seine eigene stilistische Entwicklung um: verweist das Queen Anne-Haus von 1906 in seiner totalen Symmetrie schon auf Lutyens Auseinandersetzung mit der georgianischen Architektur in den kommenden Jahren, so greift das Haus von 1912 über ein Jahrzehnt zurück in die Zeit seiner kühnsten pittoresken Entwürfe. Gleichzeitig mit dem neuen Gebäudeteil entstanden auch eine Reihe weiterer großer Gartenräume, die den Häusern zugeordnet waren. Vier von ihnen reihen sich im Süden vor den beiden Neubauten, dem vom Osten nach Westen sanft abfallenden Gelände entsprechend jeweils etwas tiefer gelegen. Zwei Gärten folgen in geringer Entfernung dahinter, durch ein Rasenstück getrennt: ein kleiner secret garden und der große ummauerte Küchengarten. Sie liegen etwas erhöht, da das Gelände nach Süden leicht ansteigt. Drei lange, ganz unterschiedlich gestaltete Wegachsen verbinden diese hinteren Gärten mit dem Haus. Im Südwesten verliert sich der Blick über Wiesen und zwischen alten Bäumen.

Die Aufteilung des Hauses folgt einem traditionellen Schema. Alle Gesellschaftsräume liegen in den Erdgeschossen. Nur daß der Hauptzugang von Osten kommt, stört die Regel, gibt Lutyens aber sofort auch einen Anlaß für einen höchst ungewöhnlichen geschwungenen porch, der dazu führt, daß der Gast die hall doch über das auf der Nordseite gelegene Vestibül betritt. Direkt auf die Achsen der davorliegenden Gärten ausgerichtet sind die zweigeschossige hall im neogeorgianischen Stil und der dining room im jüngsten Hausteil. Die Nordhälfte des letzteren

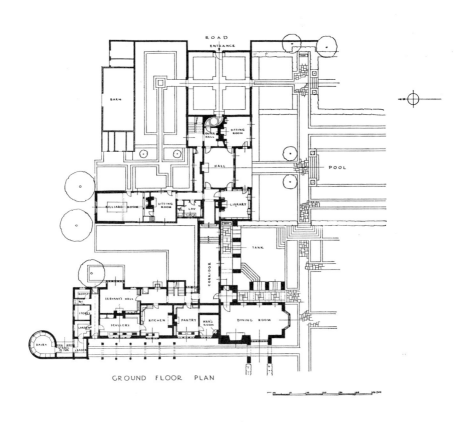

Folly Farm: Erdgeschoß
(aus: Butler 1950, Pl. XLI)

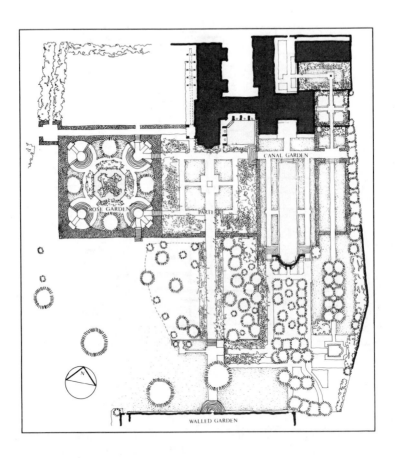

Gartenplan von Folly Farm
(aus: Ottewill 1989. 93)

dient den Wirtschaftsfunktionen, die bed rooms füllen die Obergeschosse und im alten Bauernhaus liegen ein sitting room und das Billiardzimmer. Der niedrige Anschluß des jüngsten Bauteils wird ganz von einem geräumigen, über 15 Meter langen Verbindungskorridor auf beiden Etagen eingenommen. Ihm vorgelagert, im Außenraum die Häuser einend, ist ein ungewöhnliches Element zu finden: ein großes, tiefliegendes Wasserbecken, der 'tank pool', den auf zwei Seiten eine Art Kreuzgang mit mächtigen Klinkerpfeilern und Bögen einfaßt, der als Loggia dient. Durch ihn verläuft der Zugang zum Blumenparterre. Darüber wölbt sich das riesige Dach des vernacular style-Hauses mit einem hochragenden, spitzen, im Stil der einheimischen Scheunen verbretterten Giebel, dem durchgehenden Erker darunter und einem mächtigen Kamin, der weniger technische Aufgaben hat als vielmehr ein Gegengewicht zu dem weit nach Westen vorspringenden Schlafbalkon bildet.

Vom Grundriß her wirkt diese Ansammlung höchst eigenwilliger Bauteile schwer durchschaubar, unzusammenhängend und unproportioniert. Es wäre eine eigene Studie wert, festzuhalten, mit welchen Gestaltungsmitteln Lutyens daraus für die Bewohner eine Einheit macht, die nach Gradiges Einschätzung seine "most extravagant display of conscious consumption" formte. Die Serie von Gärten, die die Gesellschaftsräume um die Ost- und Südseite des Hauses begleiten, muß dabei eine wichtige Rolle gespielt haben. Sie sind von ganz unterschiedlicher Größe und verschiedenem Charakter, doch alle sehr formell gestaltet und Blicken aus dem Haus direkt zugeordnet. Beim Begehen außerhalb des Hauses fällt die Strenge der Trennung zwischen ihnen auf und dies wiederum schärft die Aufmerksamkeit für die Gestaltung der Grenzen und die vielfältige und phantasievolle Art, sie zu öffnen.

Lanning Roper, einer der bekanntesten Gartenschöpfer in England nach dem 2. Weltkrieg, der nach 1971 die Bepflanzung des Gartens für den jetzigen Besitzer vereinfachte und teilweise erneuerte, hat ihn als "a garden of vistas" betitelt. Schon der erste Zugang zum Garten belegt dies. Der Blick ergibt sich, wenn der Besucher von der Straße durch die Holztür einer mannshohen Gartenpforte eintritt und auf den Stufen hinab in den Eingangshof steht. Tatsächlich sieht er sich einer nur durch den Hauseingang und ein darüber liegendes Fenster kaum geöffneten Hausseite gegenüber, deren Strenge durch die Geometrie der Fassade noch gesteigert wird. Die davorliegende Bodenfläche spiegelt den gleichen Charakter: zwei sich kreuzende Wege gliedern sie in vier Felder; die ausgestellten Ecken des Kreuzungspunktes der Wege geben dem eine formale Raffinesse. Die heutige Bepflanzung der Wegeränder mit Buchs und die Abdeckung der Felder mit Steinplatten mildern die Kargkeit dieser Geometrie etwas gegenüber der anfänglichen, völlig flächigen Anlage in Kies und Rasen. Daß der aufwendige geschwungene porch vor allem notwendig war, um sowohl den Schornstein wie den Hauseinang in die Gebäudemitte legen zu können, mag ein Hinweis darauf sein, wie nachdrücklich diese strenge Achsenbildung vom

Architekten gewollt war. Gertrude Jekylls Bepflanzung mit winterharten Geranien am schmalen Außensaum der Rasenbeete muß wie eine Paspelierung gewirkt haben. Die geschnittenen Lorbeerbüsche neben den Stufen des Eingangs scheinen lebende Teile des Mauerwerks.

Dieser Raum "schafft Privatheit", wie Weaver sagt. Selbst wenn er eine reine Durchgangsfunktion hat, ruht er in seiner Mitte und ist die Entsprechung zur Hausfassade in der Horizontalen. Auch an seinen Seiten ist er fast völlig geschlossen: Backsteinmauern in Geschoßhöhe und mit dachartiger Ziegelabdeckung begrenzen ihn auf beiden Seiten. Erst beim Zugehen auf den Hauseinang öffnen sich vier Durchblicke in ihnen, die erste Vorstellungen von angrenzenden Gartenteilen zulassen. Der Querweg führt auf beiden Seiten zu Pförtchen in den Mauern, die den frontalen Blick auf ganz bewußt hierfür gestaltete Bilder freigeben und rahmen. Nach links folgt er einem langen, grünen Rasen- und Heckengang, der in einer Lindenallee verschwindet. Nach rechts fällt er in einen Innenhof, der im Gegensatz zum Standort des Betrachters mit Blumen gefüllt scheint: Rosen säumen hüfthoch den Weg, Hängepflanzen quellen aus einer Vase auf einem Podest, auf welches die Pflasterung genau zuläuft, und Stauden und Kletterpflanzen bedecken die Wand im Hintergrund. Die beiden anderen Einblicke lassen nur schmale Diagonalen zu. Sie entstehen durch zwei Schwippbögen, in denen die Seitenmauern des Eingangshofes gegen das Haus enden und lassen nach Süden unter weitem Himmel geschnittene Heckenwände erkennen, die geräumige Gärten ankünden; nach Norden wird ein Weitergang des Weges durch kleine Innenhöfe erahnbar.

Die Ahnung bestätigt sich, wenn wir durch die rechte Mauerpforte treten. Wir stehen in einem Raum, der zwischen dem georgian house und der schwarzen Holzscheune mit ihrem Reitdach nach links fortführt und dann entlang der Fachwerkfassade des alten Bauernhofs nach rechts weiterläuft. Beide Teile dieses barn court sind nur durch eine niedrige Mauer und deren Bepflanzung getrennt. Der Fischgrätweg folgt ihnen rechtwinklig. Graue Steinplatten und Rasenstreifen flankieren ihn. Vor den Hausmauern liegen Beete voller Stauden und Kletterpflanzen, die bis zur Dachtraufe hochgewachsen sind. Der Gang vom Eingangshof zum Hinterausgang des barn court, einem schmalen Torbogen, der auf die Wagenzufahrt hinausführt, ist ein Übergang vom Formellen ins Informelle. Zeigt der südliche Raum noch deutliche geometrische Formen in der Gestaltung des Weges und der Beete um das Blumenpodest, deren strenger Rechtwinkeligkeit, der Betonung der Mittelachse durch den Weg und durch die symmetrisch gepflanzten Rosenbäumchen, so fehlen diese im nördlichen Teil des barn court. Der Weg läuft nicht mehr in der Mitte, sondern ist vor jeder der Türen gebrochen und trifft stattdessen geradewegs auf ein Fenster, dem er einen Blick verleiht. Herrschten im ersten Teil noch die Rosen mit ihrem eher formellen Charakter vor, so hat die seitliche Bepflanzung des zweiten

Teils die Üppigkeit der buntgemischten Bauerngärten: Clematis, Geißblatt, Kletterrosen, Lavendel, Rosmarin und Iris bilden eine bunte Fülle.
Kehren wir zurück und durchschreiten wir vom Eingangshof aus die südliche Pforte. Hier gelangen wir in eine ganz andere Welt. Geradeaus führen die exakten Linien von Weg und Rasen in den Hintergrund, ohne eine Blume, aber mit geschnittenen, immergrünen Hecken, die viel mehr Weitblick zulassen als die Mauern der inneren Gartenhöfe, aus denen wir kommen. Der Blick nach rechts macht deutlich, daß andere, noch größere heckenbegrenzte Gartenteile anschließen, deren Inhalt jedoch vorerst verborgen bleibt. Der Umfang und die Gliederung der Hausanlage wird erst in dieser Südansicht erkennbar.

Folgen wir nicht der Hausfront, sondern dem langen, grünen Gang nach Süden, so nimmt uns eine kleine Allee geschnittener Linden auf, die dann nach rechts abbiegt und einen Zugang zu dem Haus- wie dem Küchengarten bietet. Genau im Winkel dieses Abbruchs nach Westen liegt, von einem etwa meterhohen, gemauerten, mit weißen Rosen bepflanzten Beet verborgen, ein winziger weißer Garten, in dem eine hellgraue Figur aus Stein nachdenklich in den Blättermassen eines Funkienbeetes steht. Dahinter wölbt sich eine weiße Glyzinie über eine schattige Bank zur Laube. In den anderen Jahreszeiten soll der Garten voller weißer Narzissen, Königslilien, Fingerhüte, Arabis, weißem Flieder usw. sein. Dieser Raum ist ein Kleinod und um so mehr verblüfft es, daß Lutyens hier einen gepflasterten Hof eingerichtet hatte, in dem sich ein Hainbuchenbogen über einen tiefen, dunklen Wasserspiegel wölbte. Dies ist ein gutes Beispiel dafür, wie rasch und völlig sich Gärten zu verwandeln vermögen. Was bleibt ist das, was ihre Architektur schafft: immer und unabhängig von der Mode der Bepflanzung wird dieser verborgene Winkel in seiner Lage zu Haus und Landschaft und seiner Geschütztheit als Ort des Rückzugs, der Geborgenheit, des Nachdenkens dienen können.

Kehren wir zum Haus zurück, so finden wir im nächsten Garten die genaue Übereinstimmung von Haus und Außenraum: zentral vor dem dutch house liegt der langgezogene, klargeformte Kanal, auf dessen großem Spiegel Licht und Wind sich abbilden. Wasserrosen schwimmen auf ihm, zwei Hängeulmen beugen sich zu ihm hinab. Die grauen Bänder aus York stone, dessen Platten den Ziegel rahmen, werden hier breit und bilden strenge, kunstvolle Formen. Am südlichen Ende führen Stufen zu einer Abschlußterrasse mit glyzinienbewachsener Balustrade, einer Scheinbrücke, von der aus das Bild von Haus und Gartenraum als völlige Einheit sichtbar werden: die klare georgianische Fassade spiegelt sich im Wasser des Kanals, dreifach gerahmt von Rasen, Stein und dunklen Eibenhecken.

Der Weg weiter entlang der Südfront der Gebäude führt zwischen den Heckenmauern hinab über eine Treppe in den im vernacular-Stil gestalteten

Bereich. Links von uns liegt das große quadratische Blumenparterre, rechts greift die Höhlung des tank cloister ins Haus hinein. Das tiefgelegene Wasserbecken direkt beim Haus, im Winkel der riesigen Dächer, die zu ihm herabreichen, mit seinen Stufen, die ins Wasser führen und dem gemauerten Zisterneneinlauf an der Seite ist ein überraschendes Ensemble. Doch er paßt in diesen Garten, der ungewöhnlich viele Wasserbecken besitzt und dies wiederum stimmt überein mit der wasserreichen Landschaft ringsum, mit den dunklen, oft breiten und zwischen Rohr- und Buschwerk langsam fließenden Wasserläufen, die der Anreisende in den Senken wahrnimmt.

Der strengen Rechtwinkligkeit des cloister-Bereichs entspricht das Bodenmuster des geräumigen Parterres. Es folgt zwei Prinzpien. Zum einen wiederholt es in immer kleinerem Ausmaß die Rechteckform der Außengrenzen: als hohe Eibenhecke, Grasstreifen, Rabatten, Wegeverlauf, gepflasterte Fläche und schließlich, als das kleinste Rechteck, im Steinblock des quadratischen Vogelbades. Zum anderen schneiden es zwei Achsen: seitlich die große Südtraverse der Hausfront und im rechten Winkel dazu, genau auf der Mittelachse des Gartens, der lange, gerade Weg, der vom Haus zum Küchengarten führt. Dort mündet er in die ausladende Treppe mit konzentrischen, kreisförmigen Stufen, die hinauf zur Pforte in der mächtigen Gartenmauer führen. Beim Haus dagegen trifft der Weg auf den großen Erker des Speisezimmers; er gabelt sich davor und verschwindet in zwei halbkreisförmigen Durchlässen in der Hausmauer beiderseits des Erkers. Vom rechten Eingang wissen wir schon, daß er auf den großen Verbindungskorridor zwischen den beiden neuen Häusern führt; der linke scheint, von seiner Eröffnung her, ebenbürtig. Doch folgen wir ihm, geraten wir, unter dem großen Westbalkon hindurch, in eine rosenüberwachsene Pergola, die im toten Winkel vor der Küche endet. Es bleibt der Weg zurück zum Parterre.

Ganz anders als der höhlenartige cloister tank-Bereich liegt das Parterre breit und offen im Licht. Die großen Flächen zwischen den Wegen waren früher, wie alte Fotografien zeigen, voller Beete mit blühenden Stauden und Büschen, was dem Parterregedanken entsprach und die große Fläche des Raumes auch in der Höhe vielfältig modulierte. Daß heute nicht mehr wie in den 20er und 30er Jahren 8 bis 10 Gärtner die Anlage einschließlich des Küchengartens versorgen, dürfte einer der Gründe dafür sein, daß jetzt nur noch eine lange Rabatte den äußeren Saum bildet, während die Innenfelder mit Rasen bepflanzt sind. Doch auch diese Rabatte gibt noch eine Ahnung davon, welche Wirkung Gertrude Jekylls Bepflanzung diesem Gartenraum verliehen haben dürfte. 1982 mußten die Beete neu bepflanzt werden; ihren Reichtum davor schildert L. Roper:

"Deep mixed borders spilling on to the paths provide colour from spring until late autumn. Yuccas, acanthus, bergenias, irises, *Stachys lanata*, santolinas, lavender and nepetas, all beloved by Gertrude Jekyll, are grouped with delphiniums, phloxes, achilleas, heleniums and michaelmas daisies. Recently shrubs and shrub roses have been introduced to cut down labour and give scale" (Roper 1975), 1231/32)

Heute gewinnen die Wege stärkere Bedeutung. Ihre Ausprägung durch die nochmalig erhöhte Fassung in anderem Material wirkt markant und macht aus ihnen eine Grundrißfigur. Sie sind zugleich Weg und Muster, bestimmen die Mittenzentriertheit des Gartens. Teilweise dominiert diese Funktion sogar: der Querweg dient zur Gliederung der Fläche, für das Begehen des Gartens hat er kaum Bedeutung.

Der letzte Gartenraum vor der Südfront ist gleichgroß wie das Parterre, doch von ganz anderer Art: der tiefabgesenkte und hinter immensen Eibenhecken verborgene Rosengarten. Vom Haus ist er nur aus dem Obergeschoß in flachem Winkel einsehbar und die Zugänge in ihm gleichen Durchlässen in Burgmauern. Dann aber eröffnet sich ein unerwartetes, höchst elaboriertes und in sich geschlossenes Bild. Auf dem Grund eines sunken garden, um ein achteckiges zentrales Wasserbecken kreist ein von Wegen, Beeten und Podesten gebildetes, verwirrendes Muster geometrischer Linien, meist Kreissegmenten. Die deutlichsten Formen bilden sie in den Plateaus in jedem der vier Ecken des Raumes, die Sitzmöglichkeiten bieten und zu denen halbkreisförmige Treppen emporführen, sowie bei der konkav angeschnittenen Insel im Wasserbecken, deren Enden sich wiederum auf die Ecken des Gartens beziehen. Der Eindruck, den diese Anlage vermittelt, ist vielfältig und schwer zu beschreiben. Wirkt sie beim ersten Anblick vielleicht etwas zu pompös und schwer, so zeigt sich bei längerem Verweilen, daß ihre Farben und Materialien, auch ihre Extravaganz gut mit dem Giebel des vernacular-Hauses harmoniert, das als einziger sichtbarer Teil der Außenwelt über die Hecken ragt. Die Vielfalt sich bewegender und immer wieder nach innen führender Kreislinien gewinnt im schweren Duft von Lavendel und Rosen, der an warmen Tagen diesen windgeschützten Garten füllt, eine ganz besondere Ruhe und Eigenschwere. Lage und Gestaltung machen ihn zu einem Ort des Verweilens; kein Element weist aus ihm hinaus.

Eine Heckendicke vom Rosengarten entfernt liegt ein letzter, ganz eigener Gartenteil: ein langer Rasenstreifen, allein dazu geschaffen, zwischen hohen, gerade geschnittenen Eibenhecken den Blick vom Speiseraum und Balkon ungestört zur westlichen Grundstücksgrenze zu führen. Hier wird hinter einem Brunnen - von dem nicht klar ist, ob er zum Originalinventar des Gartens gehört - und einem leichten Eisengittertor der einzige vom Garten aus sichtbare Ausschnitt freier Landschaft angeboten: ein Stück Feld, begrenzt durch eine Baumreihe, die Essenz südenglischer Landschaft.

Durch die Gärten der Innenhöfe wurde der Besucher noch mittels eines einzigen möglichen Weges geführt, immer wieder durch andeutende Blicke in den nächsten Raum zum Weitergehen veranlaßt. Die vier Gärten der Südfront waren vom ersten aus, den wir betraten, an ihren Heckenumwallungen erkennbar. Allein zu wissen, daß es sie gibt, war das Angebot, sie aufzusuchen. Zu dem weißen und dem Küchengarten vorzudringen verführten die langen Wege, deren Ende nicht erkennbar war und überraschende Entdeckungen versprach. Der letzte besprochene Gartenraum jedoch ist in keiner Weise mehr erahnbar. Kein Weg führt zu ihm. Vom Rosengarten gibt es eine kleine Treppe ohne Blick, die wie ein Nebenausgang ins Unwichtige wirkt; vom Parterre geht man ohne Grund über ein Stück Rasen und biegt um eine Hecke - und ist gefangen in diesem Blick, der das bietet, was der übrige Garten verhindert: die Wahrnehmung der Außenwelt. Ost- und Westgrenze gewinnen damit ganz gegensätzlichen Charakter.

Lutyens hatte ein sehr positives Verhältnis zu Folly Farm. Nur in diesem seiner Häuser lebte er selbst - im Sommer 1916 - für einige Zeit. Kein anderes Haus, das ich sah, hat einen ähnlich intensiven Bezug zwischen dem jeweiligen Charakter der Innenräume und dem ihnen zugeordneten und in Größe und Atmosphäre entsprechenden Gartenraum. Die hall beispielsweise bildet die Mitte des georgianischen Hauses. Sie ist ein zwei Geschosse hoher Raum. An ihren Schmalseiten öffnen sich die Korridore des oberen Geschosses in Balkonen. Die Nordseite wird von einem riesigen offenen Kamin eingenommen. Die Wände des Raumes sind von stumpfem Schwarz, die Balkone von venezianischem Rot und die Decke und die Holzverkleidung weiß. Drei hohe Fenster liegen nebeneinander in einer Wand und erfassen in parallelen Blicken den Kanalgarten zentral und in seiner ganzen Länge: das große Wasserbecken, in dem sich die ganze Lichtfülle des Südblicks spiegelt, streng gerahmt in Grün und Grau. Wer von diesem Raum nach außen blickt hat dieses Bild dreimal; durch Annäherung verändern kann er es nicht: die Ausgänge in den Garten liegen in den Nachbarräumen. Solche subtilen Zusammenhänge sind für alle Gartenteile mit zu bedenken, wenn die Absicht des Architekten ganz verstanden werden soll.

So sind die Blicke, zu deren Genuß dieser Garten gebaut ist, zweifacher Art. Zum einen liefern sie fixierte Ansichten vom Haus aus; zum anderen reihen sie sich beim Begehen des Gartens zur Serie. Die Räume sind nicht fließend oder liefern pittoreske Schwerpunkte und Szenarien: Sie sind geschlossene Bilder, die man definitiv betritt oder verläßt und immer sind die Wege in ihnen so geführt, daß der ganze Gartenteil als Einheit erfaßbar ist.

Hestercombe, Cheddon Fitzpaine, Taunton, Somerset

Hestercombe ist ein alter Adelssitz, erstmals im 9. Jahrhundert erwähnt und an einem sanften Südhang der Quantocks gelegen. Der Blick geht von einer großen Terrasse, die südlich an das Haus anschließt, weit über den Wechsel von Wiesen und Baumbeständen über das breite Tal von Taunton bis zu den Blackdown Hills, die in der Ferne den Horizont bilden. Das Haus stammt im wesentlichen aus dem 17. Jahrhundert. Die Terrasse wurde bald nach 1880 von einem lokalen Architekten geschaffen, der ebenso eine Reihe von Umbauten am Haus vornahm, die, wie der heute für die Restaurierung des Gartens zuständige Landschaftsarchitekt schreibt, ausgeführt wurden "in the worst possible Victorian style, destroying the proportion of the Queen Anne building". Unterhalb der Terrasse fiel das Gelände in Wiesen ab und hierhin legten Lutyens und G. Jekyll 1904-10 einen ebenso einfachen wie großartigen Garten, den Hussey als "the peak of their collaboration" bezeichnete. Am Haus selbst wurden durch Lutyens keine Veränderungen vorgenommen.

Der Garten besteht im wesentlichen aus zwei Hauptteilen. Der erste bildet einen in seiner Breite auf die Terrasse abgestimmtes abgesenktes Quadrat von 125 Fuß Seitenlänge mit dem Charakter eines Parterres, das, entsprechend dem Prinzip des sunken gardens, von erhöhten Wällen umrahmt ist und mit der Terrasse durch zwei seitlich verlaufende Abfolgen von Treppen und Plateaus verbunden wurde. Die vier Wälle sind unterschiedlich hoch und haben verschiedene Gestalt. Am höchsten liegt der parallel zur 19. Jahrhundert-Terrasse Verlaufende, selbst eine Terrasse, die einen Grasgang und Staudenrabatten trägt und wegen Jekyll's Pflanzenwahl 'Grey Walk' genannt wird. In der Mitte der beiden seitlichen, etwas niedrigeren Wälle laufen in ihrer ganzen Länge Wasserrillen in Steinkanälen zu Becken am vorderen Rand der Anlage. Der dortige Wall, am niedrigsten gelegen, trägt in seiner ganzen Breite eine gemauerte Pergola. Beide Seitenwälle haben zum Haus hin Fortsetzungen in eigenen Gartenräumen, die die oberste Ebene bilden. Neben der alten Terrasse bestehen sie auf der Westseite in einem kleinen Rosengarten, in dem ebenfalls eine Wasserrille läuft, auf der Ostseite in einer Rotunde, die den Zugang zum abgesenkten Teil ebenso wie den zum zweiten Hauptteil des Gartens herstellt. Dieser besteht in einer nach Osten vom Haus weg verlaufende Achse, die zuerst über Treppen zu einer Orangerie abfällt, dann, jenseits derselben, wieder zu einer bepflanzten Terrasse ansteigt, dem Dutch garden. Südlich dieser Baulinie und im Westen vom sunken garden begrenzt, liegt ein Krocketrasen.

Das Anwesen wurde nach dem Tod des Besitzers, des Viscount Portman, im 2. Weltkrieg von der Armee benutzt und stark vernachlässigt. 1952 ging es in den Besitz des County über, dem das Haus als Standort des Feuerwehrhauptquartiers diente.

Das Gartenmobiliar wurde versteigert, was - wie der Vergleich mit alten Country Life-Fotos zeigt - zum Verlust einiger wesentlicher Akzente, besonders einiger großer italienischer Vasen und einiger Plastiken, führte. 1970 begann eine denkmalpflegerische Aufnahme des Gartens, die eine weitgehende Restaurierung zur Folge hatte. Diese bezieht auch die Bepflanzung mit ein, die möglichst genau nach den aufgefundenen originalen Plänen G. Jekylls vorgenommen wurde.

Der Garten besteht nicht wie Folly Farm in einer Serie von Räumen, deren Unterschiedlichkeit und nicht geahnte Eigenart den Betrachter, der sie durchschreitet, überrascht. Diese Anlage ist ganz anders konzipiert. Der Hauptbereich, die sunken garden-Anlage im Stil des 17. Jahrhunderts und das Parterre, sind bereits vom Haus aus einem Blick und in Gänze überschaubar. Es gibt nur einen Punkt, an dem der Übertritt vom Haus zum Außenraum geschehen kann: der Zugang zur großen Südterrasse. Und auch hier wiederholt sich der Gesamtüberblick. Der Garten ist dem Besucher von Beginn an kein Geheimnis. Er zeigt sich ganz nach außen, prächtig und formell, wie es das 17. Jahrhundert von seinen Parterres erwartete und die Bepflanzung entsprach dieser ornamentalen Selbstdarstellung.

Auch die Nebenachse ist klar gegliedert. Sobald der Besucher nach wenigen Schritten von der Terrasse die Rotunde erreicht hat, überschaut er den Gang zur Orangerie und den Kricketrasen. Einzig der Dutch garden bildet einen überraschenden Abschluß in der gewohnten Lutyens-Manier: das scheinbar nur der Symmetrie der Treppenanlage wegen geschaffene hochgelegene Plateau entpuppt sich beim Betreten als eine versteckte Kostbarkeit voller Überraschungen, ein secret garden in bester Renaissancetradition doch ausgefallener Lage.

Die Raffinesse der Gesamtanlage wird jedoch erst deutlich, wenn wir beginnen, das zu tun, was dem Charakter des Gartens scheinbar am wenigsten entspricht: ihn zu begehen. Die großen formellen Gartenanlagen des Kontinents zeigten die Pracht ihrer Parterres in der Aufsicht auf sie. Stieg der Betrachter zu ihnen hinab, so wurde das Muster immer weniger erkennbar, der Reiz minderte sich. Treppen und Wege zu und zwischen ihnen dienten oft eher dem sozialen Leben als der Erfahrung des Gartens aus neuer Perspektive. Cliveden oder Hampton Court können uns in ihrer Anlage noch eine Vorstellung davon geben, daß dies in England ähnlich gewesen sein mag. Selbst in den italienischen Renaissancegärten, in denen durch die Entwicklung der symmetrisch ansteigenden Doppeltreppe der Verbindung von Terrasse und Parterres besondere architektonische Aufmerksamkeit gewidmet wurde, die sie oft zum zentralen Gartenmotiv machte, diente sie vorwiegend als Bühne zur Selbstinszenierung der Gartenbesucher.

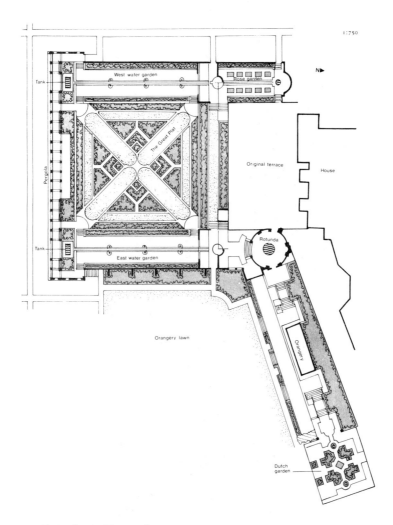

Gartenplan von Hestercombe
(aus: Brown 1985, 82)

Hestercombe: The Great Plat
(aus: Ottewill 1989,66)

Hestercombe ähnelt in seiner steilen Hanglage, dem Gartenaufbau und seiner Größe in Vielem den italienischen Renaissancegärten, doch zur Zurschaustellung von Personen eignen sich seine oft schmalen und verdeckten Treppen nicht. Vielleicht stimmt Gradidges Vermutung, daß hier, wo keine Notwendigkeit des gestalteten Aufeinanderbezugs von Haus und Garten den Architekten forderte, Gertrude Jekyll, die viele Anregungen aus den italienischen Gärten, die sie auf Reisen kennengelernt hatte, übernahm, stärker die Planung beeinflußte als in anderen Gärten und ein anderer Effekt italienischer Treppenanlagen bestimmend war, der - auch wenn dies nicht die eigentliche Zielsetzung ihrer Erbauer war - die Wahrnehmung des Gartens bestimmt und bereichert. Durch ihren hangparallelen Richtungswechsel und ihre Gegenläufigkeit verändert sich mit der Höhen- und Distanzveränderung gegenüber dem Parterre auch die Blickrichtung auf es, so daß der Garten in wechselnden Perspektiven und aus gegensätzlichen Gehrichtungen wahrgenommen wird. Und dies gilt auch für Lutyens Treppenführung zwischen Terrasse und Parterre in Hestercombe. Allerdings beschränkt sich Lutyens dabei nicht darauf, durch den Treppenverlauf Wechsel der Blickrichtungen auf das Parterre zu bewirken. Er reizt die Möglichkeiten im Extrem aus, indem er die Treppe - einziger Weg von der Hausterrasse in den Garten - zu einem erlebnisreichen Spiel mit den verschiedenen Möglichkeiten der Annäherung und Entfernung vom Ziel des Ganges, dem Parterre, werden läßt.

Die naheliegendste Möglichkeit der Verbindung, ein Treppenabgang in der Mitte der Vorderfront der Terrasse, war von Lutyens kaum zu erwarten. Er gibt statt dessen zwei Wege vor, die beide am hinteren Ende der Terrassenseiten liegen und im Osten in die hochummauerte Rotunde, im Westen über eine abgewinkelte und keine Sicht nach vorn zulassende Treppe in den Rosengarten führt. Wählen wir letztere Möglichkeit, so landen wir auf einer kleinen Terrasse, deren hangseitiges Ende eine Laube mit Sitzbank abschließt und die längs von einem kaum 50 cm breiten und ähnlich tiefen Kanal mit langsam rinnendem Wasser durchzogen wird, mit Steinplatten begrenzt und mit Wasserpflanzen gefüllt. Zu seinen Seiten liegen kleine rechteckige Rosenbeete im Rasen, aus den begrenzenden Wänden, auf denen ebenfalls Beete liegen, wachsen Stein liebende Blütenpflanzen. Offen ist dieser Raum nur am vorderen, talseitigen Ende, wo der Kanal abbricht und eine Brüstung den Terrassenabfall anzeigt. Sitzt man auf der Bank unter der Laube, geht der Blick wie aus einem geschlossenen Balkon in die freie Landschaft des Taunton Valley.

Von der Brüstung aus wird der weitere Verlauf des Abgangs erkennbar. Eine Treppe führt nach links zur querlaufenden Zwischenterrasse, dem Grey Walk, eine nächste von dort nach rechts durch eine Tür zurück zur Seitenterrasse. An einem Brunnen vorbei gilt es dieser Terrasse ein Stück zu folgen, bis wieder eine Treppe nach links abzweigt, die endlich auf ein Podest führt, von dem Stufen in Form von

Viertelkreisen frei zum Parterre hin abfallen. Bis hierher liegen die Treppen quer zur eigentlichen Zielrichtung und gehen nicht auf das Parterre zu. Und bis zu diesem Punkt bestand die Funktion der Treppenführung ganz deutlich darin, den Blick auf das Parterre eher zu verhindern als zu gewinnen. Tief in die Mauern eingelassen oder durch solche begrenzt, bot der Weg nur von den Terrassen kurze wechselnde Schrägblicke auf den abgesenkten Innenraum des Gartens. Frei geöffnet und in Gehrichtung dagegen lagen die Terrassen jeweils vor dem Besucher: die Querterrasse mit ihren blau- und silbergrauen Stauden und die Seitenterrasse, auf der sich der lilienbestandene und steingefaßte Kanal des Rosengartens fortsetzte, um am vorderen Ende in ein Becken abzufallen. Verlängern sie auch die Treppe in Gehrichtung, so sind die Terrassen vom Architekten eher als Blick denn zum Begehen empfohlen: Sie sind angelegt als lange Rasenbahnen; am Ende der Seitenterrassen steht ein von der Pergola bewußt ausgesparter Landschaftsblick. Der gepflasterte Weg dagegen geht über die nächste Treppe weiter nach unten.

Der Ostabgang durch die Rotunde unterscheidet sich von dem Geschilderten in seinem oberen Teil in der Form - die Rotunde und eine kleine, gepflasterte, etwas tiefer gelegene Terrasse halten die Position des Rosengartens im Westen - nicht jedoch in der Art, wie er die Annäherung an das Parterre formuliert: er bleibt als kunstvolles Wechselspiel der Öffnung und Schließung von Blicken auf Terrassen und Zentralbereich die Umkehrung der Absicht der Treppenanlagen der formellen Gärten des 17. Jahrhunderts.

Der Gang auf den Terrassen um das Parterre herum bekennt sich dagegen zur traditionellen Sicht. Er variiert den Blick nur sachte durch die unterschiedliche Höhe der Terrassen, belebt ihn etwas durch die Pflanzen der Rabatten, die zwischen begehbarem Terrassenteil und Parterre liegen und löst ihn am stärksten in der Pergola auf, wo auf einer Seite Blicke auf das Parterre mit den Pfeilern wechseln und auf der anderen der Ausblick auf die Landschaft geboten wird.

Eine Umkehrung gewohnter Prinzipien findet sich auch im Bodenmuster des Parterres. Vier breite, absidial abschließende Diagonalen verbinden die im Gegenschwung angelegten Treppen in den vier Ecken mit dem Zentrum des Parterres, der Sonnenuhr und legen die Zwischenräume als Beete fest. Obwohl so als Bewegungslinien ausgewiesen, sind sie als Rasen angelegt, während die Pflasterung nur den Mittelpunkt markiert und die Beete umrandet und unterteilt, wo sie durch den Bewuchs meist nicht begehbar sind. Stein und Rasen kehren sich damit auch im Anteil ihrer Flächen um und holen in Farbe und Material viel von dem, woraus eigentlich die 'Natur' um den Garten herum besteht, in diesen hinein, ohne seine Formalität zu mindern. Die Gegensätzlichkeiten von Funktion und Material haben etwas reizvoll Verwirrendes. Sie lösen, bei aller verbleibenden Bewußtheit der Form, die gewohnten Bedeutungen der Elemente auf, und machen es leicht, die gestalteten Flächen zuerst einmal als Ornament, als schöne Form zu bewundern, ohne daß die gewohnten Vorstellungen ihres Gebrauchs sie zu schnell mit praktischeren Zusammenhängen überdecken.

Der Mangel eines sunken garden ist, daß von seinem Innern aus die Umwallung als beengende und langweilige Begrenzung empfunden werden muß. Lutyens begegnete dem durch die Pergola auf der Südseite. Sie löst durch ihre schweren Pfeiler den oberen Rand dieser eh schon niedrigsten Terrasse in einen Rhythmus von Hell und Dunkel auf und wird im Gegenlicht nochmals durch den Kletterpflanzenbewuchs ziseliert. Die Wirkung tritt um so deutlicher hervor, als die beiden Seitenterrassen in gleicher Höhe von Außenmauern verschlossen werden. Auch von der Hausterrasse aus gesehen hat diese Pergola eine eigenartige Wirkung. Zusammen mit ihrem Untergrund hebt sie zwar den äußeren Rand des Gartens gegen die Landschaft und zum Haus hin an, schafft zugleich die Hohlform des sunken garden und hält sie gegen das abfallende Gelände fest, doch wirkt sie dabei leicht und durchlässig, vermittelt in ihrer Durchsichtigkeit zur Landschaft hin. Sie dämpft dabei etwas die Paradoxie, daß der tiefste Punkt des Gartens am fallenden Hang nicht an dem vom Haus am weitesten entfernten Punkt, sondern viel weiter innen liegt. Ein Gang auf die südliche Außenseite der Anlage zeigt, wie sehr dieser Eindruck der Kunst des Architekten zu verdanken ist. Hier, wo die technischen Erfordernisse deutlicher sichtbar werden, nimmt die Terrasse die Ausmaße einer Bastion an, die den Garten gegen die Umgebung zu verteidigen scheint.

Noch ein Gegensatz: das Gegenteil des vielfach gebrochenen, die Richtung auf sein Ziel hin vermeidenden Treppenabgangs zum Parterre ist der Verlauf des Wassers. Die ganze Länge des Gartens, von der Höhe der Hausterrasse bis zur Pergola, folgt es in zwei parallelen Geraden und von Terrasse zu Terrasse allein einer Richtung: der des stärksten Gefälles. Diese Eindeutigkeit seiner Organisation wird leicht übersehen, wenn wir nur auf die ganz unterschiedlichen Formen achten, in denen es auftritt: in der Rotunde als unbewegter Spiegel der rosenbewachsenen Mauern und des Himmels, als welchen G. Jekyll das Becken gesehen wissen wollte, als das Wasser noch bis zum obersten Rand stand; als plätschernder Brunnen in goldfarbenem Gestein mit den strengen Formen von Kugelsegmenten bei Grotte und Becken; als sickerndes Naß in den langen, schmalen, irisbestandenen Steinkanälen der Terrassen und schließlich als tiefgelegene Liliensümpfe im grauen Fels der Pergola. Zur Einfachheit der Führung tritt die Vielfalt der Erscheinung.

Ein weiteres für Hestercombe wesentliches Merkmal die Sorgfalt der Auswahl und Behandlung von Materialien und Details durch Lutyens. Im wesentlichen beschränkt er sich auf vier Materialien, zwei Steinsorten und zwei Typen von Bepflanzung. Der erste, am meisten verwandte Stein stammt aus der unmittelbaren Nachbarschaft: ein grauer, stark splitternder und vergrusender Schiefer. Ihn verwendet der Architekt wie er aus dem Steinbruch kommt, in unterschiedlicher Dicke, Größe und zufälliger Form zur Ausführung aller Mauern und Wege. Bei den Außenmauern und Pfeilern des sunken garden ist er aufs Gröbste verwendet und schafft den Eindruck uralter Festungswälle. Als Pflasterung wurde er in Form gehauen, doch bleibt ihm der Ausdruck roher, ursprünglicher Natur. Dies kontrastiert total mit den Formen, die durch ihn im großen Maßstab gebildet werden: der formellen und preziösen Ornamentik der Anlage des 17. Jahrhundertgartens, dem nichts fremder ist als wilde Natur und Ursprünglichkeit. So bricht sich im Widerspruch von Material und Form die historische Formalität. Ähnliches gilt für das zweite Element, den Rasen. Auch er hat in einem historischen sunken garden wenig zu suchen. Gras ist ein Element der Landschaft, Rasen gehört zu den Außenanlagen des Hauses. Und dennoch wirken in Hestercombe die Rasenbahnen mit ihrer strengen Fassung und immer neben den groben Stein gelegt wie ein Teppich in einem Zimmer, ein Element von Kultur gegen die Landschaft. Den nächsten Gegensatz macht es aus, daß die Pflanzen Jekylls, das sicherlich künstlichste Element des Gartens, wiederum wie wilde Landschaft wirken: Blumen quellen aus den Trockenmauern, hängen weit über Terrassenränder herab, überwuchern Mauern, füllen die feuchten Kanäle, wachsen auf Treppen und Wegen und mischen sich in den Beeten zu prallen, strotzenden Ensembles vielfältiger Form und Stimmung. Das letzte Element schließlich ist ein Stein, der im Beziehungsgeflecht von Verwandtschaft und Kontrast eine nochmals ganz andere Position einnimmt: ein goldener Quaderstein aus dem Ham Hill-Distrikt, in dem sich feinste Steinmetzarbeiten ausführen lassen. Alle dekorativen Teile sind in ihm gearbeitet: die Brunnenköpfe und die Belege der Schwippbögen auf den Seitenterrassen, die Nischen und der Wasserbeckenrand in der Rotunde, die Balustraden und vor allem große Teile der Orangerie.

An der Gestaltung der Orangerieachse läßt sich vielleicht am besten zeigen, wie Lutyens mit seinen Materialien Effekte produzierte. Die Orangerie, entworfen in Lutyens-Barock, wie Brown es nennt, gibt ein Bild perfekter Symmetrie und Proportionalität. Große Fenstertüren gliedern alternierend die Wandflächen, die Giebel liegen genau auf einer Linie mit den Zugängen zu Rotunde und Dutch garden. Nischen, Pfeiler, Archidrave und Pedimente sind aus dem warmtonigen Ham Hill-Stein gemeißelt. Kriegs- und Fruchtbarkeitssymbole verzieren die Giebel. Dies delikate Bauwerk war einst umrahmt von großen Zedern und Kiefern, deren Zweige auf alten Fotos bis auf sein Dach herabhingen und einen dunklen Hintergrund bildeten. Sie stammten noch aus dem Landschaftsgarten des 18. Jahrhunderts, den C.W. Bampfylde, Freund von Henry Hoare, der Stourhead entwarf, hier schuf. Lutyens setzte die Orangerie auf eine niedrige Terrasse aus dem genannten splitrigen

Bruchstein. Hussey verweist darauf, daß Lutyens bewußt die Mörtelschicht zwischen den Steinen der Stützmauern so weit zurückzog, daß der Anschein einer rustikalen Trockenmauer entstand - größtmöglicher Gegensatz zu den Bildhauereien der Orangerie. Auf der Terrasse paaren sich wiederum die Ambiguitäten. Aus geglätteten Platten des schichtigen Steins sind Formen von klassischer Strenge gebildet, Streifenmuster und Kreise. Gefüllt sind diese Formen mit Rasen, und zwar zum Teil gerade an den zum Begehen notwendigen Stellen. Für den Besucher, der die Orangerie verläßt, zieht dies das Erleben der 'Natur' des weiten Kricketrasens, der sich vor der Terrasse ausbreitet, schon auf die Ebene des Bauwerks hoch.

Rechts und links der Orangerie steigen zwei Treppenfluchten in voller Symmetrie, mit groben Stufen und feiner Balustrade, zu Rotunde und Dutch garden hoch. Auf halber Höhe ist ein alter Mühlstein in die Pflasterung eingelassen. Gertrude Jekyll hatte diese Dekoration schon in Munstead Wood verwendet und auch in Hestercombe taucht sie mehrmals auf - seltsamer Gegensatz von ländlicher Schweißarbeit und adeligem Musenort. Die Treppen enden an klotzigen Pfeilern, auf denen wiederum - nur noch auf alten Fotografien vorhandene - zierliche, geflügelte Amorini tanzten.

Der Dutch garden wirkt wie eine beispielhafte Miniaturstudie der Zusammenarbeit von Lutyens und Jekyll, von Gegensätzlichkeit und spannungsvoller Ergänzung. Die Pflasterung legt ein strenges Beetmuster fest, das von einer höchst lebendigen Mischung von Chinarosen, Yuccas, Lavendelpolstern und Katzenminze überquillt. Ziest kriecht über die Pflasterung und verwischt alle Grenzen, beraubt den Stein seines Charakters als Bodenbelag und macht ihn zum Fels. Der richtungsweisende Charakter löst sich dabei auf, selbst die Mittenzentrierung verschwindet. Auf der Ostseite schwingt unerwartet das Ziegeldach einer Scheune hoch, im Westen leuchtet der strenge Giebel der Orangerie, nach Süden ergibt sich ein herrlicher kleiner Blick in die Landschaft des Taunton Valley und die Nordseite riegelt eine hohe, überwachsene, märchenhafte Zyklopenmauer ab - die in einem Schweifbogen endet. Geht man durch die kleine Hinterpforte in ihr und blickt zurück, so faßt ein schwülstiger, viel zu wuchtiger Türrahmen eine Tür mit zierlichem Gitter in Chinese Chippendale, durch das die Jekyllschen Pflanzenfarben schimmern: silbergrau, blaßblau, zartes Rosa über grauem Fels.

Die Gesamtanlage hatte noch einen äußeren Rahmen, an den heute nur Fragmente erinnern. Faßbar wird er in einer großen Treppe, die, erkennbar von Lutyens entworfen, von dem Vorplatz auf der Westseite des Hauses hangaufwärts in den Wald führt. Auf der südlichen Seite des Vorplatzes setzt ihre Linie eine andere Treppe fort, aus halbkreisförmigen Stufen bestehend, die in der oberen Hälfte eingezogen, in der unteren ausgestülpt sind und sich im Gesamtbild zur vollen

Rundung ergänzen. Hier beginnt der alte Nebeneingang des Gartens, der heute die Besucher einläßt. Folgt man nicht ihm, sondern dem Außenweg um die Wälle des sunken garden, so zeigt sich, daß auch hier eine bewußte Niveauführung die Möglichkeit, Einblicke in den Garten zu gewinnen, variiert. Am entgegengesetzten Ende der Anlage, an ihrer Südostecke liegt ein Wasserbecken, vielleicht zur Bewässerung des Obstgartens, das stilistisch zu Lutyens Entwürfen paßt. Neben ihm begrenzt eine lange, geschnittene Hecke den Krocketrasen, die ganz genau den fixierten Blick fortsetzt, der aus einem der beiden ovalen Mauerfenster am Ende der Pergola möglich ist. Dort oben gibt es auch zwei Ausgänge aus dem sunken garden auf den diesen umrahmenden Weg. In ihnen zeigt sich Lutyens Achtsamkeit selbst auf das letzte Detail. Beide sind als typische Hinterpförtchen gestaltet, mit Rundbogen und Eisengitter. Heute unter Glyziniengeranke halb verborgen, münden sie nicht etwa einfach seitlich ins Freie. Der Ausgang wird vielmehr bewußt gestaltet: Zu beiden Pförtchen führt erst ein Stück Treppe innerhalb des sunken garden hinab, dann läuft der Weg in eigens dafür geschaffenen Erkern gegen die Seitenterrassen zurück, passiert die Mauer und biegt dann erst im rechten Winkel zu dem Weg ab, zu dem er führen soll. Auch hier der schon bekannte Treppentrick: zum Vorwärtskommen muß man quer gehen. Diesmal sucht er Bewußtsein für das Durchschreiten einer Grenze herzustellen.

Der Bewuchs des Gartens ist ein Glücksfall: In einem Schuppen wurde, an die Wand gepinnt, Gertrude Jekylls originaler Pflanzplan aufgefunden. Wo beim Restaurieren von ihm abgewichen werden mußte, hat der Gartenarchitekt dies bekanntgegeben. So gewinnen wir einen realistischen Eindruck von einer annähernd authentischen Jekyll-Bepflanzung. Wenn der Garten trotz der Originalität der Bepflanzung den auf Country-Life-Fotos von Jekyll-Gärten so deutlichen Ausdruck überschäumender Blumenpracht an Stellen vermissen läßt, so mag dies daran liegen, daß heute, noch zu Zeiten des Aufbaus, nur zwei Gärtner den Garten bearbeiten - zu Jekylls Zeiten waren es im Normalbetrieb siebzehn.

Ednaston Manor, Brailsford, Derbyshire

Der Garten von Ednaston Manor ist ein Spiel mit Terrassen. Eine liegt vor der Südfassade, zwei weitere fallen nach Osten ab. Wer vom Haus in den größten und am tiefsten gelegenen Teil des Gartens will, einen geräumigen, heckengerahmten Rasenraum, der muß den Weg durch alle drei Terrassen gehen und sich ihren

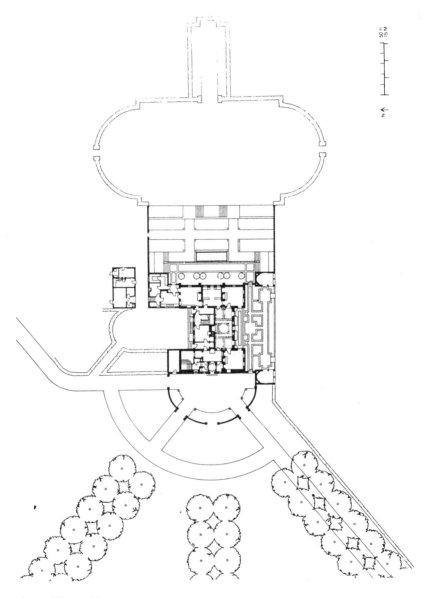

Gartenplan von Ednaston Manor
(aus: Inskip 1979, 74)

Eigenarten aussetzen. Oben auf einem flachen Hügel gelegen, ruht das Haus auf ihnen wie auf einem Sockel. Ednaston Manor gilt als das ausgereifteste von Lutyens neogeorgianischen Häusern. Es wurde für den Zigarettenfabrikanten Players als ein retreat auf dem Lande errichtet, 1913 begonnen und wegen des Krieges erst 1919 beendet. Die Bepflanzung plante nicht Gertrude Jekyll, sondern wurde durch die Bewohner und Gärtner des Hauses selbst geschaffen und bis in die jüngste Zeit sorgfältig gepflegt.

Die Zufahrt zum Haus läßt von den Terrassen, aus denen der Garten vornehmlich besteht, noch nichts ahnen. Eine Allee von Roßkastanien steigt sanft den Hügel hinauf und mündet auf einem Vorplatz, den eine hohe, halbkreisförmige Mauer umgibt. Sie schirmt die Westseite des Hauses mit der Eingangstür gegen den Außenraum ab. Von hier wird sichtbar, daß die Zufahrt nur einen der Außenteile eines kleinen patte d'oie bildet, der, in der Art barocker Anlagen, von dem Haus ausgehend mit Baumreihen in die Landschaft greift. Er nimmt dem Vorplatz die Enge, so wie die Durchbrüche in der hohen Mauer, die ihn umgibt, dieser die Schwere nehmen. Ob diese Achsen einmal Blicke in die Landschaft formulierten, bleibt unklar; heute schließt eine informelle Buschpflanzung diejenigen ab, die nicht als Fahrweg benutzt werden.

Das Haus ist nach dem üblichen H-Schema konzipiert und vornehmlich aus einer Mischung von neogeorgianischen und vernacular-Elementen komponiert. Drei Seiten des zweigeschossigen Hauses zeigen strenge, symmetrische Fassaden aus einem warmen roten Ziegelstein; über ihnen ragt das Dach mit den hohen eleganten Schornsteinen. Die Nordseite dagegen, vor welcher der Wirtschaftshof liegt, ist in einem freien Stil gehalten. Ihn begrenzen eingeschossige Flügel, die an ländliche Architektur erinnern. Auf der Südseite des Hauses leisten zwei Loggien mit der gleichen Art von Dächern die stufenweise Überleitung vom Haus in die Landschaft. Das Haus, die Dächer der Nebengebäude und die Terrassen bilden eine Gesamtskulptur, die weich auf dem Hügel ruht und deren Einpassung ins Gelände durch die Mauern, Hecken und Bäume, die sie umgeben, fein ausdifferenziert wird.

Die Gartenanlage wird völlig dadurch bestimmt, daß die Gesellschaftsräume des Hauses auf dessen Südseite liegen, der Garten sich jedoch nach Osten erstreckt. So bleibt auf der Südseite des Hauses zwischen diesem und dem Beginn einer Viehweide nur ein Streifen von ca. 8-9 Metern. Er führt denjenigen, der aus der hall ins Freie tritt, als Übergang zur Ostseite des Hauses, wo das Gelände am stärksten abfällt und auf einer Fläche von ca. 35 Metern Breite und rund 50 Metern Länge der eigentliche Garten liegt. Zwei Stufen, etwa in der Breite des Hauses, gliedern ihn in drei Ebenen, die ihrerseits nochmals durch ein Heckenrund umfaßt werden. In ihm lag einst der Obstgarten.

Die unterste der formell gestalteten Ebenen ist ein großes Rasenstück mit halbkreisförmigen seitlichen Begrenzungen durch eine hohe Eibenhecke mit Durchgängen, die entfernt an die Gestaltung des Vorhofs erinnern. In zwei Heckennischen finden sich geschützte Sitzplätze, von denen sich das Geschehen auf dem Rasen verfolgen und vor allem als einzigem Ort der unverstellte Anblick des Hauses genießen läßt. Alles spricht dafür, daß dies der Gartenraum war, der zweien der wichtigsten gesellschaftlichen Aktivitäten in den country houses diente, dem Spiel und dem Sport. Die übrigen drei Terrassen boten hierfür kaum Möglichkeiten; sie sind eher als Durchgangsräume gestaltet. Für die Südterrasse hat Lutyens dies dadurch erreicht, daß er sie dicht mit Blumenbeeten füllte, zwischen denen gerade nur Raum für Wege und kleine Plattformen bleibt. Dies ist eine seiner Parodien, in denen er die üblichen Verhältnisse umkehrt: am meisten Garten im Sinne pflanzengefüllter Räume findet sich hier dicht beim Haus auf der gemauerten Terrasse, während der hausfernste Raum, dessen Architektur zugleich nur in Pflanzen besteht, der Ort des Aufenthaltes wird. Ursprünglich waren die Beete der Südterrasse mit einjährigen Setzblumen bepflanzt, heute neigen sich die Zweige von Stauden und kleinen Büschen über die Wege zwischen ihnen. Nach außen bricht die Terrasse jäh ab und liegt dadurch wie eine Bühne über der Landschaft. Diesen Eindruck verstärken noch die beiden Gartenhäuser, die sie seitlich wie Logen flankieren und zugleich auf ihrer Südseite durch Säulen und Mauern Landschaftsblicke rahmen. Diese geschützten Sitzplätze verlagern das Haus ein Stück weit ins Freie, der Gang zu ihnen über die Terrasse ähnelt dem Durchschreiten eines gestalteten Parterregartens, die Landschaft auf der freien Seite wird zum Bild.

Ist die Südterrasse schon nicht zum Verweilen geeignet, so wird doch nicht sogleich deutlich, wo der Weg weiterführt. Die ganze Terrasse ist streng symmetrisch angelegt und so finden sich auf der Ost- wie der Westseite zwischen den Loggien und der Hauswand schmale Durchgänge mit kleinen weißen Gartenpforten. Daß der Zugang zum Hauptgarten dadurch die gleiche Gestalt gewinnt wie der Nebenausgang zum Vorplatz, ist eine von Lutyens Spielereien. Hat man allerdings diesen Durchschlupf passiert, so wird der restliche Garten rasch überblickbar. Die Ostterrasse auf Höhe des Hauses ist schmal, die vordere Hälfte durchgehend gepflastert und mit einer Balustrade versehen, auf der hinteren Hälfte wachsen Pflanzen, die das Haus verkleiden. Einst trug sie geschnittene Bäumchen, die der Pfeilerstruktur der Fassade entsprachen. Wer von hochgelegener Stelle aus das Geschehen im Garten beobachten wollte, wird den Ausblick genutzt haben, den diese für sonstige Aktivitäten zu schmale Terrasse bot. Wer in die tieferliegenden Gartenräume weitergehen wollte, mag wohl zuerst an die Balustrade vorgetreten sein, um sein Ziel zu sehen und sich dann nach rechts gewandt haben. Hier allerdings dürfte ihn für Augenblicke der Fernblick festgehalten haben, der sich bot: die horizontal geschnittenen Hecken unterschneiden in sanftem Schwung die Linien ferner Hänge, zwischen denen die kurze Vertikale eines Kirchturms aufragt. Die Treppe führt in Richtung des Außenblicks, Einschnitte in der Hecke betonen diese Richtung noch, dann kippt die Gehrichtung um und der nächste Treppenabschnitt nimmt den Blick des Gehenden in den Garten zurück und führt ihn auf die mittlere Ebene. Hier hat Lutyens Rasenstücke, Blumenbeete und breite Kalkplattenwege in einem dekorativen, symmetrischen Muster geordnet, das Raum zum Sitzen und Verweilen in kleinen Gruppen bot. Im Detail steckt es voller Überraschungen: kleine Beete verstecken sich in den Nischen zwischen den übergroßen Stützpfeilern der Haltemauer, und die gepflasterten Wege weiten sich so, daß plötzlich der Eindruck einer Hausterrasse entsteht, obwohl sie nur zwei Treppen verbinden; geländerlos schieben sie sich als kleine Plattformen über das glatte Grün der tiefer liegenden Rasenfläche der nächsten Ebene. Die Treppen, die zu dieser hinabfallen, führen den Besucher endlich zur Mittelachse der ganzen Anlage, von wo ihm beim Zurückblicken die symmetrische Ordnung von Garten und Fassade augenfällig vorgeführt wird.

*

Diese Gärten sind unübersehbar private Anlagen. Gegen ihre Umgebung durch hohe Mauern und Hecken abgegrenzt und zugleich meist kaum wahrnehmbar in die Umgebung eingepaßt, erschließt sich ihr Inneres erst auf dem Weg durch das Haus, zu dem sie gehören. Liegen die englischen Landsitze des 18. und 19 Jahrhunderts inmitten von Anlagen, die sie rahmen und die den Besucher empfangen und auf das Haus vorbereiten, so stellen die Zugänge in Lutyens Gärten mit seltenen Ausnahmen den unbedeutendsten Teil der Anlage dar. Von den zentralen Räumen des Hauses her kommt der Garten in ersten, wohl ausgewählten Bildern in den Blick und erst im Gang von dort ins Freie wird er mit immer neuen Überraschungen entdeckt. Gleichermaßen eingeengt und vorgegeben ist der Kontakt aus dem Garten hinaus in die Landschaft: wohldefinierte Szenen, Landschaftsbilder im Rahmen gibt die Architektur frei, nicht als Ausgang gedacht und im Gegenblick kaum ergiebig. Wohl aber sind ihnen begehbare Anlagen vorgelagert, die diese Bilder für den Betrachter in immer neuen Annäherungen, Ausschnitten, Verstellungen, Perspektiven erlebbar machen. Nur einen weiteren Weg gibt es in jedem Garten ins Freie: das oft unauffällige, manchmal verdeckte, teilweise spielerisch ins Dekor einbezogene Pförtchen, durch das die Arbeit kommt und geht, die allein den Garten zur Sinnesfreude macht.

Lutyens Gärten erschließen sich im Gehen. Die verschiedenen Abteilungen der Gärten, von denen die Blicke aus dem Haus Kenntnis vermittelten, reihen sich im Freien an Gehlinien auf, die der Architekt durch die Art, wie er die Wege führt oder andeutet, Durchgänge legt, Treppen verlaufen läßt, unauffällig und kunstvoll vorgibt. Jeder Gang ist eine Folge von Überraschungen. Gemauerte oder gewachsene Grenzen lassen den Blick dem Fuß immer nur um Weniges vorauseilen. Wo mehr möglich wird, bleibt es bei Andeutungen, Versprechungen, die zum Weitergehen verlocken, doch nicht das Erwartete preisgeben. Geh- und Sehrichtungen fallen häufig auseinander; bietet sich für das eine eine Achse an, wird das andere nur auf Umwegen möglich. Und diese gleichzeitige Kammerung und Verklammerung der Erlebnisräume wird zusätzlich weiter verschränkt durch die Gestaltung der Anlagen als Skulpturen, die Einführung der dritten Dimension durch oft beachtliche und baulich aufwendig hergestellte Höhenunterschiede, die zu den Begrenzungen in der Horizontalen noch die perspektivischen Möglichkeiten von Aufsichten und die Gestaltung von Raumhöhen liefert. Die Gartenanlagen gleichen so den Gebäuden selbst in Vielem. Der Architekt baut seine Häuser ohne Dach weiter und steigert dabei die Fülle sinnlicher Wahrnehmungsmöglichkeiten: ihr Inventar ist neben den üblichen Flächenbelegen und Möbeln noch Wasser in freier Lebendigkeit und die ganze Fülle pflanzlicher Wesen. Und weitere Elemente der Natur treten ungehindert und ungedämpft in die 'Zimmer im Freien' ein: Wind und Sonne, Tag und Nacht, Regen, Tiere, die Jahreszeiten. Die Natur wird bewohnbar.

Der Stil der Gartenräume ist vergleichsweise konventionell, die Standards des 19. Jahrunderts werden immer wieder eingehalten: walled und sunken gardens, parterres und borders, Wasserbecken und Sonnenuhren auf Pfeilern, Pergolen und Gazebos, stille Rosengärten, prachtvolle Stauden- oder gemischte Rabatten, schwarze Eibenhecken, Seerosen und Wasserlilien in streng gerahmten pools gehören unbedingt dazu und Gertrude Jekyll verleiht den Pflanzungen die Delikateß alter Stickereien: blasses Blau, Rosa, blasses Gelb, etwas Karmesin, oft unterlegt mit hellem Grau und abgesetzt gegen wechselnde Grüntöne sind ihre Palette. Das Laub der recht kleinen Auswahl erprobter und immer wieder aufs Neue verwendeter, von ihr selbst gezogener Pflanzen bildet lebhafte Dekors (Hobhouse 1985). Die jedes Jahr wieder aufs Neue aufbrechende Fülle der Pflanzen, die Wuchskraft der von ihr bevorzugten Stauden, die Freiheit der Entfaltung, die ihnen gewährt wird, legt sich immer wieder für einen Sommer über die strenge geometrische Ordnung des Architekten. Sie scheint sie aufzuheben, um eben dann, wenn sie dem Ziel ganz nahe ist, innezuhalten und langsam wieder zu vergehen. Daß dieser kurze Rhythmus des Jahres, das regelmäßige Entstehen und Vergehen der Spannung zwischen Ordnung und Fülle in den Kulissen der architektonisch vergegenwärtigten Geschichte Englands abläuft, schafft ein ganz eigenes Zeitgefühl. Lebendiges in seinen flüchtigsten, vergänglichsten Erscheinungen - ein Windstoß, Blüten, ein Sonnentag, ein Herbst - als emotionell wirksame Erfahrung findet statt, wird vorgeführt vor den weit über das Leben des Betrachters hinausragenden Unabänderlichkeiten von

Geschichte und Natur, auf die das Denken durch die architektonische Gestaltung hingewiesen wird. Alles fällt im Augenblick des gelingenden, ästhetischen Erlebnisses wie selbstverständlich zusammen und setzt das Bewußtsein von historischen und gesellschaftlichen Zusammenhängen außer Kraft. Weitgehender Ausschluß der Welt (der Arbeit, der anderen) und Herstellung von geschützter Privatheit, verdichtete Sinnlichkeit im Erleben von hochstilisiertem Raum und inszinierter äußerer Natur und harmonischer Zusammenfall von Augenblick und Geschichte, eigener Umwelt und Gesellschaft im ästhetischen Erlebnis waren die Hauptcharakteristika, die ich in den Gärten von Lutyens fand. Die alte bürgerliche Fiktion des Glücks erwachte in mir und ich sehnte mich danach, sie leben zu können, obwohl ich wußte, daß sie nur als Beschwörung gelingt (Strassel 1991).

*

Die Postmoderne reklamierte Lutynes als einen ihrer Vorläufer (Jencks 1988, 145). Dies trifft nicht zu. Lutyens verarbeitete keine Moderne im spielerischen Rückgriff auf die Architekturgeschichte - sie schien ihm gar keine relevante Antwort auf die Aufgaben, die einer humanen Architektur gestellt sind. Er nahm die Architekturgeschichte ernst. Sein Vernacular Style - "culmination of a hundred years of English romanticism" (Gradidge 1981, XVII) - ist eine Architektur, die in sich das Beste und Schönste, was eine lange Geschichte über das Bauen und Wohnen des Menschen hervorgebracht und gelehrt hatte, aufzubewahren und zu nutzen glaubte: die Echtheit und Angemessenheit der Materialien, die Sorgfalt und Solidität ihrer Verarbeitung, die Ästhetik und Eleganz des Entwurfs, die Funktionalität der Anlagen, den Einbezug von menschlicher Geschichte und erlebter Natur. Lutyens schuf nach dem Urteil mancher seiner Zeitgenossen aus diesem Geist geniale Ergebnisse. In einem Nachruf heißt es:

> "Whether by the reality of his buildings or by their photographic illustrations he gave to thousands of his generation happy dreams, and dreams were what they needed. He was a magician, a spell-binder, and few of us have not been in thrall to him." (Stamp 1981, 312)

Es war die Architektur des 'goldenen afternoon' einer privilegierten gesellschaftlichen Fraktion des vormals reichsten Landes der Erde, der vorüber war. Die ihn erlebt hatten, spürten ihn noch aus Lutyens Erbe, wie Godhart-Rendel in den Details des Hauses des Vizekönigs in Neu-Delhi:

> "... in many doorways, chimneypieces and bits of furniture of Lutyens' design one meets the sudden unanalysable felicity that makes one catch one's breath". (ebda)

Doch die Nachkriegsgeneration des 2. Weltkriegs hatte andere Träume. Sie schätzte eine andere Architektur: die Moderne, zu der Lutyens nichts beigetragen hatte. Es schien keine Gemeinsamkeit zwischen ihm und Frank Lloyd Wright oder Le Corbusier zu geben, obwohl diese, ungeachtet seines Traditionalismus, der Qualität und vollendeten Architektur seiner Werke ihre Achtung aussprachen. Noch 1969 scheiterte eine Gedenkausstellung zu seinem 100. Geburtstag in der Royal Academy an dem mangelnden Interesse möglicher Sponsoren.

Die Kritik an Lutyens (vgl. zum Überblick Stamp 1981, s. auch H. Casson in O'Neill 1980, 7, J. Cornforth in Lutyens 1981, 30/31 oder Furneaux Jordan 1966)) richtete sich vor allem auf zwei Umstände: seinen Traditionalismus, der zumindest in seinen neogeorgianischen und neoklassischen Produkten als nicht vereinbar mit dem Geist der internationalen Moderne des 20. Jahrhunderts bewertet wurde und als irrelevant, als Sackgasse, wenn nicht als Verrat am Fortschritt in der Architektur galt; zum andern seine Klientel bzw. deren gesellschaftliches Handeln, deren moralisch-politische Bewertung auf seine Architektur übertragen wurde. Eine bereits 1951 gegebene Einschätzung: "To many under the age of 40 he probably seems a skilful old reactionary, who at the most was the best sort of a contemporary bad bunch" (zit. n. Stamp 1981, 313) erhielt durch die Ergebnisse der gesellschaftskritischen Forschung der sechziger Jahre ihre Faktenbelege und theoretische Bestätigung. Lutyens war ohne Zweifel der Architekt der Kreise gewesen, die den englischen Imperialismus in allen seinen Formen der Ausbeutung und Gewalt gewollt, gestützt, organisiert und von ihm profitiert hatten - und Lutyens wiederum von ihnen. Nicht, daß er ihr Gesinnungsgenosse gewesen wäre: er selbst hielt sich von allem politischen wie sozialen Engagement gleichermaßen fern. Seine Praxis war die des in gesellschaftlicher Hinsicht Uninteressierten und Passiven, der, zurückgezogen in seine artistische Profession, die Verhältnisse für seine Zwecke nutzte, was ihn notwendigerweise zugleich zum Kollaborateur bestimmter besitzender und herrschender Kreise seiner Zeit machte. Er formulierte die Gegenwelt zu ihrer Praxis: romantisch-konservative Träume. Und es kann nicht überraschen, daß seine Architektur in diesen Jahren ebenso die Erfolgsträume des 'Mannes auf der Straße' mitformulierte, was seine Popularität steigerte und zu einem realistischen Verhältnis der Masse der Bevölkerung zur besseren Befriedigung ihrer Wohnbedürfnisse und Naturaneignung nichts beitrug. Es ist den kritischen Texten immer wieder anzumerken, daß ihre Autoren Lutyens Architektur für einen Teil der Geschichte Englands und die gesellschaftliche und politische Praxis und Ideologie einer Bevölkerungsgruppe stellen, die sie ablehnen, gleich, ob sie sich dabei auf die Bedeutung der Moderne oder die Notwendigkeit des sozialen Engagements des Architekten beziehen.

Ende der 70er Jahre hatte sich die Szenerie wiederum gewandelt. Lutyens erneuter Aufstieg begann. Eingesetzt hatte das 'Lutyens revival' in den 70er Jahren in den USA im Gefolge des dortigen Interesses an der Beaux Arts-Architektur. Eine Reihe von Artikeln erschien, die besonders Lutyens Klassizismus und das Raffinement seiner Entwürfe hervorheben. 1978 zeigte das Museum of Modern Art Fotografien von Lutyens Bauten. 1980 organisierte die School of Architekture and Planning in Delhi eine Ausstellung über Lutyens und 'the Making of New-Delhi'. Seine britische Renaissance folgte rasch nach. 1981 veranstaltete die Hayward Gallery in London mit Unterstützung des Arts Council of Great Britain eine umfassende und materialreiche Ausstellung über Lutyens gesamtes Leben und Werk, ausgerichtet von einem kompetenten Ausstellungskomitee. Allein 1981 bis 1983 erschienen vier Monographien über Lutyens sowie eine Reihe von Artikeln, 1982 folgte J. Browns Werk über Lutyens und Jekylls Gärten. 1984 erschien die von Country Life bereits 1950 publizierte umfangreiche Lutyensbiographie als Nachdruck, 1989 bereits eine zweite Auflage. Zugleich wurde eine Reihe der wichtigsten Bücher G. Jekylls ca. 80 Jahre nach ihrem ersten Erscheinen wieder abgedruckt. Den Grundtenor der neuen Wertschätzung formuliert Stamp zusammenfassend:

> "The age in which Lutyens lived and worked, enviably full of wealth and possibilities, is as remote now as it seemed when he died, but the intervening years now also seem to be a period which is over and one which is, to many, of barren achievement. The richness, the skill and the delight in Lutyens' buildings cannot, and possibly ought not to be realised today, but they are no longer irrelevant, no longer snare. Rather, they represent the summit of architectural achievement by a great master and provide lessons of eternal value." (ebda, 318).

Die Bedeutung von Lutyens Architektur hat sich damit erneut verändert. Nach ihrem Wert als Mittel der sozialen Repräsentation für neureiche Mittelschichtangehörige und nach ihrer Stellvertreterfunktion bei der Kritik an Geist und Moral der Herrschenden im Britischen Weltreich ist sie heute, nur wenige Jahrzehnte später, für eine kunstinteressierte Öffentlichkeit Gegenstand einer scheinbar zeitlosen Ästhetik, losgelöst von all den historischen und sozialen Bezügen, aus denen sie entstand.

Scheinbar ist diese Zeitlosigkeit, weil sie unübersehbar in eine Phase konservativer Sinnerzeugung fällt, deren gesellschaftliche Bestimmtheit offensichtlich ist und in der sie eine Rolle spielt. Dies gilt keineswegs nur für Lutyens Architektur und Gärten. R. Hewison hat die Geschichte der kulturellen Wiedererweckung des alten englischen Country House - "the most familiar symbol of our national heritage" (Hewison 1987,

53) - und ihres Anteils an der derzeitigen britischen 'heritage industry' in ihrer Entwicklung seit dem 2. Weltkrieg dargestellt. Er betont die Rolle des National Trust und die der landbesitzenden Schichten dabei und er zitiert eine Bedeutungsangabe, die der National Trust in seinem "Book of English Houses" von 1985 der Öffentlichkeit anbietet. Sie formuliert die beabsichtigte nostalgische Grundstimmung genau: "They (die Landsitze) look back to periods of apparent stability and order that, to some people, seem preferable to the chaos of the present" (Hewison 1987, 71). Hewison schätzt Großbritannien heute ein als "a country obsessed with its past, and unable to face its future" (ebda, 9) - für den Autor Ausdruck eines Niedergangs mit all den Unsicherheiten und Zweifeln, die dessen Wahrnehmung produziert und denen die Produktion von Nostalgie begegnen soll. Auch P. Wright zeigt in einer Reihe von Essays Wege auf, "in which the past has been secured as a cultural presence in modern Britain" (Wright 1985, 3). Er betont dabei besonders das konservativ-romantische Bestreben, dadurch unitarische Symbole für die Herstellung einer geeigneten nationalen Identität zu gewinnen.

Monstead Wood: Photographie von Gertrude Jekyll, 1900
(aus: Flemming/Gove 1982, u. 224)

Die Bedeutung kultureller Phänomene bildet sich als ideologischer Effekt im Verlauf gesellschaftlich bestimmter und individuell vollzogener Praxis. Das gilt auch für mein Verhältnis zu Lutyens Gärten. Ich nehme die aufgezählten Bedeutungen zur Kenntnis und erkennen ihre ideologische Begründetheit. Sie sind mir verständlich, weil ihr Sinn in gesellschaftlichen Verhältnissen liegt, die auch mir bekannt und Teil meines Lebens sind - allerdings in anderen Zusammenhängen als den dargestellten. Die Selbstbewußtheit der beschriebenen Architektur war einst Ausdruck kultureller Selbstdarstellung und ist mir Gegenstand des Erstaunens. Ich teile die Parteilichkeit sozialwissenschaftlichen Denkens, die auch für mich die Benachteiligung und das Leiden derjenigen, aus deren Arbeit der hier verbaute Reichtum stammt, unübersehbar macht, doch für mich die Wahrnehmung dieser Gärten nicht allein bestimmt. Und ich empfinde ebenfalls eine ästhetische Faszination und ihre Tröstung gegen die tatsächliche Welt, doch ohne die Bedeutung der Gärten für mich darauf zu reduzieren. So entstehen mir Bedeutungsmuster mit internen Widersprüchen, die ihrerseits wiederum als individuelle Erscheinungen gesellschaftlicher Strukturen verstanden werden müssen. Die Gegensätze von Ästhetik und Moral, von Eskapismus und Verpflichtung, die mir bei der Beschäftigung mit Lutyens Gärten bewußt werden, sind Bedingung und Ausdruck meiner eigenen Erfahrungssituation.

So scheint es mir auch nicht aus der Eigenart der Gärten noch aus ihrer geschichtlichen Bedeutung erklärbar, daß sie mich in besonderem Maße beeindrucken können, sondern aus dem, was sie mir heute zum Erleben von Welt vornehmlich anzubieten haben. Ich habe hierbei besonders drei Bereiche ausgemacht.

1. Die Gärten Lutyens erschienen mir bei meinen Besuchen fast als exotisch. Diese Art der architektonischen Interpretation von Naturszenen war mir so gut wie fremd. Das Nachkriegsdeutschland kannte bis vor kurzem kaum mehr Architekturgärten und das gartengeschichtliche Erbe des frühen 20. Jahrhunderts ist hierzulande weitgehend zerstört. Ihre Entdeckung war wie die Annäherung an eine fremde Kultur. Die Arbeit wurde bestimmt von der Lust, diese Architekturauffassung von Natur und Außenraum zu entziffern. Neugierde, der Reiz des Fremden, Neuen, noch Unverstandenen und das Erlebnis, das Unbekannte anzueignen waren, die Hauptantriebskräfte.

2. Die Eigenart dessen, was hier zu entdecken war, spielte dabei eine besondere Rolle. Lutyens Formenwelt und sein Umgang damit haben schon einen ganz eigenartigen Reiz. Zum einen ist es das Hochartifizielle, der Eindruck von Kostbarem, das die Originalität seiner Ideen und die an Arbeiten von Goldschmieden erinnernde Genauigkeit und Feinheit seiner Planung bewirken. Zum andern findet dies seine Form im fast handwerklichen Umgang mit ganz alltäglichen Materialien, die wir gerade fern aller Präziosität zu erleben ge-

wohnt sind. Dies wiederum gibt der Ästhetik der Werke eine Richtung, durch welche die denkbare Überspitzung ihrer Künstlichkeit gebrochen und verhindert wird. Noch einmal von ganz eigener Bedeutung ist dabei, daß der Erfahrungsgegenstand Gärten sind. Die Naturelemente, zu denen die Architektur in ein ganz eigenes Verhältnis tritt, verändern die Bedeutung letzterer Künstlichkeit. Mit dem Ornament werden Regen und Wind als Einheit erfahren, gegen den Charakter des Gebauten setzt die Vegetation ihr Eigenleben. Das verleiht dem ganzen einen völlig anderen Geschmack als ihn etwa die Architektur von Lutyens Innenräumen hat.

3. Daß ich mich mit Lutyens Gärten und nicht mit seinen Häusern beschäftigte, bestimmt ebenfalls den Charakter meines Interesses. Die Exotik der Gebäude ist in mein eigenes Leben nicht übertragbar, mit ihr verbindet mich kein praktisches Interesse. Der bewußte und kunstvolle Umgang mit Natur dagegen ist ein Thema meines Alltags. Hier besteht m.E. ein kulturelles Defizit gerade in den Lebensräumen unserer heutigen Mittelschichten. Deren Umwelten, besonders die Gärten, sind eher künstlich als kunstvoll, der Umgang mit ihnen häufig bewußtlos oder standardisiert, das Ergebnis oft langweilig und anspruchslos. Lutyens Gärten zeigen die Möglichkeit des Gegenteils. Ihre Erfahrung kann zu Kritik an der eigenen erlebten Umwelt und zum Bewußtwerden von Alternativen bewegen, die dabei erlebte Lust zum Versuch einer phantasievollen und selbstbewußten Interpretation von Natur in der eigenen Umwelt mobilisieren.

Durch die intensive und bewußte Erfahrung der Gärten Lutyens, die Möglichkeit des besseren Umgangs mit eigener konkreter Umwelt ins Bewußtsein zu bringen, ist ein nicht unwesentlicher Teil der Bedeutung dieser Gärten für mich selbst. Dabei bin ich mir klar darüber, daß hier die Erfahrung über die Erscheinung des Gegenstandes hinausweist. Qualitätsvolle Naturinterpretation muß immer wieder ihren eigenen, neuen Ausdruck finden. Lutyens Architektur und Jekylls Art der Bepflanzung formulierten die Ansprüche und Sehnsüchte ihrer Zeit für die soziale Schicht, für die sie tätig waren. Ein gleich ernsthaftes Bemühen muß heute andere Gärten erfinden, mit anderen Inhalten und Symbolen, anderen Funktionen und Formen des Unterhalts. Vielleicht entspricht es den heutigen Bedürfnissen an Umwelterfahrung eher, nicht die Erlebensqualität der architektonischen Form, sondern die Eigengesetzlichkeit der Naturelemente zu entdecken, der Wildnis Raum zu geben gegen die Gezähmtheit zur schönen Form, der Möglichkeit unbekannter Entwicklungen gegen die Herstellung fertiger Endzustände. Bedeutungen und Erscheinungsformen von Gärten ändern sich mit den Inhalten, auf die sie sich beziehen; diese enthalten die gesellschaftlichen Bedingungen, denen sie entstammen, als Vorstellungen von Wohnen, Natur und Umwelt und werden nochmals gebrochen durch die Eigenart der ästhetischen Praxis der schöpferischen Individuen.

Gemeinsam sollte indes allen Gestaltungsergebnissen sein, daß durch sie eine Art und Bewußtheit des individuellen Umweltbezugs ihrer Schöpfer und Nutzer entsteht, in der die innere Natur des Menschen sich selbst in der Formulierung der äußeren Natur wiederzuentdecken und zu verstehen vermag. Dies ist die Qualität, die ich in Lutyens Gärten fand und genoß und die Bedeutung, die sie für mich haben.

Literatur

Aslet, Clive (1982): The last country houses. New Haven u.a.: Yale Univ. Pr., 1982

Brown, Jane (1985): Gardens of a golden afternoon: the story of a partnership. Edwin Lutyens and Gertrude Jekyll. London: Lane

Butler, A.S.G. (1950): The architecture of Sir Edwin Lutyens. London, New York: Country Life, Ch. Scribner's Sons

Cornforth, John (1985): The inspiration of the past. Country House taste in the twentieth Century. London: Viking

Davey, Peter (1980): Arts and Crafts architecture. The search for earthly Paradise. London. The architectural Press

Flemming, Laurence/Alan Gore (1982): The English garden. London: Michael Joseph

Girouard, Marc (1980): Life in the English Country House. Harmondsworth: Penguin Books. Dt.: Das feine Leben auf dem Lande: Architektur, Kultur und Geschichte der englischen Oberschicht, Frankfurt/M. u.a.: Campus, 1989

Gradidge, Roderick (1980): Dream Houses: The Edwardian Ideal. London: Constable

Gradidge, Roderick (1981): Edwin Lutyens: Architect Laureate. London: Allen and Unwin

Greenberg, Allen (1969): Lutyens' architecture restudied. In: Perspecta, XII, pp 129-152

Hewison, Robert (1987): The heritage industry. London: Methuen

Hobhouse, Penelope (ed.) (1985): Gertrude Jekyll on gardening. New York: Random Hs.

Hussey, Christopher (1950): The life of Sir Edwin Lutyens. London, New York: Country Life, Chr. Scribner's Sons

Inskip, Peter (1979): Edwin Lutyens. London: Academy Editions

Jencks, Charles (1988): Architektur heute. Stuttgart: Klett-Cotta

Lowenthal, David (1988): The past is a foreign country. Cambridge: University Press

Lutyens: The work of the English architect Sir Edwin Lutyens (1869-1944)), (1981): London: Hayward Gallery

Lutyens, Mary (1980): Edwin Lutyens by his daughter. London: John Murray

Massingham, Betty: Miss Jekyll (1966): Portrait of a great gardener. London. Country Life

O'Neill, Daniel (1980): Sir Edwin Lutyens, Country Houses. London: Lund Humphries

Ottewill, David (1989): The Edwardian garden. New Haven and London: Yale Univ. Pr.

Roper, Lanning (1975): A garden of vistas, Folly Farm. In: Country Life, May

Stamp, Gavin (1981): The Rise and Fall and Rise of Edwin Lutyens. In: Architectural Review, Nov., pp. 311-318

Strassel, Jürgen (1991): Englische Gärten des 20. Jahrhunderts. Ordnung und Fülle. Köln: DuMont

Weaver, Lawrence (1981): The houses and gardens of E.L. Lutyens. London: Country Life

Wright, Patrick (1985): On Living in an old country. The National past in Contemporary Britain. London: Verso

Gerhard Hard

Zur Imagination und Realität der Gesteine
nebst einigen Bemerkungen über die wissenschaftliche Geographie als eine unbewußte Semiotik

1. Gesteine als Bestandteile der materiellen Welt und als Bestandteile einer Kultur

Gesteine sind nicht nur physische Gegenstände, sondern auch Zeichen, d.h. Bedeutungsträger. Sie verweisen dann auf etwas, meist sogar auf vieles, was sie selber und an sich nicht sind. Schon als Alltagsgegenstände sind Steine immer auch Zeichen: wenngleich auf einer alltagsgegenständlich-alltagssprachlichen Ebene das, was etwas ist, und das, was etwas außerdem noch bedeutet, auf vieldeutige Weise miteinander verschmilzt und oft auch ohne praktischen Nachteil (ja sogar mit Vorteil) miteinander vertauscht und verwechselt werden kann.

Jeder, der Steine kennt, kennt sie also nicht nur (und oft nicht einmal so sehr, zuweilen auch fast gar nicht) nach ihrer physisch-materiellen Beschaffenheit (so, wie - in sehr unterschiedlicher Weise - z.B. Steinmetz und Petrograph sie kennen). Auch wer keine Ahnung vom Chemismus, den physikalischen Eigenschaften und der Mineralogie eines Granits hat, ja sogar der, der noch nie einen Granit mit Bewußtsein gesehen hat, kann schon sehr lange sehr genau wissen, was es heißt, "auf Granit zu beißen", ja er könnte vielleicht sogar auch ohne alle realen Erfahrungen mit dem wirklichen Granit kontextfrei verstehen, was gemeint ist, wenn (wie in Werfels "Lied von Bernadette") vom "granitenen Widerstand einer Nonne" die Rede ist oder wenn in einem Brief aus der Zeit der deutschen Romantik von jemandem gesagt wird, er sei "als Mensch ... ächter Granit" (d.h., "eine rechte Urnatur"). Und auch ein Student, der in der Prüfung den Marmor im vorgelegten Handstück nicht erkennt (und auch sonst nichts über ihn zu sagen weiß), der könnte doch sehr genau und schon lange wissen, daß Marmor "kostbar" und "kalt" ist, und er könnte infolgedessen auch unmittelbar und kontextfrei verstehen, wenn ein Barockdichter von einem "Marmorbusen" spricht (oder in Schlegel-Tiecks Shakespeare-Übersetzung von einer "marmorbusigen Tyrannin" die Rede ist) - was umso bemerkenswerter ist, als zur Zeit des Barockdichters mit "Marmor" noch ganz andere Gesteine gemeint waren als heute (vgl. z.B. Lüschen 1979). Offenbar ist die Semantik der Gesteine konstanter als ihre Wirklichkeit.

Andererseits aber kann auch der oberflächliche Beobachter nicht übersehen, daß auch die Semantik der Gesteine sich verändert: Wie wäre sonst z.B. zu erklären, daß sich auf den städtischen und dann auch auf den ländlichen Friedhöfen Nordwestdeutschlands die Gesteinsfarben in den letzten Jahrzehnten deutlich aufgehellt haben? Man darf auch an den Absturz des Sichtbetons und der "brutalistischen" Betonästhetik erinnern: Ein Signum von Modernität und Progressivität mutierte zu einer Art von Faschismussymbol, und man beobachtet seit geraumer Zeit, wie der einst demonstrativ vorgezeigte Beton nun nachträglich mit Natursteinen verblendet oder anderweitig verdeckt wird - wohl durchweg zum Kummer der damaligen Architekten, die es zuweilen durchsetzen können, daß sie für diese Verschandelung ihres Werks mit beträchtlichen Summen abgefunden werden.

Mit Ausnahme der wenigen Menschen, die sich in Werkstatt und Labor kontinuierlich mit der physisch-materiellen Seite von Natur- und Kunststeinen auseinandersetzen, kennt man die Steine also gemeinhin nicht so sehr als materielle Phänomene, die sich von anderen materiellen Phänomenen und untereinander materiell unterscheiden; man kennt sie vielmehr vor allem als Bestandteile eines "shared symbolic system", einer tradierten Semantik (oder vieler tradierter Semantiken), kurz als Teile einer Kultur (oder mehrerer Kulturen), und die Unterschiede, die man macht, sind vor allem Differenzen und Distanzen in semantischen Räumen und in Symbolfeldern.

Eben deshalb sind viele Gesteinsarten von (oft weitläufigen) "Höfen" aus Anmutungen, Vorstellungen, Assoziationen, Wertgebungen und Ideen umgeben. "Granit" z.B. hat nicht nur eine denotative Bedeutung (z.B.: "Körniges Tiefengestein, das hauptsächlich aus Feldspat, Quarz und Glimmer besteht"); er hat noch andere, konnotative Bedeutungen in einem "zweiten Bedeutungssystem", und dieses "zweite Bedeutungssystem" ist, wie man in unterschiedlichen Worten schon häufig gesagt hat, unter anderm auch der sprachlich-semantische Ort der historisch-gesellschaftlich lokalisierbaren Mythen. Da ist z.B. auch der Marmor nicht einfach, ja gar kein petrographischer Marmor, sondern "Marmorbilder stehn und sehn mich an". Die berühmt gewordenen Essays von Roland Barthes über die "Mythen des Alltags" z.B. kann man auffassen als Studien im vieldimensionalen Raum dieses zweiten Bedeutungssystems.

Erst in diesem semantischen Raum wird der gemeinte Gegenstand mit unseren primären Lebensinteressen und Erfahrungen verknüpft, erhält psychische und kulturspezifische Bedeutungen und kann auch ideologisch aufgeladen werden. Hier wird sozusagen der Stein an sich zum Stein für uns und für mich. Diese konnotative Bedeutung erst vermittelt auch die eigentliche Wertinformation und Wertverständigung: den Sinn, den Wert, den angemessenen Gebrauch, den richtigen (außertechnischen, außerszientifischen) Umgang, den Mythos und die Ästhetik des gemeinten Gegenstandes.

Was etwa den Granit angeht, so findet man diese "kulturelle Semantik" und Symbolik und nicht zuletzt das erwähnte "zweite Bedeutungssystem" besonders schön entfaltet z.b. in Goethes "naturwissenschaftlicher" Schrift "Über den Granit". Dort wird der "Granit" (der damals noch nicht auf den "Granit" der heutigen Petrographen festgelegt und eingeengt war) geradezu eingesponnen in Alltagsmythen von "Uranfänglichkeit", "Ursprung" und "Tiefe", "Unerschütterlichkeit", "Festigkeit" und "Treue", "Geheimnis", "Erhabenheit" und "Würde", von "Vollkommenheit" und "Harmonie" (sowie in paradoxe poetische Spekulationen vom zugleich Höchsten und Tiefsten, "Innersten" der Erde). Wo Goethe geologisch theoretisiert, da sind diese Theorien, von heute her gesehen, weithin bloße Funktionen seiner Rêverien im semantischen Raum. Sie sagen, von heute her gesehen, wenig über den Granit, aber umso mehr über den Autor und seine Kultur ("Kultur" hier im Sinne eines tradierten Vorrats an Sinnfestlegungen, an denen sich Denken und Handeln orientieren können).

Wenn man Eisler glauben darf, dann ist in Goethes Fragment "Über den Granit" weniger (oder nur an der Oberfläche) von einem Gestein die Rede, sondern mehr und eigentlich von der Psychodynamik des Mannes und Muttersohns Goethe. Das ist natürlich keine Extravaganz des Wissenschaftlers Goethe. Um Gaston Bachelard zu zitieren: Was Wissenschaftler für ihre fundamentalen Erkenntnisse über einen Gegenstand halten, das sind oft auch vertrauliche Mitteilungen über sie selbst, und diese "vertraulichen Mitteilungen" bewegen sich, wie man hinzufügen kann, oft in den semantischen und subsemantischen (konnotativen) Räumen, die die benutzte Sprache jeweils anbietet. Die Arbeiten von Meder und Jüngst enthalten schöne, auf Geographen bezogene Belege.

Sicherlich sind die genannten "Ebenen" - die Ebene der materiellen und die der kulturellen Fakten, die Ebene der physischen Objekte und die der semantischen Gegenstände, die Gesteine als Bestandteile der physischen Welt und die Gesteine als Bestandteile einer Kultur, die Gesteine als materielle Gegenstände und die Gesteine als Symbole - nicht ohne Bezug zueinander. Jede Kultur etabliert (meist implizit bleibende) Übersetzungsregeln. In natürlicher Einstellung, im mundanen Denken wird diese Ebenendifferenzierung aber immerfort "überspielt": Alltagsweltler und Alltagssprachler identifizieren und verwechseln im alltäglichen Umgang immerfort Dinge und Wörter, Sprachen und Wirklichkeiten. Das ist alltagsweltlich weitgehend funktional. Wenn man jedoch mehr tun will, als an einer Sprache oder einer Lebensform bloß teilzuhaben und teilzunehmen, muß man sich auch auf die genannten Differenzierungen einlassen. (Erfahrungsgemäß sehen gerade Geographen das ziemlich schwer ein, und das liegt wohl nicht zuletzt daran, daß ihr klassisches Paradigma die Formulierung dieser Differenz gar nicht zuließ; ja, seine ungebrochene Geltung setzte voraus, daß nicht differenziert wurde.)

Trivialerweise errichtet oder nutzt auch derjenige Wissenschaftler, der Gegenstände der physischen Welt beschreibt oder untersucht (z.B. der Petrograph oder Mineraloge), seinerseits ein semantisches System. Diese Semantik, die die physische Welt intendiert, ist aber eine vollkommen andere Semantik als die "Sprache der Steine" außerhalb des naturwissenschaftlichen Diskurses. Eine festkörperphysikalische oder mineralogisch-petrographische ("szientifische") Semantik ist auch nicht im gleichen Maße so direkt mit spezifischen Kulturen, Lebensformen und Semantiken verbunden wie die "Sprache der Steine" außerhalb der szientifischen Diskurse.

2. Erkundungen im semantischen Raum der Gesteine

Von Existenz und Wirksamkeit des genannten "zweiten Bedeutungssystems" kann man sich leicht überzeugen. Die folgenden Beobachtungen stammen von Geographiestudenten im 1.-2. Semester, die noch keine Veranstaltung mit gesteinskundlichem Inhalt besucht hatten. Es geht, wie gesagt, um eine Demonstration, nicht um Verallgemeinerbarkeit, denn wenn semantische Systeme dieser Art sich auch im allgemeinen nicht (oder doch nur in Details) an Schicht-, Klassen- oder andere Gruppengrenzen halten, kann eine Studentenpopulation doch auch in diesem Zusammenhang nicht ohne weiteres für die Gesamtbevölkerung stehen.

Die Studenten wurden mit einer Serie von 18 Gesteinsarten konfrontiert, deren Handstücke ich aus dem Abfallcontainern örtlicher Natursteinfirmen herausgeklaubt hatte; die Handstücke waren ungefähr gleich groß, zeigten auf einer (Schau-)Seite die übliche Oberflächenbearbeitung (z.B. Politur), waren auf den anderen Seiten bloß geschnitten und mindestens an einer Seite bruchrauh. Es handelte sich ausschließlich um Natursteine, die am Außen- oder Innenbau häufig verwendet werden.

Die Studenten sollten einige wenige Fragen beantworten: Ob und in welchen Situationen sie den Stein schon einmal mit Bewußtsein gesehen hätten, wo er am ehesten hingehöre (z.B.: Fassade, Friedhof, Fußboden...) und welche Adjektive und anderen Ausdrücke zu ihm passen würden. Aus diesen Adjektivlisten stellten wir dann für eine zweite Studentengruppe ein Polaritätenprofil (oder "semantisches Differential") zusammen; das Polaritätenprofil ist ja seit Jahrzehnten einer der bekanntesten, schlichtesten, anpassungsfähigsten und freilich auch störungsanfälligsten Zugänge zu dem genannten "zweiten Kode" oder "zweiten Bedeutungssystem".

Nur ganz wenige der Studenten konnten einige der Gesteine auf grobe Weise bestimmen oder einer Gesteinsgruppe zuordnen. Trotzdem hat keiner von ihnen die Ausfüllung des Polaritätenprofils verweigert oder auch nur Zweifel am Sinn dieser Aufgabe geäußert: Die Einordnung der auf einer ersten (nomenklatorischen) Ebene unbekannten Gesteine in einen komplexen semantischen Raum schien allen möglich und vollkommen sinnvoll zu sein, selbst denen, die angaben, einen solchen Stein noch nie mit Bewußtsein in der Wirklichkeit gesehen zu haben. Das scheint mir ein deutlicher Hinweis darauf zu sein, daß die (Sprach)Kompetenz hinsichtlich des "zweiten Kodes" keine besondere oder vielleicht sogar gar keine (Sprach)Kompetenz hinsichtlich des "ersten Kodes" voraussetzt; konnotatives Verstehen und Einordnen setzt zumindest in vielen Fällen kein denotatives Verstehen und Einordnen voraus, zumindest kein sehr genaues. Ferner enthält der Befund einen Hinweis darauf, daß ein semantisches System konnotativer Art unter Umständen auch ohne individuelle sinnliche Gegenstandserfahrung recht gut funktioniert und gelernt werden kann. So lernt man ja auch die Konnotationen von "Mann" und "Frau", "Franzose" und "Jude" ziemlich unabhängig von individuellen Erfahrungen (und - unter Umständen - sogar gegen alle individuelle Erfahrung). Große Teile der Bedeutungen (und das heißt auch: der Gebrauchsbedingungen) unserer Wörter sind also sozusagen empirieunabhängig und uns in diesem Sinne apriorisch gegeben. Da ein Großteil unseres Wissens über die Wirklichkeit zugleich mit der Sprache (und d.h., auch zugleich mit einer Semantik) gelernt und dann aus der einmal gelernten Sprache oder Semantik entnommen wird, ist ein Großteil unseres Alltagswissens unabhängig von unserer Erfahrung, aber abhängig von unserer Sprache, und was vom Alltagswissen des Alltagsweltlers gilt, gilt natürlich auch vom wissenschaftlichen Wissen des Wissenschaftlers.

In vielen Fällen erinnerten sich die Studenten also nicht daran, die betreffenden Gesteine schon einmal irgendwo gesehen haben. Am ehesten noch erinnert man sich an helle Granite und politurfähige Kalke, vor allem Jurakalke, auch an den Travertin. Demgegenüber haben die Studenten sehr viel häufiger (und sehr viel genauere) Vorstellungen, wo die vorgelegten Gesteine besonders gut hinpassen oder rechtens hingehörten, und das hat höchstens ganz am Rande auch mit ihrer petrographischen Beschaffenheit i.e.S. zu tun.

Einige wenige Gesteine scheinen für mehrere Funktionen und Milieus zu passen: z.B. helle Granite, aber ähnlich auch der römische Travertin (der nur für den Friedhof weniger geeignet erscheint). Es gibt Gesteine, die vor allem auf den Friedhof gehören: z.B. Gabbro, Diabas, Augitsyenit, aber neben diesen dunklen Gesteinen auch der weiße Carrara-Marmor (welcher indessen auch für Fensterbänke zugelassen wird). Basaltlava, Phyllit (mit dem Handelsnamen Sell Royal), Solnhofener Plattenkalk, überhaupt Jurakalke und andere politurfähige Kalksteine, gelten als Steine für Fußböden im Gebäudeinneren; diese Jurakalke und anderen politurfähigen Kalksteine (die im Handel "Marmor" genannt werden) sollen dann vor allem auch noch für Fensterbänke passend sein.

Ökonomisches Urteil

	eher hoher teuer	eher niedr. Preis billig
positiv	88	6
negativ	8	64

Ästhetisches Urteil

Tabelle 1: Zusammenhang von ästhetischen Urteilen und Angaben über den (vermuteten) ökonomischen Wert der Gesteinsarten. ("Ästhetisches Urteil" ist in einem sehr weiten Sinne zu verstehen, das Ergebnis ändert sich aber kaum, wenn man nur ästhetische Urteile im engeren Sinne einbezieht.) Als positive ästhetische Urteile i.w.S. gelten z.B: schön, reizvoll, interessant, phantasievoll, eindrucks- und wirkungsvoll, edel, elegant, angenehm; als negative ästhetische Urteile i.w.S. z.B: häßlich, unschön, abstoßend, scheußlich, langweilig, trist, stupid...

Wer die betreffenden Steine kennt (oder sie sich auf Abbildungen ansieht), wird wohl bemerken, daß er selbst - zumindest im großen und ganzen - zu ähnlichen stereotypen Zuordnungen neigt, zumindest dann, wenn er sich bemüht, dem allgemeinen Geschmack zu folgen (und seine persönlichen Idiosynkrasien zurückstellt).

Schon diese Zuordnungen enthalten wesentliche Hinweise auf den Hof von Konnotationen, von dem jedes der Gesteine umgeben ist. Mehr Profil erhalten diese konnotativen Höfe, wenn wir die jeweils genannten Adjektive und die (von einer zweiten Studentengruppe ausgefüllten) Polaritätenprofile betrachten (vgl. Anhang).

Viele der spontan genannten Adjektive sind ziemlich üblich oder wenigstens eingängig (und aus solchen Adjektiven vor allem wurde das Polaritätenprofil aufgebaut). Es gibt aber auch überraschende Konnotationen: Natursteine können angeberisch und dezent, kitschig und geschmackvoll, schlicht und pompös, kunstvoll und kunstlos, natürlich und unecht, sympathisch und unsympathisch, lebendig und und tot, alt und jung bzw. ältlich und jugendlich sein (oder anmuten); es gibt auch geheimnisvolle, unheimliche, unwirkliche, dämonische, paranoide, aggressive, kleinkarierte, spießige, witzige, prickelnde, brodelnde, ehrwürdige, altehrwürdige, feierliche, ergreifende, gewaltige, bedrohende, bedrohliche und gefährliche, aber auch unschuldige Steine ...

Manche Gesteine bieten ein sehr einheitliches Bild. Bei einigen springen einzelne Urteile aus der Reihe (was sich im Polaritätenprofil in bimodalen Verteilungen äußern kann). Dann erscheinen solche Widersprüche aber nicht selten auch in einem und demselben Urteil. Bei zwiespältigen Urteilen dieser Art kann man wohl von Ambivalenz sprechen, wie sie sich z.B. schon beim Carrara-Marmor andeutet (siehe Anhang): Er ist, wie zu erwarten, vor allem schön, teuer und kalt, sogar so "kalt" und "frostig", daß er "Gänsehaut macht"; "kalt und schön" ist die häufigste Kombination. Die darin angelegte Ambivalenz äußert sich dann auch so, daß dieser Marmor bei den Studenten nicht nur "pompös", "Antike" und "Unschuld" konnotiert, sondern auch "fad" und "irgendwie kitschig" anmuten kann. In solchen Fällen liefern die Tests fast immer alle Übergänge von der positiven zur negativen Nuance. Auch beim Augitsyenit kann man etwas Ähnliches bemerken (s. Anhang): Zwar lautet die Masse der Urteile auf "schön", "edel", "effektvoll", "teuer", "prächtig", ja "super", aber auch auf "kalt", und wenn das Gestein als "zu teuer", "zu schwer", "zu schön" bezeichnet wird, dann ist es nicht mehr weit bis zu Urteilen wie: "kitschig", "wirkt unecht", "wie Plastik".

Bei den Adjektivnennungen zeigt sich ein sehr enger Zusammenhang zwischen den Urteilen über den ästhetischen und über den ökonomischen Wert eines Gesteins, ein Zusammenhang, der dann bei den Polaritätenprofilen nicht mehr auftritt (Tabelle 1). Mit "schön" und "interessant" ist, wenn etwas über den Preis gesagt wird, ziemlich regelmäßig "teuer", mit "langweilig" und "farblos" eher "billig" (usf.) kombiniert.

Möglicherweise ist dieser Zusammenhang wenigstens teilweise ein im nachhinein nicht mehr korrigierbares Artefakt der Methode und wurde dadurch forciert, daß die Studenten aufgefordert worden waren, auch etwas über den vermuteten (Geld)Wert bzw. Preis des Gesteins zu sagen. Solche Aufforderungen können auch Geldwertvermutungen stimulieren, wo sie spontan kaum aufgetreten wären, und eine Konsistenz zwischen unterschiedlichen Urteilsdimensionen erzeugen, die bei anderen Verfahren ausbleibt und auch tatsächlich gar nicht vorhanden ist.

Wir sind davon ausgegangen, daß man Gesteine (wie übrigens alle physisch-materiellen Gegenstände) nicht nur naturwissenschaftlich (hier also: geologisch-petrographisch-mineralogisch-chemisch) beschreiben oder im physischen Raum (z.B. an der Erdoberfläche) verorten, sondern auch in einem ebenso intersubjektiven, ja öffentlichen "semantischen Raum" lokalisieren kann.

Den vieldimensionalen "semantischen Raum", den man auf den beschriebenen (und natürlich auch auf anderen) Wegen erhält, kann man mit Hilfe unterschiedlicher mathematischer Modelle vereinfachen. Den auch in der Geographie Routine gewordenen faktorenanalytischen, clusteranalytischen und verwandten Schnickschnack brauche ich hier nicht im Detail vorzuführen und kann mich auf einige Ergebnisse beschränken. Wie immer man vorgeht, man kommt auf ähnliche Grunddimensionen, die ziemlich unabhängig voneinander sind. Die wichtigsten sind: Erstens eine im engeren Sinne ästhetische Dimension der Schönheit und des guten Geschmacks (wo es sozusagen schön, geschmackvoll und anziehend zugeht - gegenüber der Seite des Häßlichen, Geschmacklosen und Abstoßenden); zweitens eine Dimension der Kostbarkeit und des Wertes (i.e.S.), wo das Kostbare, Seltene, Wertvolle und Teuere (und bis zu einem gewissen Grade auch das Elegante) gegen das Alltägliche, Häufige, Wertlose und Billige steht.

Außerdem gibt es noch eine Dimension des Interessanten, Phantasie- und Reizvollen, weiterhin eine Dimension von zeitloser, farblos-ruhiger Schlichtheit und Bescheidenheit (an deren anderem Ende der modische Schick, Protz und Pomp liegt) - und schließlich eine wenig stabile emotionale Dimension (oder mehrere solcher "emotionalen" Dimensionen): vor allem warm und weich gegen hart und kalt, fröhlich und hell gegen traurig und dunkel. (Daß diese emotionale Dimension etwas diffus bleibt, hängt wohl auch damit zusammen, daß die Adjektive "hart" und "weich" und vor allem die Adjektive "hell" und "dunkel" sowohl für emotionale Qualitäten wie für physische Merkmale stehen können.)

Das ist der "semantische Raum der Gesteine" in seiner abstraktesten Gestalt. Bei meinem Resümee muß man aber auch im Auge behalten, wie sehr die Dimensionalität und das (rechnerische) Gewicht der einzelnen Dimensionen vom Input (z.B. von der Struktur des Polaritätenprofils und vom Spektrum der untersuchten Gesteine), aber auch von der Logik der gewählten mathematisch-statistischen Modelle (hier vor allem: Faktoren- und Clusteranalyse) abhängt. Im Zusammenhang dieser Studie ist es aber nicht sinnvoll, die mehr technische Seite der Untersuchung auszubreiten und im Detail zu diskutieren.

Man kann die Gesteine dann auch in diesem vereinfachten semantischen Raum lokalisieren (z.B. über die Faktorenwerte). Ich formuliere auch diese Ergebnisse nur in einigen wenigen und relativ einprägsamen Zügen.

Was die <u>ästhetische</u> Dimension i.e.S. angeht, stehen sich vor allem der Carrara-Marmor (auf der positiven Seite) und die Basaltlava (auf der negativen Seite) gegenüber - aber erstaunlicherweise gehören auch die "edleren" Kalksteine - der römische Travertin und die hellen politurfähigen Kalksteine - zur "schönen", "geschmackvollen" und "anziehenden" Seite des semantischen Raums, die hellen Granite aber eher zur Seite der Häßlichkeit und des schlechten Geschmacks.

Auf der Dimension der <u>Kostbarkeit</u> und Unalltäglichkeit erreichen vor allem der Augitsyenit ("Labrador") und der rote Granit ("Gotenrot") hohe Werte, und auf der negativen Seite liegen vor allem der dunkle Peridotit (Solveig) und (wiederum) die Basaltlava.

Auf der Dimension der bescheiden-zeitlosen, ruhig-farblosen <u>Schlichtheit</u> erreichen der römische Travertin, die Basaltlava und der Peridotit ("Solvag") hohe Werte (daneben auch Diabas, Jura- und Muschelkalk und sogar der Gabbro "Schwedisch Schwarz") - also Gesteine mit ansonsten sehr unterschiedlicher Semantik. Auf der Gegenseite prunkt ("protzt" sozusagen) vor allem der Augitsyenit und (weit nach ihm) auch noch der rote Granit.

Hohe Werte auf der Dimension "<u>Interesse</u>" zeigen der helle Gneis ("Sarizzo") und der Augitsyenit, in zweiter Linie aber, vielleicht überraschend, auch der Travertin und die beiden hellen dichten Kalksteine ("Perlato Royal" und "Trani"). Am gegenüberliegenden Ende, in Richtung auf Interesse-, Phantasie- und Reizlosigkeit, liegen unter anderm Basaltlava und Peridotit.

Was schließlich die "emotionale(n)" Dimension(en) von weicher Wärme und heller Fröhlichkeit (gegen kalte Härte und dunkle Traurigkeit) angeht, so stehen nun der Travertin und die politurfähigen Kalksteine ganz oben. Auf der Seite der Härte und Kälte findet man die hellen Granite, aber auch die dunklen Gesteine Augitsyenit, "Hessischer Diabas" und Gabbro, und auf der Seite der traurigen Dunkelheit wiederum Augitsyenit, Gabbro und "Diabas", aber auch Basaltlava und Peridotit.

Die Alltagsästhetik der Steine bleibt also auch im Spiegel der mathematisch-statistischen Modelle ziemlich komplex, und man bemerkt im einzelnen rasch, wie fragwürdig selbst solche, noch immer relativ komplexen Reduktionen sind. Ob z.B. ein Stein schlicht und einfach "gefällt", kann man aufgrund der beiden Hauptdimensionen ("Schönheit" und "Kostbarkeit") nur mit großer Unsicherheit voraussagen (die Korrelationen liegen um und unter 0,3), eher schon aufgrund seiner Einschätzung als "interessant", "phantasievoll" und "fröhlich".

Die befragten Studenten und Nicht-Studenten schätzten auch den <u>Preis</u> der Steine. Die <u>geschätzten</u> Preise korrelieren überraschenderweise nur sehr wenig bis überhaupt nicht mit den <u>wirklichen</u> Preisen. Die subjektive Preisverteilung spiegelt die wirklichen ökonomischen Werte kaum wider. Die Korrelationen zwischen den realen Preisen und der Skala "billig-teuer" im Polaritätenprofil liegen um 0.2, also ebenfalls in einem Bereich, den man für alle praktischen Zwecke schon als eine Nullkorrelation bezeichnen kann, auch dann, wenn der Wert mathematisch-statistisch signifikant ist. Mehr noch: Die "Schönheit", der "Reiz", die "Eleganz", die ein Naturstein ausstrahlt, das "Interesse" und die "Phantasie", die er auf sich zieht (und schließlich, ob er schlicht und einfach "gefällt"), das alles hat mit den <u>wirklichen</u> Preisen nichts oder nur sehr wenig zu tun. (Es wurden immer mehrere, der jeweiligen Datenstruktur angepaßte Korrelationskoeffizienten berechnet; wo sie sich nur unwesentlich unterscheiden, genügt in diesem Zusammenhang die Angabe eines Wertes.)

Diese niedrigen Korrelationen mag man darauf zurückführen, daß die Studenten ja keine Erfahrungen mit realen Natursteinpreisen sammeln konnten. Aber auch dann darf man vermuten, daß das, was für Studenten gilt, noch mehr für den Mann auf der Straße gilt: <u>Seine Gesteinsästhetik</u> und seine Preis<u>vermutungen</u> haben kaum etwas mit der realen Ökonomie der Natursteine zu tun. Genügt es aber, diesen Nicht-Zusammenhang bloß auf einen Informationsmangel zurückzuführen?

Wie bilden sich die "subjektiven Preise", die, wie wir sahen, mit der realen Ökonomie der Gesteine nur schwach korrelieren? Die vermuteten ("subjektiven") Preisrelationen korrelieren natürlich mit der Skala billig-teuer im Polaritätenprofil (R = 0,77), aber ansonsten ist der Befund für den ersten Blick ziemlich überraschend. Auch der <u>vermutete</u> ökonomische Wert hat nur eine relativ schwache Beziehung zum "Gefallen" (R = 0,40) und zum "Reiz" eines Gesteins, d.h. seiner Position auf der Skala reizlos-reizvoll (0.43). Noch niedriger ist die Korrelation mit der Schönheit, die einem Gestein zugeschrieben wird (R = 0.23), und ob ein Gestein als geschmackvoll oder geschmacklos, als schlicht oder pompös, als anziehend oder als abstoßend, als zeitlos oder modisch (oder gar: als fröhlich oder als traurig) empfunden wird, das korreliert praktisch überhaupt nicht mehr (oder sogar negativ) mit den Geldwertschätzungen. Der Zusammenhang von ökonomischem und ästhetischem Wert ist hier, wo der ökonomische Wert nur <u>vermutet</u> wurde, kaum oder nur wenig enger als im Fall der realen Geldwerte; er bleibt noch immer ziemlich gering,

und die ästhetischen Urteile einer Person eignen sich nur sehr begrenzt bis gar nicht als Prädiktoren für die ökonomischen Wertungen der gleichen Person.
Das ist aber doch wohl nicht erstaunlich. Die Semantik und Ästhetik, die kulturelle und "persönliche" Bewertung von Alltagsgegenständen ist eben keine einfache Funktion ihrer Tauschwerte, sondern, wie es scheint, auch in diesem Objektbereich eine relativ autonome Sphäre der Bedeutung und Bewertung der Welt. Es wäre eher verwunderlich, wenn es sich in einer funktional differenzierten Gesellschaft anders verhielte.

3. Natursteine als Wertzeichen: Auch eine Semiotik der Landschaft

In anderen Hinsichten hat die Ästhetik der Natursteine aber doch etwas mit ökonomischen Werten zu tun. Auch im Hinblick auf die Natursteine kann man die Stadtästhetik (im weitesten Sinne) als Spiegel der Stadtökonomie lesen. Das ist in folgendem Sinne gemeint.

Geschäftsstraßen, zumal die Citystraßen, sind durch einen hohen Besatz an Natursteinen gekennzeichnet. Auf 200 m Straßenfront in der "Großen Straße" Osnabrücks z.B. findet man an den Fassaden fast 20 Gesteinsarten und 500 qm Natursteinfläche. Unter diesen Gesteinsarten befinden sich (wie wohl in allen Citystraßen westdeutscher Großstädte) auch so malerische und auffällige wie z.B. hellgrün marmorierter dunkelgrüner Serpentinmarmor, bläulich schillernder Augitsyenit und dunkelrote Granite. Heute sind fast alle Kontinente vertreten. Wenn man die wichtigsten Herkünfte (die man bei den örtlichen Natursteinfirmen erfragen kann) in einer Weltkarte einträgt und dabei die zeitliche Abfolge einbezieht, erhält man ein räumliches Bild des expandierenden Weltmarkts.

Nicht nur, daß bestimmte Branchen ihre jeweilige Fassadengesteinsästhetik ausprägen; man vergleiche in dieser Hinsicht nur einmal Textilhäuser und Juweliere (wobei man freilich berücksichtigen muß, daß die Nutzung eines Ladenlokals sich ändern kann, ohne daß die Fassade erneuert wird; auch ehemalige Metzgereien und Juwelierläden sind dann aber oft noch lange an ihrem spezifischen Gesteinsbesatz zu erkennen). Die Straßen und Straßenabschnitte unterschieden sich aber auch insgesamt. Sobald wir z.B. aus den Haupt- in die Nebengeschäftsstraßen einbiegen, nimmt der Natursteinbesatz oft rapide ab. Er scheint oft in mehreren Hinsichten zu verarmen: Die Zahl der Gesteinsarten wie die Natursteinfläche insgesamt nehmen ab, und die Gesteinsarten scheinen oft auch billiger und schäbiger zu werden.

Der Besatz an Natursteinen hat also offensichtlich etwas mit dem Rang einer Geschäfts- oder Citystraße zu tun. Die Anmutung von Rang und Wert, die von dieser örtlich vermehrten Natursteinverwendung ausgeht, hat auch direkt etwas mit Geldwerten zu tun: Schon Natursteine mittlerer Preislage sind teurer als Putz, Klinker, Glas und Eloxal.

Hinter der Oberflächenschönheit der Fassadensteine kann man also wohl eine semantische "Tiefenstruktur" vermuten: Den ökonomischen Wert dieser Stelle im Wertgefälle und Wertmosaik einer Stadt, wie er sich unter anderem in den Bodenpreisen niederschlägt. Was die (auf Daten von 1981 beruhende) Tabelle 2 zeigt, kann man überall rasch ermitteln. Im Prinzip reicht es, für einige Geschäftsstraßen bzw. Straßenabschnitte unterschiedlichen Ranges die Zahl der Gesteinsarten und die Bodenpreise zu notieren. Der unterschiedliche Rang der ausgewählten Straßenabschnitte wurde in der Tabelle mit Hilfe einiger Indikatoren ausgedrückt, die in der Stadtgeographie seit langem bekannt sind (siehe Text zur Tabelle). Die Tabelle enthält außerdem die Fläche, die die Gesteine - schätzungsweise - einnehmen, sowie den ungefähren Preis dieser "Fassadenveredlung" in DM. (Die Preise der Gesteine kann man bei einer örtlichen Natursteinfirma erfahren.) Natürlich muß man denkmalgeschützte Fassaden ausklammern. Um die Tabelle leichter lesbar zu machen, wurden alle Werte einer Spalte auf den höchsten Wert der Spalte (=100) bezogen.

Man erkennt leicht und schon ohne alle Korrelationsrechnung, wie der Natursteinbesatz und die petrographische "Kostbarkeit" der Fassaden mit dem (über Indikatoren gemessenen) Rang der Geschäftsstraße und vor allem mit dem Bodenpreis ansteigen.

Im übrigen genügt es vollkommen, die Anzahl der Gesteinsarten und/oder die mit Natursteinen besetzte Fläche zu berücksichtigen; die Preise der Steine kann man beiseite lassen. Das stimmt mit den Ergebnissen des vorangehenden Kapitels überein.

Der konkrete Stein visualisiert also hier den abstrakten Bodenwert, und das heißt auch: die Renditeerwartungen und Investitionsbereitschaften des Kapitals im Bodennutzungsgefüge einer Stadt. Hier ist Veblens "finanzielle Schönheit" Stein geworden. Die Natursteine an den Straßenfassaden visualisieren auf diese Weise eine fundamentale Struktur der modernen westlichen Stadt. Wir haben es übrigens auch an den Geschäftsstraßen kleinerer Städte nachgeprüft.

Man kann also auch hier die Natursteine als Zeichen (und zwar diesmal sogar als "Wertzeichen", als Zeichen eines ökonomischen Wertes) lesen, und das, was wir getan haben, war so etwas wie "une interprétation sémiologique du paysage".

Natursteinbesatz

Straßenfrontabschnitte	Natursteinbesatz			Boden-preis	Nutzungs-Indikatoren			
	Anzahl	Fläche	Wert					
	1	2	3	4	5	6	7	8
1. Große Straße 1-13	100	100	100	100	100	100	81	100
2. Johannisstraße 111-123	54	56	58	17	55	78	73	67
3. Johannisstraße 127-133	54	45	48	14	54	94	58	67
4. Hasestraße 28-34	39	43	50	10	35	82	61	50
5. Möserstraße 37-49	23	40	43	12	35	90	100	50
6. Johanniswall 12-19	23	17	15	5	37	60	48	50
7. Iburger Straße 44a-52	23	13	11	4	33	56	42	33
8. Meller Straße 21-35	8	1	1	3	20	53	32	33
9. Iburger Straße 81-89	8	9	11	3	20	56	32	33
10. Meller Straße 99-115	8	1	0	3	17	39	29	50

Tabelle 2: Straßenfrontabschnitte in Osnabrücker Geschäftsstraßen (je 100m); eingetragen sind:

Die Anzahl der verwendeten Gesteinsarten, die Fläche und der Wert der Natursteine, die an den Fasaden angebracht sind, ferner der Bodenpreis sowie einige "Nutzungsindikatoren": Spalte 5 Schaufensterindex (Schaufensterlänge durch Hausfrontlänge), Spalte 6 Geschäftshausdichte (Anzahl der Läden durch Anzahl der Häuser), Spalte 7 CBD-Hight- oder Citynutzungsindex (Straßenfrontlänge aller Geschosse mit Citynutzung durch Länge der Straßenfront), Spalte 8 mittlere Ausstattungsqualitäten und Spezialisierungsgrade der Geschäfte (4stufige Skala). Zur besseren Vergleichbarkeit wurden die höchsten Werte in jeder Spalte gleich 100 gesetzt; die Zahlen sind gerundet. Schon beim Vergleich der Spalten erkennt man gut den engeren Zusammenhang der "Fassadenveredelung mit Natursteinen" mit den Bodenpreisen und dem Rang der Geschäftsstraße; vgl. Text.

4. Gesteine als Medien

Die beschriebenen semantischen Tests können uns daran erinnern, daß man auch mittels Gesteinen (oder mittels einer Kollektion oder Konfiguration von Steinen, also mit "Steinbildern") Abstrakta symbolisieren, etwa Bedeutungen, Werte, mentale Zustände, Gedanken und Gefühle darstellen kann; man kann z.B., um nur ganz Banales zu nennen, "Fröhlichkeit" oder "Traurigkeit", "Wärme" oder "Kälte", "Ruhe" oder "Unruhe", "Kostbarkeit" oder "Banalität", "Eleganz" oder "Rustikalität", "Schlichtheit" oder "pompösen Charakter" ausdrücken und darüber hinaus mindestens all das, was in den Gesteinsbeschreibungen der Studenten vorkam. All diese Bedeutungen kann man natürlich auch auf andere, sehr unterschiedliche Weise in unterschiedlichen Kodes oder Medien symbolisieren: Durch Worte, Töne, Farben usf., aber, wie man leicht sieht, auch durch Steine. Man kann solche Stein-Symbole folglich auch zu komplexeren Aussagen verbinden, ihre Konnotationen (die wir andeutungsweise expliziert haben) auch in ungewöhnlicher, widerspruchsvoller, provozierender ... Weise einsetzen - usf. Das ist in alter und vor allem in moderner Kunst denn ja auch reichlich geschehen.

"Traurigkeit", "Witz", "Schönheit", "Häßlichkeit" etc. darzustellen oder zum Ausdruck zu bringen, das ist noch nicht in jedem Fall eine <u>künstlerische</u> Tätigkeit oder Kodierung. Wann wird es aber eine <u>künstlerische</u> Tätigkeit? Wenn (um eine Formulierung Luhmanns aufzugreifen) die "Botschaft" <u>nicht</u> einfach auf ein konventionelles (und deshalb im Hintergrund der Aufmerksamkeit verbleibendes) Medium zurückgreift; wenn vielmehr <u>zugleich</u> mit der Botschaft auch das Medium-für-diese-Botschaft geschaffen und als Medium wahrnehmbar gemacht wird. Anders gesagt: Wenn man die Botschaft nur zugleich mit dem Medium oder das Medium (oder die Differenz Medium/Botschaft) als die Botschaft begreifen kann. Wenn ein Künstler das Medium "Gestein" entdeckt, dann hat er zumindest für sich selbst ein neues Medium-für-Botschaften, also auch eine neue Möglichkeit ästhetischer Kodierung und Erfahrung entdeckt.

Das kann man nun wahrscheinlich quer durch die Gegenwartskunst hindurch illustrieren - von Ulrich Rückriem bis Richard Long und Richard Serra; es genügt <u>ein</u> Beispiel, auch ein weniger prominentes. In den Hamburger Deichtorhallen war 1989 ein Werk von Giovanni Anselmo (geb. 1934) zu sehen. Es bestand aus drei nebeneinander stehenden Platten (ca. 2m hoch und 1.20m breit) eines rötlichen, eines grünlichen und eines dunklen (grauschwarzen) Gesteins; die Vorderseiten waren jeweils geschnitten und matt, die schmalen Seitenflächen poliert und glänzend. Als Material war angegeben: "Granit (Balmoral-Rot, Aosta-Grün, Afrika-Schwarz)". Balmoral-Rot usf. sind die zugehörigen Handelsnamen.

Der Titel des Werkes lautete: "Il colore mentre solleva la pietra, la pietra mentre solleva il collore". Wörtlich übersetzt heißt das: Die Farbe, während sie den Stein emporhebt, der Stein, während er die Farbe emporhebt; man kann dieses "emporheben" unter anderm wohl auch verstehen als: ausdrücken, darstellen, meinen. Das Verhältnis von Farbe und Stein, wie es hier formuliert wird, entspricht dem mehrdeutigen Verhältnis von Botschaft und Medium im Kunstwerk: Medium und Botschaft sind gleichzeitig geschaffen, zugleich gegenwärtig und bedeutsam; das Medium kann die Botschaft und die Botschaft das Medium werden, und (direkt oder indirekt) wird auch die Differenz zwischen Medium und Botschaft thematisiert. Wie so oft und in der Moderne vielleicht fast immer hat das Kunstwerk die Kunst, also sich selber zum Thema, und dies diesmal im Medium Gestein.

Einen solchen Wechsel in dem, was Medium und was Botschaft ist (oder in dem, was Grund und was Figur ist) kann man auch bei der Gesteinsverwendung im Osnabrück des 19. und 20. Jahrhunderts beobachten: Im 19. Jahrhundert akzentuiert und schmückt der Ziegel das alte und normale Kalksteinmauerwerk; seit etwa 1900 und vor allem in der Zwischenkriegszeit schmückt dann der altheimische Kalkstein nicht selten das inzwischen normal und üblich gewordene Ziegelmauerwerk.

5. Natursteine als Zeitzeichen - Natursteinverwendung als Symbolisierungsprozeß

In allen Städten und auf allen Friedhöfen Mitteleuropas (und wohl auch ganz Europas) kann man verfolgen, wie sich das Spektrum der verwendeten Natursteine im Verlauf der Geschichte drastisch verändert hat. Lange Zeit wurden lokale und regionale Ressourcen ausgeschöpft; erst mit Industrialisierung, Urbanisierung und Eisenbahntransport beginnen "eingeführte" Natur- und vor allem Werksteine wichtiger zu werden; in Osnabrück praktisch erst im letzten Drittel des 19. Jahrhunderts.

In der älteren Zeit, so nimmt man gewöhnlich an, waren die zeittypischen Selektionen vor allem durch (polit)ökonomische und technische Kriterien bestimmt, und erst seit dem späten 19. Jahrhundert wurde die Natursteinverwendung in stärkerem Ausmaß auch das Ergebnis einer ästhetischen und nicht nur funktionalen Wahl; man selektiert nun viel stärker als zuvor auch aufgrund von nicht-ökonomischen und nicht-technischen Gesteinsbedeutungen und Konnotationen.

Dieses Gesamtbild ist sicher zu einem guten Teil richtig, und deshalb berücksichtigt die folgende Illustration vor allem die Zeit seit etwa 1900. Man kann beobachten, wie die alten lokal-regionalen Gesteine Osnabrücks seither mehr als zuvor zu Bedeutungsträgern geworden sind und aufgrund ihrer Konnotationen als Zeichen benutzt werden. Dazu kann man wohl in fast jeder europäischen Stadt Parallelen finden.

Die alte Osnabrücker Baugeschichte ist vor allem von einem Kalk- bzw. Mergelstein (dem Wellenkalk) und zwei Sandsteinen geprägt. Im mittelalterlichen und frühneuzeitlichen Osnabrück dominierte der plattige, hellgraue, hellgelbe bis "dottergelbe" mergelige Wellenkalkstein (aus dem unteren Muschelkalk): Dieser spröde Stein ist als Werkstein unbrauchbar und wurde normalerweise als Bruchstein verwendet, kann aber zur Verwendung im Sichtmauerwerk hausteinmäßig zugeschlagen werden. Die ehemaligen Steinbrüche lagen wenige hundert Meter bis anderhalb Kilometer vor den Toren der alten Stadt.

Aus diesem nahen und billigen Wellenkalk war die alte Stadt im wesentlichen gebaut: alle ihre Wehranlagen, die Brandmauern der Altstadthäuser, die z.t. turmartigen, brandsicheren Steinhäuser ("Steinwerke") hinter den Fachwerkhäusern, die Außenmauern der Kirchenschiffe bei den Bürger- und Bettelordenskirchen (hier z.t. unter Putz, sonst unverputzt). Bis weit in die 2. Hälfte des 19. Jahrhunderts war das "normale" Osnabrücker Mauerwerk aus diesem Stein, und die Sandsteine erschienen nur als Rahmen und Laibungen von Türen und Fenstern, an den Hauptfassaden aufwendigerer Bauten auch als Gesimse, Ecklisenen und andere Gliederungen. Daß man dem Wellenkalk keine (im weitesten Sinne) ästhetischen Qualitäten abgewann, geht auch daraus hervor, daß man ihn soweit wie möglich versteckte, ihn also zumindest an den Hauptfassaden verputzte und ihm im 18. und frühen 19. Jahrhundert an den repräsentativeren Schaufassaden Sandsteinquader vorblendete, auch bei Bürgerhäusern.

Das änderte sich in den 50er Jahren des 19. Jahrhunderts. Da erscheint dieses Gestein in den Bauten des Stadtbaumeisters (auch an seinem eigenen Wohnhaus!), und zwar so demonstrativ als Haustein im Sichtmauerwerk der Hauptfassaden, daß man an bewußte "gestalterische" Verwendung denken muß; es ist mir allerdings nicht bekannt, ob man die Intention (die für diese Zeit nicht mehr ganz ungewöhnlich wäre) direkt belegen kann. Auch anderswo war damals der Naturstein aufgewertet worden.

Während der Wellenkalk auf diese Weise eine ästhetische Note gewinnt, beginnt er seine angestammte Rolle als vorherrschendes Osnabrücker Baumaterial zu verlieren und wird in dieser herkömmlichen Rolle um und nach 1880 vom Ziegelstein verdrängt; in der weiteren Architekturgeschichte Osnabrücks wird der lokale Wellenkalk dann sozusagen nicht mehr traditional, sondern fast nur noch traditionalistisch verwendet. Kurz, damals begann man dem Gestein etwas anzusehen, was dem heutigen Architekturhistoriker und Denkmalpfleger ganz offensichtlich ist: "Die eigentümliche Schönheit des Materials, die in seiner warmen gelben Tönung und der lebendigen Struktur im Mauerverband besteht" (Kämmerer 1986, S. 35).

Die erste ästhetische Entdeckung des Gesteins war nicht nachhaltig - sie endete mit dem Regiment des Stadtbaumeisters Richard. Man erkennt es schon daran, daß der Wellenkalk dort, wo man ihn noch verwendete und nicht schon mit Ziegelstein mauerte, meist wieder unter Putz geriet. Er erscheint aber um 1900 wieder, in einer stilgeschichtlich bemerkenswerten Phase der Gründerzeit: Damals begannen sich die Fassaden gründerzeitlicher Bauten, auch und gerade auch die der Bürgerhäuser, "nationalromantisch" und regionalistisch einzufärben; die Dachpartien verwinkelten sich altdeutsch und malerisch, an den höheren Stockwerken wurde Fachwerk appliziert, und zugleich erscheint - vor allem an den unteren Stockwerken - als eine Art von Schmuckmotiv auch der regionale Naturstein wieder, und zwar nicht selten in expressiver Weise rustiziert, d.h. mit roh belassener und bossierter Vorderseite (Abb. 1). An Häusern des Jugendstils (im weitesten Sinne) sieht man aber nicht nur den

Abb. 1:
Rustizierter heimischer Kalkstein an einer spätgründerzeitlichen Putzfassade (alle Fotos zeigen Osnabrücker Beispiele)

Mergelkalkstein des unteren Muschelkalks; im gleichen Augenblick tauchen in gleicher ästhetischer Funktion auch die anderen alten lokalen Gesteine wieder auf. Diese regionalistische Ästhetik oder ästhetische Regionalisierung dehnte sich damals sogar auf ein lokales Gestein aus, das zuvor (wegen seiner Härte) nie als Baustein benutzt worden war: nämlich auf den quarzitischen und oft konglomeratischen Kohlensandstein vom Piesberg (Abb. 2).

Abb. 2:
Quarzitischer Karbon-Sandstein vom Piesberg am Sockel eines spätgründerzeitlichen Wohnhauses

Er war im Verlauf der Gründerzeit zum Pflasterstein Osnabrücks geworden und hatte gerade seine große Karriere als Schottermaterial für Eisenbahn- und Straßenbau begonnen; aber nun wird er in malerischer, expressiver Weise (und in oft großen Blöcken) genutzt, um die "Schwere" des Gebäudesockels hervorzuheben. In einer Zeit, als in Osnabrück schon Werksteine von weither verwendet wurden, darf man das eine "regionalistische" Gesteinswahl nennen.

Abb. 3, 4: Schlichtes surburbanes Einfamilienhaus von 1952 mit heimischen Kalkstein als Eckbetonung

Die dekorative Applikation von quarzitischem Karbonsandstein ("Piesbergquarzit") war im wesentlichen bloß ein Phänomen des spätgründerzeitlichen Bauens, der Wellenkalkstein indessen blieb en vogue - so sehr, daß ein Osnabrücker Bürger 1952 folgendes Resümee ziehen konnte: "Erst in neuester Zeit ist das schön gelb gefärbte Gestein beim Kirchenbau und Bau von öffentlichen Gebäuden in der Achtung der Bauherren und Baumeister zum Werkstein emporgestiegen und tritt damit erst jetzt (!) als wirklich kennzeichnender Baustein (!) der Stadt Osnabrück deutlich hervor" (Imeyer 1952, S. 26). Mit anderen Worten, der traditionelle Stein ist erst in traditionalistischer Verwendung zum "wirklich kennzeichnenden Baustein" Osnabrücks geworden.

Abb. 5:
Teilweise bossierter Kalkstein am Sockel eines Zweifamilienhauses (am Erker hochgezogen!); 1930

Daß der zitierte Satz in den frühen fünfziger Jahren geschrieben wurde, ist nicht ganz zufällig. Der Wiederaufbau Osnabrücks folgte wie in vielen anderen Städten bis gegen 1957 weithin einer Art von zurückhaltend-schlichtem Heimat(schutz)stil, entsprach also dem sogenannten "angepaßten Bauen", das später so viel verlästert wurde, aber heute wohl wieder mit mehr Respekt betrachtet wird. Auch das war eine Art von Regionalismus, und er brachte auch die lokal-regionalen Gesteine wieder zu Ehren, und zwar neben den Sandsteinen auch den Wellenkalk: Am Sockel, an den Gebäudekanten, zuweilen auch als Tür- und Fensterrahmen, und zwar nicht nur beim Wiederaufbau und im sozialen Wohnungsbau, sondern auch in den neuen Eigenheim-Quartieren. Abb. 3 und 4 zeigen ein Eigenheim aus dem gleichen Jahr, in dem der Osnabrücker Geologe Imeyer dieses "schön gelb gefärbte Gestein" als "wirklich kennzeichnenden Baustein der Stadt Osnabrück" ansprach.

Abb. 6:
Sockel und Türumrahmung aus Kalkstein (mit Bossenquader am Türsturz) an schlichtem Geschoßwohnungsbau; 1953

Abb. 7, 8:
Lutherkirche (1900-1907) aus heimischen Kalkstein, wirkungsvoll an eine Ausfallstraße gestellt. Abb.: 8: **Blick aus der Seitenstraße auf "Querschiff" und Turm**

Zwischen 1900 und der frühen Nachkriegszeit hat das traditionalistische Bauen in Osnabrück aber nie ausgesetzt, und immer war es von der Applikation traditioneller Bausteine, zumal des lokalen Kalksteins begleitet (als zwei Beispiele unter zahllosen möglichen: Abb. 5, 6); man setzte ihn in den zwanziger Jahren sogar als hellen Akzent in Backsteinfassaden und Backsteinornamente ein.

Abb. 8

Im zitierten Text war aber auch von der Verwendung des Kalksteins "beim Kirchenbau und Bau von öffentlichen Gebäuden" die Rede. Ein Beispiel mag genügen: die Lutherkirche (Abb. 7,8). Sie wird im "Handbuch der deutschen Kunstdenkmäler" (Bd. Bremen, Niedersachsen; Darmstadt 1977, S. 736) als ein "bemerkenswerter Bau des Jugendstils ... im Charakter einer Burg" charakterisiert - mit dem bemerkenswerten Zusatz: "aus heimischem Bruchstein" (Abb. 7,8). Der Kirchenbau ist - am gründerzeitlichen Stadtrand - wirkungsvoll an eine weithin überschaubare Ausfallstraße gestellt. Ein Architekturhistoriker bemerkt, die Kirche sei, "der örtlichen Tradition folgend, ganz im Muschelkalkhaustein ausgeführt"

(Kämmerer 1986, S. 141); er setzt also auch ganz ohne direkten Beleg eine bewußt traditionalistische Gesteinswahl des Hannoveraner Architekten voraus. "Ganz in Muschelkalkhaustein ausgeführt" waren im alten Osnabrück aber nur die Wehrbauten (die Mauern, die Türme und die Schildmauern der Wälle). Wenn man sagen kann, daß der Architekt "der Tradition folgt", dann kann man also wohl auch hinzufügen, daß seine Gottesburg-Kirche eine phantastisch überhöhte und verfremdende, romanisierende Jugendstil-Anspielung auf die schon damals nur noch rudimentär erhaltenen Wehrbauten des alten Osnabrück ist: alles in allem ein eindrucksvolles Beispiel sowohl für das, was man "monumentalen Historismus", wie für das, was man "monumentalen Regionalismus" nennt.

Die lokalistisch-regionalistische Konnotation des Wellenkalksteins ist (wie viele Konnotationen "architektonischer Zeichen") allerdings hochgradig kontextabhängig. Auch beim "Reichsdienstgebäude" von 1928-30 (dem heutigen Finanzamt) hat der Architekt auf den gleichen heimischen Stein zurückgegriffen und insofern, wenn man will, "die Tradition respektiert" (vgl. Kämmerer 1986, S. 94); aber in diesem Kontext (ein massiger, axialsymmetrischer, langgestreckter Baukörper mit monumentalem Dachgesims und turmartigen Risaliten, die mit Reichsadler und Kolossalgebälk abschließen) paßt sich der Wellenkalk - trotz des "warmen Tons", der ihm so gerne zugeschrieben wird - ohne Widerspruch in eine kühle obrigkeitliche Semantik ein (Abb. 9, 10).

In ähnlicher Weise wie beim Wellenkalk kann man die traditionalistische Umdeutung bei den anderen traditionellen Bausteinen Osnabrücks verfolgen, z.B. beim sogenannten Osning-Sandstein, einem feinkörnigen und leicht verwitternden, hellgrauen bis bräunlichen, oft braun geflammten und marmorierten Sandstein aus der Unterkreide des Teutoburger Waldes. Er erscheint an den ältesten und - im Gegensatz zum Wellenkalk - auch noch an einigen der jüngsten Gebäude Osnabrücks. Vom hohen Mittelalter bis um 1500 ist er in Iburg und Osnabrück der Stein der fürstbischöflichen Bauten, zumal des Osnabrücker Doms, und er wird nach dem 30jährigen Krieg der Werkstein des fürstbischöflichen Schlosses und der Stadthäuser des Adels. Trotzdem ist dieser Stein für diejenigen Osnabrücker, die etwas mit ihm verbinden, nicht herrschaftlich, sondern bürgerlich konnotiert: Denn der Osningsandstein war in der baufreudigen Zeit zwischen etwa 1780 und 1820 der Fassadenstein der klassizistischen Osnabrücker Bürgerhäuser, also auch der Baustein der "Möser-Zeit" - d.h. einer Epoche, mit der sich das traditionsbewußte Osnabrücker Bürgertum bis heute stark identifiziert.

Abb. 9, 10: "Reichsdienstgebäude" (1928-30), heute Finanzamt, aus dem gleichen lokalen Kalkstein; s. Text

Ein Revival des Osning-Sandsteins (aber auch der anderen "Heimatsteine") deutet sich in jüngster Zeit an - und zwar bezeichnenderweise an "postmoderner", mit Historismen und Regionalismen spielender Architektur. Beim neuen Gebäude der Stadtsparkasse im Kern der City z.B. wurde bewußt auf eben jenen Stein zurückgegriffen, der auch schon die klassizistische Fassade des älteren Sparkassengebäudes in der Krahnstraße verziert - ein ehemaliges Bürgerhaus aus der erwähnten prestigestarken "Möser-Zeit" (Abb. 11, 12).

Überhaupt tritt zur Zeit der lokal-regionale Naturstein vielerorts wieder hervor - im Kunstwerk (Abb. 13), als Boutiquendekor (Abb. 14) und natürlich auch an den Fassaden, und hier nicht selten rustiziert, d.h. mit roh belassener Vorderseite; in sprechender Weise z.B. an der neuen Fassade eines jüngst eingerichteten vegetarischen Naturkostrestaurants am Rosenplatz (Abb. 15). Wie Vitamine und Salate, so können, wie es scheint, auch (sozusagen naturbelassene) Natursteine "Natur" und "Gesundheit" symbolisieren.

Abb. 11:

Osnabrücker Bürgerhaus des Klassizismus (um 1790); Fassade mit Quadermauerwerk aus Osning-Sandstein (ursprünglich vor Kalkstein-Bruchmauerwerk vorgeblendet); heute Stadtsparkasse

Besonders detailliert kann man die expressiven, ästhetischen, indikatorischen u.a. Funktionen der Natursteine, kurz, ihren Charakter als Zeit-, Stil- und Wertzeichen, z.B. auf alten Friedhöfen verfolgen; dazu gehört auch die bemerkenswerte Aufhellung des Grabsteinspektrums in jüngerer und jüngster Zeit. Überdies kann man zeigen, wie seit etwa 1900 bestimmte architekturgeschichtliche Tendenzen ihre je eigenen Naturstein-Präferenzen entfalteten: nicht nur traditionalistisches oder "postmodernes" Bauen, sondern z.b. auch der späte ("klassizistische") Jugendstil, der"monumentale Historismus", die nationalsozialistischen Repräsentationsbauten und sogar der Funktionalismus (wenn man ihn nicht zu eng definiert). Selbst in kleinen nordwestdeutschen Städten, die außer eiszeitlichen Geschieben keine lokalregionalen Natursteinressourcen besitzen, haben der Heimatstil, der Funktionalismus und die mehr oder weniger postmoderne Architektur je ihr eigenes Natursteinspektrum, das (unter anderm) auch ästhetisch-stilistischen Kriterien folgt. In Cloppenburgs Innenstadt z.B. ist für den Heimatstil der 50er Jahre vor allem des

Abb. 12:

Neues Gebäude der Stadtsparkasse aus dem gleichen Osning-Sandstein: bewußte "regionalistische" Natursteinwahl an "postmoderner" Architektur

Osning-Sandstein charakteristisch, während man gleichzeitig an Fassaden mit modernem Design z.B. die bekannten schmalen "Riemchen" (meist aus Solnhofener Plattenkalk) oder auch Kunststeine findet (die späterhin überhaupt nicht mehr verwendet wurden); an puristisch-"funktionalistisch" modernisierten Fassaden glänzen polierte weiße Marmore, kleinflächiger auch polierte Magmatite, und in den 80er Jahren kamen dann aufgerauhte Gesteinsoberflächen in Mode sowie roh, ja expressiv wirkende Gesteinsarten: z.B. grauer Nagelfluh aus den Alpen (ein mit "natürlichem Zement" verfestigter Schotter).

Abb. 13: "Regionalistische" Verwendung des quarzitischen Karbon-Sandsteins vom Piesberg (auf Stahlplatten der heimischen Stahlindustrie) an einer "Kunst im öffentlichen Raum". Das Kunstwerk ist in Anspielung auf das bekannte Buch von Lévi-Strauss betitelt mit: "Das Rohe und das Gekochte" (wobei offensichtlich der Stein das "Rohe", der Stahl das "Gekochte" repräsentiert).

Das Thema "Natursteinverwendung als Symbolisierungsprozeß" ist an sich sicher keine Neuigkeit; allein schon, was die Architektur im Nationalsozialismus angeht, ist es oft verhandelt worden, und ebenso, was z.B. die Natursteinverwendung im regionalistischen Bauen (seit etwa 1900) betrifft. Es schien mir aber sinnvoll, durch eine Illustration am beliebigen lokalen Beispiel deutlich zu machen, daß es sich um ein fast allgegenwärtiges Phänomen handelt.

Abb. 14:
Lokaler Karbon-Sandstein als Ladendekor in Osnabrück

Abb. 15:
Roh behauener regionaler Sandstein (hier: Karbonsandstein aus Ibbenbüren) konnotiert "gesunde Natur".

6. Der geographische Blick als ein Symbolisierungsprozeß

Das Interesse an der Semantik der Gesteine (wie überhaupt an der Alltagssemantik alltäglicher Gegenstände) hat etwas mit Geographie zu tun. Um es vorweg zu formulieren: Es wurzelt in einem der brisanten Dualismen, die die Geographie seit ihrer Existenz als Wissenschaft - d.h., mindestens seit zwei Jahrhunderten - begleiten: Im Dualismus einer szientifischen und einer alltagsweltlich-alltagssprachlichen Weltbeschreibung. Diesen Dualismus gibt es auch anderswo, aber aufgrund einer exzeptionellen Disziplingeschichte ist er in der Geographie wohl ausgeprägter als in vielen anderen Universitätswissenschaften. Die Geographen haben immer wieder auf dieses Problem reagiert, und die wohl fruchtbarste Reaktion bestand darin, einen doppelten, sozusagen stereoskopischen Blick an die geographischen Forschungsgegenstände anzulegen und beispielsweise auch physisch-geographische Gegenstände nicht nur als materielle, sondern auch als "Perzeptionsphänomene" zu studieren - oder, wie es jüngst formuliert wurde, zugleich mit der Ökologie einer Landschaft auch ihre "interprétation sémiologique" zu berücksichtigen.

Nicht jeder Geograph, der sich zur Perzeptionsforschung oder, allgemeiner gesagt, zur Welt der Symbole hingezogen fühlte, wird sich im klaren darüber gewesen sein, daß er nicht einer persönlichen Vorliebe folgte, sondern der Logik des Faches, d.h. hier: einer in der Kerntheorie der Disziplin angelegten Denkfigur. (Disziplinäre Denkstrukturen dieser Art könnte man nach Foucault auch als das Unbewußte einer Disziplin bezeichnen.) Diese Andeutungen sollen im folgenden noch etwas präzisiert werden.

Nichts Reales, was nicht auch Symbol sein könnte ("Symbol" hier im weiten und unspezifischen Sinn von "Zeichen", von "etwas, das auf etwas anderes verweist"). Dabei braucht man sich, was die "Realität" angeht, keinerlei Beschränkung aufzuerlegen. Man braucht vor allem die "Realität" nicht aufs Physisch-Materielle zu reduzieren. Symbol oder Zeichen können auch Realitäten aus anderen Welten sein: Nicht nur hard ware, sondern auch soft ware kann als Zeichenträger fungieren, nicht nur Physisch-Materielles, auch Mentales (z.B. Bewußtseinsinhalte, "Gegenstände des Bewußtseins") und Gegenstände aus Poppers "Dritter Welt" (in altertümlicher Sprache: die Welt des objektiven Geistes, z.B. Ideen und soziale Institutionen) können Signifikanten für Signifikate, eben "Symbole" werden.

Umso mehr der Gegenstand oder die Gegenstände der Geographie. Für den klassischen Geographen - und noch für viele Geographen von heute - besteht der Gegenstand der Geographie (oder bestehen die Gegenstände der Geographie) aus physisch-materiellen Gegenständen; z.B.: die Erdoberfläche; die dinglich erfüllten Erdräume; die Länder und Landschaften der Erde; die Landschaft; der Raum. All diese Gegenstände kann man auch anders (als Gegenstände der "zweiten" und "dritten" Welt Poppers) interpretieren, aber fürs Verständnis des Geographen waren und sind das durchweg physisch-materielle Gegenstände. Auch wo die Geographie als die Untersuchung einer Relation gesehen wurde - z.B. das Studium des Mensch-Natur-, Mensch-Raum-, Gesellschaft-Raum-Verhältnisses - da wurde zumindest das eine Relat als ein physisch-materieller Gegenstand gedacht. Wo Geographiedidaktiker in propagandistischer Verzierung der akademischen Geographie ein oberstes Lernziel "Raumverhaltenskompetenz" kreiert haben, meinen sie mit "Raum" ebenfalls etwas Physisch-Materielles und/oder doch Verhältnisse in der physisch-materiellen Welt.

Diese Materialitäten wurden und werden aber zumindest im Kern der Geographie (bzw. da, wo die Geographen beim Kern der Geographie zu sein glauben) nicht oder doch nicht nur naturwissenschaftlich behandelt - nicht (nur) physikalisch, nicht (nur) chemisch, mineralogisch, molekularbiologisch, genetisch, botanisch, zoologisch, paläontologisch, geologisch ... Selbst Physische Geographen konnten und können ihre Gegenstände nicht einfach, umstandslos und offensichtlich auf diese Weise naturwissenschaftlich behandeln, sonst gerieten und geraten sie, wenn sie sich <u>als Geographen</u> legitimieren müssen, in Legitimationsnöte und verwandeln sich jedenfalls tatsächlich in Nicht-Geographen - was viele allerdings heute nicht mehr juckt.

Eine Wissenschaft von physisch-materiellen Beständen also sollte es sein, aber eine Naturwissenschaft sollte es doch nicht sein, zumindest keine <u>bloße</u> Naturwissenschaft und jedenfalls keine der außerhalb der Geographie schon bestehenden oder künftig noch entstehenden Naturwissenschaften. Was aber kann das heißen: Physisch-Materielles <u>nicht</u> naturwissenschaftlich betrachten? Außerhalb der Wissenschaft ist es ziemlich klar, was das bedeutet: Etwas alltagsweltlich, d.h.: nicht-wissenschaftlich betrachten. Aber was heißt es <u>in</u> der Wissenschaft, physisch-materielle Gegenstände zwar wissenschaftlich, aber <u>nicht</u> naturwissenschaftlich zu betrachten? Die Antwort kann, zumindest in erster und guter Annäherung, nur heißen: die Gegenstände <u>deuten, interpretieren</u>; die physisch-materiellen Gegenstände als Gegenstände von Semiosen ("Symbolisierungsprozessen") betrachten: Landschaften z.B. nicht als Aggregate physisch-materieller Gegenstände und physiko-chemischer Prozesse, sondern z.B. als "objektivierter Geist", als Ausdrucksfelder und Schöpfungen von Volks- und Gruppengeistern (Schwind, Schmithüsen, Wirth) - oder, was offenbar weniger anstößig klingt, aber letztlich aufs Gleiche hinausläuft, als Seismogramme und Registrierplatten sozialer Prozesse (Ruppert & Schaffer), als Feld der Auslagerung von Ich-Anteilen zwecks Identitäts- und Heimatbildung (Weichhart) usw. usf. Auch die "Bausteine in der Landschaft" wurden schon auf solche Weise (nämlich als Ausdrucksphänomene) behandelt - nämlich in Anneliese Sieberts Buch über den "Baustoff als gestaltender Faktor niedersächsischer Kulturlandschaften" von 1969 (in den "Forschungen zur deutschen Landeskunde").

Die Geographie - eine Wissenschaft von physisch-materiellen Gegenständen, die aber keine Naturwissenschaft (weder Physik, noch Chemie, noch Biologie, noch Geologie, noch ...), überhaupt keine Naturwissenschaft unter Naturwissenschaften sein wollte - hatte also seit etwa zwei Jahrhunderten im großen und ganzen nur zwei Strategien zur Auswahl: nämlich entweder alltagsweltlich (d.h. Alltagswissen und folk science) oder aber eine Hermeneutik zu sein - und sei es eine Hermeneutik des Alltagswissens. Dabei ist mit "Hermeneutik" nun natürlich nicht eine Alltagspraxis gemeint (sonst wäre sie ja keine Alternative zum Alltagswissen, zur folk- und ethnoscience und zu den Alltagspraktiken der Wissensproduktion), sondern eine Kunstlehre samt Theorie, also eine Wissenschaft.

Was die Geographie und die Geographen tatsächlich oft taten, war, sich zwischen den unterschiedlichen Möglichkeiten unklar durchzulavieren. Denn keins von beiden konnte, wollte und durfte die Geographie explizit sein (wenigstens nicht auf die Dauer): weder Alltagswissen und folk science, noch eine Naturwissenschaft unter den bestehenden Naturwissenschaften, noch (z.B.) eine explizit hermeneutische Wissenschaft der Landschaften und Länder. Etwas sein müssen, was man weder sein kann, noch sein will, noch sein darf, das ist eine ziemlich unerquickliche Lage, die unter anderm oft eine verworrene Methodologie produzierte, eine Methodologie, welche immerfort formulieren und legitimieren mußte, was eigentlich nicht sinnvoll zu formulieren und legitimieren war, zumindest nicht mehr im Kreis der modernen Universitätswissenschaften.

So betrieben die Geographen - zumindest da, wo sie auch nach ihrer eigenen Meinung am geographischsten waren - am ehesten eine folk science, die man als eine Art "Alltagshermeneutik" der Natur, des Raums und der Landschaft bezeichnen konnte; sie kamen dem, was sie taten und eigentlich tun wollten, immerhin noch da am nächsten, wo sie sich (mit welchen Vokabeln auch immer) als eine "Theorie der Interpretation von Landschaften" verstanden, in der die Landschaft als "objektivierter Geist", d.h., als eine Symbolwelt auftrat. Noch die Arbeit von Anneliese Siebert über den "Baustoff als gestaltender Faktor niedersächsischer Kulturlandschaften" (von 1969) steht ganz in dieser Tradition einer - oft ästhetisierenden - "Hermeneutik der Kulturlandschaft". Auch eine Arbeit über Bausteine in der Landschaft zielte notwendig auf den in ihnen "objektivierten Geist".

Diese Kulturgeographie als Semantik der Kulturlandschaft griff allerdings oft auf gewagte Konstruktionen zurück: Die Gestalt der Kulturlandschaft wurde als eine Einheit betrachtet, wo alle Details "in innigem Einklang" stehen und die ein bestimmter Menschentyp "ganz aus seinem innersten Wesen heraus" geschaffen hat (Siebert 1969, S. 116). In einen solchen Rahmen konnte dann auch das speziellste

Thema eingespannt werden, etwa das Thema "Baustoff" bzw. "Natursteinverwendung": "Die vorliegende Arbeit", so beginnt das Vorwort des zitierten Buches, "will die charakteristischen Merkmale niedersächsischen Wesens sowohl an den Einzelformen als auch an der Gesamtgestaltung der Kulturlandschaften erkennen, ablesen und darlegen". Dazu gehören z.B. "die Bauwerke", aber auch "das Baumaterial". Beide vermögen "Wesenhaftes über das Volkstum auszusagen", welches "sowohl am einfachsten Bauernhaus als auch am größten architektonischen Kunstwerk zu erkennen" sei. Natürlich sind "die natürlichen Gegebenheiten ... in jedem Fall die Grundlage für Gestalt und Bild der Kulturlandschaft" (und so auch für den Baustoff) - aber andererseits stecken in allem (und so auch in der Natursteinverwendung) auch "die Fähigkeiten, Möglichkeiten und charakteristischen Eigenarten der ansässigen Bevölkerung", letztlich "die charakteristischen Wesenszüge niedersächsischen Volkstums" (ebd.), und diese sind dergestalt noch an den Details der Kulturlandschaft "abzulesen".

Man sieht, wie sich diese Hermeneutik der Erdoberfläche eine Art Gesamtkunstwerk (die Kulturlandschaft) imaginiert, das von einem Gesamtkünstler (dem Volkswesen) geschaffen wird; man erkennt ferner, daß dieses Gesamtkunstwerk nicht nur Faktum, sondern auch Norm ist, nicht nur ein Aestheticum, sondern auch ein Politicum sein muß: "Von hier aus kann dann auch Schutz und Pflege der gesamten gewachsenen Kulturlandschaft einsetzen, die Heimat und Umwelt des Menschen ist, wobei Stadt und Dorf gleichermaßen aufzunehmen sind" (ebd.). Und wie zu erwarten, wird für einen solchen, regionalistisch gefärbten ästhetischen Historismus sofort die Stadt zum Problem: Sie macht "größere Schwierigkeiten", "weil die Stadt mit ihrem reich differenzierten Kultur-, Sozial- und Wirtschaftsleben, ihrer größeren Empfänglichkeit für fremde Einflüsse und rascheren Wandelbarkeit ein ungemein bunteres Bild darbietet als das Dorf" - die Situation wird tendenziell unüberschaubar (ebd.).

Das klingt heute fast alles nach mythischer oder ideologischer Rede; wenn wir aber die Mythologeme und Ideologeme abziehen, die ohnehin empirisch nie einlösbar waren - vor allem das Fantasma, die Kulturlandschaft sei der einheitlich-harmonische Ausdruck eines anonymen Kollektivkünstlers, der in seinen völkischen Landschaftsschöpfungen fortlaufend einen Einklang von Volk und Boden erzeugt - dann bleibt doch ein rationaler Paradigmenkern: Die Semiotik der Kulturlandschaft.

Fassen wir zusammen: Die Geschichte der Geographie und ihrer Paradigmen könnte man also als mit Fug auch schreiben unter dem Titel "Imagination und Realität räumlicher Umwelt" - als eine Abfolge von symbolischen Belegungen der Erdoberfläche und Landschaften, oder anders gesagt, als eine Folge von herrschenden Semiosen und Kodes, wobei die Signifikanten und die Referenten selber als

Gegenstände anderer Wissenschaften(Natur-, Geistes-, Sozialwissenschaften) galten. Das war nun alles mit einem gewissen polemischen Zungenschlag formuliert, dies aber nur zu dem Zweck, die Pointe sichtbar zu machen. Diese Pointe besteht nicht zuletzt in folgendem: Auch die Physische Geographie mußte, sollte sie nicht allzu offensichtlich mit irgendeiner schon außerhalb der Geographie existierenden (oder sich künftig außerhalb der Geographie entwickelnden) Naturwissenschaft identisch werden, so etwas wie eine "verstehende Naturwissenschaft" sein, und das heißt: keine wirkliche Naturwissenschaft bzw. keine Naturwissenschaft, die man außerhalb der Geographie als Naturwissenschaft betrachten konnte (so, wie man die Astrologie vom Standpunkt heutiger Naturwissenschaften her höchstens noch als eine verstehende, aber nicht mehr als wirkliche Naturwissenschaft anerkennen mag). Der von Ulrich Eisel eingeführte und, wie mir scheint, überaus treffende und aussagekräftige Terminus "Verstehende Naturwissenschaft" meint eine "Natur"wissenschaft, die nicht von der physisch-materiellen Natur selber, sondern von ihrer Symbolik spricht; die nicht Naturgesetzlichkeiten im Sinne der modernen Naturwissenschaften entfaltet, sondern Alltagswissen und/oder eine bestimmte kulturspezifische Natursemantik.

Man beachte in diesem Zusammenhang die alte Formel, mit der geographische Methodologen die Geographie (z.B. die Teile der Physischen Geographie) und die jeweils korrespondierenden Naturwissenschaften auseinanderlegten: Der Botaniker (z.B.) studiere Flora und Vegetation an sich, der Vegetationsgeograph aber als Teil der Landschaft(en). "Landschaft" ist indessen kein physisch-materielles Phänomen, sondern Teil einer nicht-naturwissenschaftlichen Semantik, die primär umgangs- und bildungssprachlich ist, also nicht nur zu einer außer-naturwissenschaftlichen, sondern sogar zu einer außerwissenschaftlichen Weltinterpretation gehört. Insofern definierte auch diese Formel den Physischen Geographen implizit als folk scientist. Ähnliches gilt, wenn man "Landschaft" durch "Landschaften und Länder" ersetzt.

Nun waren aber Physische Geographen nicht nur Geographen, sondern fast immer auch noch an anderen Wissenschaften orientiert. In diesem Sinne waren und sind sie (mit wechselnden Anteilen) oft nicht nur Geographen, sondern auch Naturwissenschaftler i.e.S. Den allerdings oft karrierebedeutsamen Kontakt zur Geographie und ihren klassischen, "echt geographischen" Themen konnten sie im allgemeinen über die genannten, mehr oder weniger akademisierten Alltagswissensbestände aufrechterhalten, die seit alters als die eigentliche Geographie oder als Kern der Geographie gelten. Anders gesagt, sie wiesen sich als Geographen aus, indem sie ihre Gegenstände nicht nur naturwissenschaftlich, sondern auch nach einer mehr oder weniger akademisierten Alltagssemantik verschlüsselten.Ihrer externen Reputation im Rahmen einschlägiger Naturwissenschaften war mit solchen Zweisprachigkeiten (die übrigens ein interessantes Studienfeld bieten)

allerdings nicht gedient. Aber Wissenschaftler hatten glücklicherweise noch nie
große Schwierigkeiten mit wechselnden bis schwingenden Identitäten (oder mit dem,
was man postmodernistisch patchwork identity nennt) - vorausgesetzt natürlich, es
paßte ins Karrieremuster. Zuweilen konnten sie ohne objektive oder subjektive
Probleme, ja sogar mit subjektiven und objektiven Vorteilen das eine (richtige
Geographen) und das andere (richtige Naturwissenschaftler) sein.

Neutraler formuliert: Auch die Sprache der Physischen Geographie ist der Alltagssemantik materieller landschaftlicher Objekte immer ziemlich nahe geblieben.
Daher der brisante Dualismus, der die Geographie (diachron betrachtet) seit alters
begleitet und (synchron betrachtet) noch immer durchzieht: Der Dualismus zwischen
einer szientifischen und einer alltagsweltlich-alltagssprachlichen Weltbeschreibung.
Natürlich gibt es dafür Parallelen außerhalb der Geographie, aber ich kenne keine,
wo diese Spannung so ausgeprägt, so allgegenwärtig und dauerhaft und so sehr im
Kernparadigma des Faches selbst verankert (und d.h. auch: so unausweichlich) ist.

Die Geographen haben immer wieder auf diesen Dualismus (und die Spannungen,
die er hervorruft) reagiert. Eine Reaktion besteht, wie gesagt, darin, als Geograph
zugleich folk scientist (d.h. Geograph i.e.S.) und scientist (d.h. in einer Naturwissenschaft kompetent) zu sein, unter Umständen wohlgetrennt nach Funktionen,
z.B. das eine als akademischer Lehrer gegenüber Lehramtsstudenten, das andere als
Forscher. Eine andere Reaktion (die ebenfalls ungefähr so alt ist wie die Geographie) besteht darin, bewußt und alternierend zwei unterschiedliche Blickweisen einzusetzen; die Phänomene z.B. einerseits als materielle Gegenstände zu sehen (für
die die einschlägigen Naturwissenschaften zuständig sind), andererseits aber auch als
"Perzeptionsphänomene" oder, allgemeiner formuliert, als Gegenstände einer kulturspezifischen Semantik (für die z.B. bestimmte Geistes-, Kultur- und Sozialwissenschaften zuständig sind). Humboldts Kosmos ist ein berühmtes Beispiel: Er behandelt ausdrücklich die Phänomene einmal als physisch-materielle Gegenstände, zum
andern als Gegenstände der Empfindung und Symbolisierung. Seit der 1. Hälfte des
19. Jahrhunderts hieß dieser zweite Aspekt zuweilen auch "ästhetische Geographie"
(ein Terminus, der allerdings auch noch anderes meinen konnte). In jüngster Zeit
könnte Ähnliches gemeint sein, wenn es heißt, neben das (naturwissenschaftliche)
Studium der Ökologie der Landschaften müsse die "interprétation sémiologique" der
Landschaften treten; allerdings scheinen die Autoren dann doch wieder nach einer
Einheitswissenschaft zu suchen, die beides zugleich tut, d.h. beide Perspektiven
zugleich anlegt, also gleichzeitig eine (umfassende) Naturwissenschaft und eine
(umfassende) Semiotik der Landschaften (oder der Erdoberfläche) sein kann (vgl.
Berdoulay und Phipps 1985).

Es wäre nicht sinnvoll zu sagen, daß die an zweiter Stelle genannte Strategie (die

Strategie der alternierenden Sehweise) der Physischen Geographie (oder gar der Geographie insgesamt) einen neuen, besseren, gar einen Einheits-Sinn und eine wissenschaftliche Zukunft geben könnte. Ich meine aber, daß die Demonstration, Bewußtmachung und Einübung des beschriebenen "alternierenden" oder auch "stereoskopischen" Blicks im Rahmen der Geographenausbildung einen guten Sinn hat - schon aus Gründen der Denk- und Wissenschaftshygiene. Auf diese Weise werden die relative Autonomie und der relative Eigenwert zweier Sichtweisen sichtbar, die in der Geschichte der Geographie so oft entweder vermengt wurden oder unklar nebeneinander existierten. Ihre unklare Vermengung oder ungeklärte Koexistenz indessen nimmt, so glaube ich, beiden viel von ihrem Wert.

In diesem Zusammenhang und in dieser Funktion kann man auch die vorangegangene Skizze zur "Semantik der Steine" sehen.

Leider versäumen es nicht nur die Hochschul-, sondern auch die Schuldidaktiker der Physischen Geographie so gut wie vollständig, die alltagsweltliche (und überhaupt die außerwissenschaftliche) Semantik ihrer Gegenstände zum Thema der Reflexion oder gar des Unterrichts zu machen. Statt dessen werden die Schüler z.B. mit einer "wissenschaftlichen Plattentektonik" traktiert, die sich in Schülerköpfen nur in ein Märchen verwandeln kann. Noch im jüngsten Handbuch über "Medien im Geographie-Unterricht" z.B. werden Gesteinssammlung und Unterricht über Gesteine eisern "naturwissenschaftlich" abgehandelt. Der Autor meint zwar, die "rein naturwissenschaftliche Tätigkeit" der Schüler an Steinen könne "in anderen Bereichen der Schule" ergänzt werden, "etwa im Kunstunterricht"; was er aber im Sinn hat, sind bloß "Textgestaltung" und "Photoarbeiten" für eine Gesteinsausstellung (vgl. Grau 1986). Gegenüber so viel grauer und biederer Einfallslosigkeit vergleiche man z.B. Helga Kämpf-Jansens alltagsästhetische "Versuche über das Nicht-Alltägliche alltäglicher Steine" in "Kunst und Unterricht" 1988: Die Kinder entfalten von sich aus eine reiche und bunte Semantik der Gesteine, und der Kunstunterricht läuft auf eine elementare Gesteinskunde hinaus, die beide Sichtweisen enthält und zu entwickeln vermag: den petrographischen und den imaginativ-alltagsästhetischen Blick auf den Gegenstand.

Anhang:

Polaritätenprofile zu 9 (Nr. 1-9) der 18 untersuchten Gesteine. Zugrundegelegt sind die Angaben von 31 Osnabrücker Geographiestudenten des 1. Semesters.

zu jedem Polaritätenprofil werden vorweg zwei Adjektivlisten angeführt:

1. Die Adjektive, die von 15 anderen Studenten zu den gleichen Gesteinen genannt wurden (die Angaben der einzelnen Studenten sind durch Semikolon getrennt);
2. Die Adjektive, die im Polaritätenprofil signifikant (auf dem 5%-Niveau) vom Neutralbereich (3-4) unterschieden sind, also signifikant unter dem Wert 3 oder über dem Wert 4 liegen.

Für die Steine Nr. 10-18 sind der Kürze halber nur die Adjektive mitgeteilt, die im Polaritätenprofil signifikant unter dem Wert 3 oder über dem Wert 4 liegen.

Die Gesteine wurden den Studenten in Handstücken von fast gleicher Größe und Form vorgelegt. Bei den politurfähigen Steinen war eine Seite poliert, die anderen Seiten waren bruchrauh oder geschnitten.

Die Gesteinsbeschreibungen wurden von mir sehr knapp und populär gehalten. Leicht zugängliche Abbildungen und Beschreibungen zu den meisten Gesteinsarten findet man z.B. im "BLV Bestimmungsbuch Gesteine und Mineralien" (von W. Schumann) oder im "Naturstein-Lexikon" (Hg. G. Mehling). Vorweg steht der zuweilen irreführende, aber für die Identifikation - zwar nicht der Gesteinsart, aber doch der gehandelten Sorte - unentbehrliche Handelsname.

Es sei auch daran erinnert, daß es in unserem Zusammenhang nicht um die einzelnen Gesteine geht, sondern um eine leicht reproduzierbare Demonstration, daß es so etwas wie eine Semantik der Gesteine und einen semantischen Raum der Gesteine gibt, in den man die Gesteine ebenso präzise einordnen ("lokalisieren") kann, wie z.B. der Petrograph seine Magmatite im Streckeisen-Diagramm lokalisiert.

1. "Dunkel Labrador": Dunkler bläulicher Augitsyenit (Larvikit) aus Norwegen; auf der polierten Oberfläche zeigt das Edelsteinmineral Labradorit (ein Plagioklas) einen sehr effektvollen blauweißen oder blaugrünweißen Lichtschimmer ("Labradorisieren").

schön, höchste Preislage; schön, teuer; effektvoll, teuer; super, schillernd, teuer; permuttartig; schön, untere Preislage; altmodisch, interessant, kitschig; glitzernd, dauerhaft; schön, glänzend, wertvoll, bezaubernd, geheimnisvoll, unwirklich; glitzernd, dunkel, glatt, geheimnisvoll, kalt; düster, würdevoll, zu teuer, zu schwer;

Stein mit dem gewissen Etwas, edel, erscheint teuer; wie Plastik, zu schön, wirkt unecht; störend; glitzernd; prächtig; ...

dunkel, glänzend, kostbar, wertvoll, teuer, selten, interessant, phantasievoll, elegant, pompös, protzig, traurig, kalt, haltbar, hart, sauber

2. "Basaltina", "Rheinische Basaltlava": Ein poriges, grauschwarzes bis bläulichschwarzes, äußerlich sehr basaltähnliches Gestein; wegen seiner starken Foid-Führung wird es zu den Tephriten gestellt (Nephelinit).

billig; langweilig; kalt; zu dunkel, kalt, abstoßend, billig; schlicht, unauffällig, mittelmäßig; eintönig, billig, porös, glatt, neutral, natürlich; grau, weich, nicht teuer; fade; schmutzig; matt, untere Mittelklasse; zu farblos, nicht schön, billig; fade, eintönig, mittelmäßig, billig; stupide, untere Preislage; ...

dunkel, stumpf, farblos, ruhig, traurig, zeitlos, bescheiden, reiz- und phantasielos

3. "Gotenrot" Mittel- bis grobkörniger roter Granit aus Ostschweden

eindrucksvoll, höhere Preislage; schön, teuer, farbig, wertvoll; zu rot, abgebröckeltes Aussehen, mittelteuer; attraktiv, mittelteuer; bäuerlich bunt; warm; interessant, witzig, farbig, schön, teuer; warm in den Farben, bunt, glatt, unschön; kitschig, verworren, zerstritten; zu bunt, zu wenig einheitlich, mittelteuer; schön aber unruhig, eher teuer; warm; interessant; wunderschön, kunstvoll; ...

farbig, dunkel, glänzend, lebhaft, interessant

4. "Carrara-Marmor", Varietät "Arabescato": Weißer Marmor aus der Gegend von Carrara mit wenigen zartgrauen Marmorierungen (Einlagerungen von Graphit)

kalt; störend; schön, teuer; antik, pompös, teuer; Plastikstein, irgendwie kitschig, billig; wolkenartig, unschuldig; schön, grau-weiß, kalt; häßlich; kalt, frostig, bekomme Gänsehaut; kalt, schön; langweilig, mittelteuer; kühl, elegant, Superstein, sehr teuer; fahl, eintönig; einigermaßen schön, mittlere bis obere Preislage; fad, mittel bis teuer; ...

hell, sauber, elegant, kalt, glänzend, teuer, wertvoll, haltbar

5. "Hessischer Diabas": Ein grünlich-schwarzer ultrabasischer Magmatit (Pikrit), stellenweise etwas heller wolkig gefleckt (partielle Umwandlung des paläovulkanischen Gesteins)

interessant, schön, hübsch; bedrohend; selten; unfreundlich, Friedhof, eher teuer; Friedhofstein, schlicht, unauffällig, neutral, billig; friedhofsähnlich, dämonisch; zu dunkel; dunkel, samtartig, weich; traurig, dunkel, edel; friedhofsmäßig, antiquarisch; schön, wertvoll, gut, mysteriös, schummerig; undurchsichtig; scheußlich, billig; feierlich, höhere Preislage; ...

traurig, dunkel, fein, kalt, hart, haltbar, zeitlos, schlicht, phantasielos

6. "Gefrees", "Gefreeser": Hellgrauer Granit aus dem Fichtelgebirge

gewöhnlich; langweilig, billig, abstoßend; schön; unruhiges Muster, ansonsten normal, unauffällig; durcheinander, schwirrend, unsympathisch lebhaft, unschön; schrecklich, häßlich, dreckig; kleinkariert, langweilig, spießig; unruhig, interessant, höhere Mittelklasse; körnig, blaß, farblos, mittelteuer; farblos, billig; mittelmäßig;mittlere Preislage; milchgriesartig, untere Preislage; ...

hell, lebhaft, alltäglich

7. "Verde Aveer", "Verde Aver", "Grüner Marmor", "Serpentinmarmor": Metamorphe Serpentin-Marmorbreckzie

angeberisch, höhere Preislage; schön, ziemlich teuer; farbig, wertvoll; nicht ansprechend, teuer; hübsch, wertvoll; häßlich, billig; bunt, simpel, kalt; auffällig farbig; geschliffen, dunkel, fantasieanregend; großartig, brodelnd, lebendig, blubbernd; kitschig, häßlich, relativ billig; pompös, gewaltig, alt, antik; schön; höchst interessant; unruhig; ...

farbig, glänzend, lebhaft, warm, teuer, pompös, haltbar, sauber

8. "Römischer Travertin": Hellgelber, zart gebänderter, feinkörniger, grobporenreicher, aber fester, schleif- und polierfähiger Kalkstein (Süßwasserkalk) aus der Gegend von Tivoli bei Rom

alt; interessant; sehr einfach, eher billig; edel, elegant; alt, zernarbt, lebendig, teuer; marmorhaft, Struktur wie Pansen; schön, farblos, löcherig, interessant, teuer; edel, schlicht; vornehm; interessant, geringer Preis; witzig (wegen der Löcher), billig; fade, farblos; mittelmäßig, ziemlich teuer; lebendig, höhere Preislage; ...

hell, farblos, zeitlos, schlicht, sauber, glänzend, interessant, geschmackvoll, bescheiden

9. "Schwedisch Schwarz", "SS", "SS-Granit": Schwarzer Gabbro aus Südschweden

traurig; dunkel; Tod, Friedhof, aber nicht häßlich, teuer; teuer; dunkel, eintönig, feierlich, Beerdigung, relativ teuer; dämonisch, böse, unheimlich, anregend; spiegelnd, geschliffen, kalt; dunkel, unheimlich, traurig, glänzend, stechend; trist, eintönig; vornehm, ältlich; schön; ansprechend, etwas schillernd; teuer; einigermaßen schön, teuer; interessant, höhere Preislage; ...

dunkel, traurig, glänzend, teuer, sauber, elegant, zeitlos, hart, wertvoll

10. "Sarizzo": Heller italienischer Paragneis granitischer Zusammensetzung

interessant, lebhaft, modern, haltbar

11. "Verde Spluga": Grüner quarzreicher (quarzitischer) Glimmerschiefer vom Splügenpaß

sauber, fein, teuer, zeitlos, haltbar

12. "Halmstad": "Hellgrauer, biotitreicher Granit oder Granodiorit
häßlich, geschmacklos, hart, grob, lebhaft, farbig, hell

13. "Solvag", "Solveig": Grünlichschwarzer Peridotit (ultrabasischer Magmatit) aus N-Norwegen
ruhig, zeitlos, farblos, schlicht, hart, haltbar, kalt, langweilig, dunkel, traurig, stumpf

14. "Muschelkalk": Hellbrauner, etwas löchriger Muschelkalkstein aus dem Maingebiet
hell, stumpf, zeitlos, schlicht, ruhig, farblos, sauber, bescheiden

15. "Perlato Royal": Grauweißer, dichter (politurfähiger) Kalkstein mit lebhafter Musterung, die von Fossilien (Algen) abstammt; aus Italien (Isola del Liri bei Frosinone).
hell, sauber, schlicht

16. "Deutsch Gelb", "Jura Gelb": Gelblichgrauer dichter Jurakalkstein aus Mittelfranken
hell, fein, glänzend, sauber, zeitlos, elegant, ruhig, schlicht

17. "Sell Royal": Grünlichgrauer Phyllit mit glimmrigen Spaltflächen; Eifel
hart, schlicht

18. "Trani": Dichter politurfähiger hellgrau und zartrosa Kalkstein mit Drucksuturen (Stylolithen) u.a. Mustern
Sauber, geschmackvoll, hell, fein, interessant

Augitsyenit

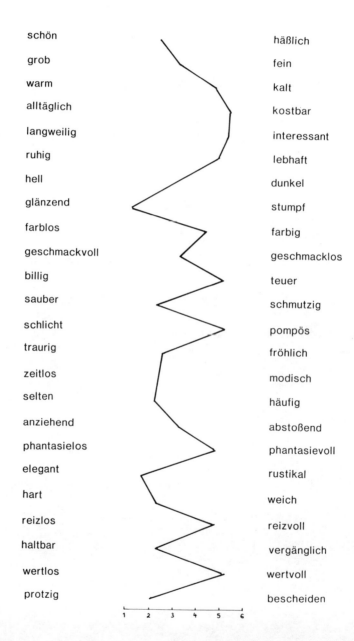

schön	häßlich
grob	fein
warm	kalt
alltäglich	kostbar
langweilig	interessant
ruhig	lebhaft
hell	dunkel
glänzend	stumpf
farblos	farbig
geschmackvoll	geschmacklos
billig	teuer
sauber	schmutzig
schlicht	pompös
traurig	fröhlich
zeitlos	modisch
selten	häufig
anziehend	abstoßend
phantasielos	phantasievoll
elegant	rustikal
hart	weich
reizlos	reizvoll
haltbar	vergänglich
wertlos	wertvoll
protzig	bescheiden

1

Basaltlava

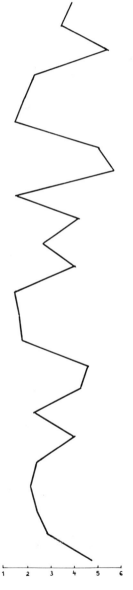

schön	häßlich
grob	fein
warm	kalt
alltäglich	kostbar
langweilig	interessant
ruhig	lebhaft
hell	dunkel
glänzend	stumpf
farblos	farbig
geschmackvoll	geschmacklos
billig	teuer
sauber	schmutzig
schlicht	pompös
traurig	fröhlich
zeitlos	modisch
selten	häufig
anziehend	abstoßend
phantasielos	phantasievoll
elegant	rustikal
hart	weich
reizlos	reizvoll
haltbar	vergänglich
wertlos	wertvoll
protzig	bescheiden

2

Roter Granit

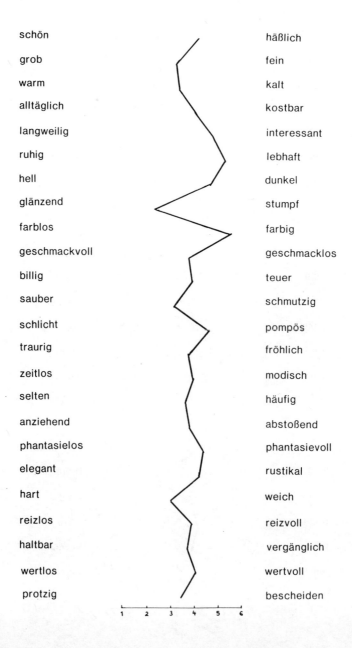

Carrara-Marmor

schön	häßlich
grob	fein
warm	kalt
alltäglich	kostbar
langweilig	interessant
ruhig	lebhaft
hell	dunkel
glänzend	stumpf
farblos	farbig
geschmackvoll	geschmacklos
billig	teuer
sauber	schmutzig
schlicht	pompös
traurig	fröhlich
zeitlos	modisch
selten	häufig
anziehend	abstoßend
phantasielos	phantasievoll
elegant	rustikal
hart	weich
reizlos	reizvoll
haltbar	vergänglich
wertlos	wertvoll
protzig	bescheiden

4

„Hessischer Diabas"

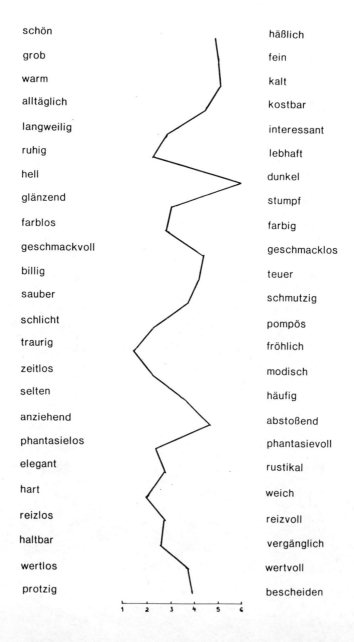

schön		häßlich
grob		fein
warm		kalt
alltäglich		kostbar
langweilig		interessant
ruhig		lebhaft
hell		dunkel
glänzend		stumpf
farblos		farbig
geschmackvoll		geschmacklos
billig		teuer
sauber		schmutzig
schlicht		pompös
traurig		fröhlich
zeitlos		modisch
selten		häufig
anziehend		abstoßend
phantasielos		phantasievoll
elegant		rustikal
hart		weich
reizlos		reizvoll
haltbar		vergänglich
wertlos		wertvoll
protzig		bescheiden

5

hellgrauer Granit

schön	häßlich
grob	fein
warm	kalt
alltäglich	kostbar
langweilig	interessant
ruhig	lebhaft
hell	dunkel
glänzend	stumpf
farblos	farbig
geschmackvoll	geschmacklos
billig	teuer
sauber	schmutzig
schlicht	pompös
traurig	fröhlich
zeitlos	modisch
selten	häufig
anziehend	abstoßend
phantasielos	phantasievoll
elegant	rustikal
hart	weich
reizlos	reizvoll
haltbar	vergänglich
wertlos	wertvoll
protzig	bescheiden

6

„Serpentinmarmor"

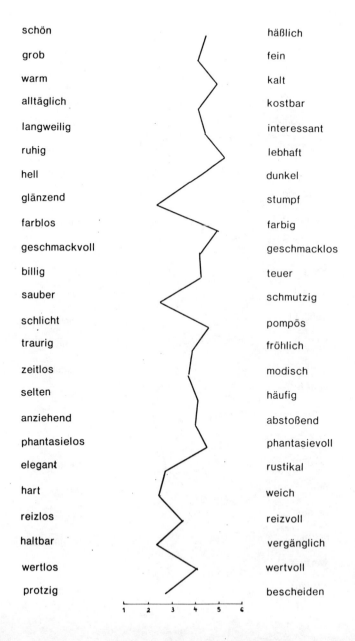

schön	häßlich
grob	fein
warm	kalt
alltäglich	kostbar
langweilig	interessant
ruhig	lebhaft
hell	dunkel
glänzend	stumpf
farblos	farbig
geschmackvoll	geschmacklos
billig	teuer
sauber	schmutzig
schlicht	pompös
traurig	fröhlich
zeitlos	modisch
selten	häufig
anziehend	abstoßend
phantasielos	phantasievoll
elegant	rustikal
hart	weich
reizlos	reizvoll
haltbar	vergänglich
wertlos	wertvoll
protzig	bescheiden

7

Römischer Travertin

schön	häßlich
grob	fein
warm	kalt
alltäglich	kostbar
langweilig	interessant
ruhig	lebhaft
hell	dunkel
glänzend	stumpf
farblos	farbig
geschmackvoll	geschmacklos
billig	teuer
sauber	schmutzig
schlicht	pompös
traurig	fröhlich
zeitlos	modisch
selten	häufig
anziehend	abstoßend
phantasielos	phantasievoll
elegant	rustikal
hart	weich
reizlos	reizvoll
haltbar	vergänglich
wertlos	wertvoll
protzig	bescheiden

8

Gabbro

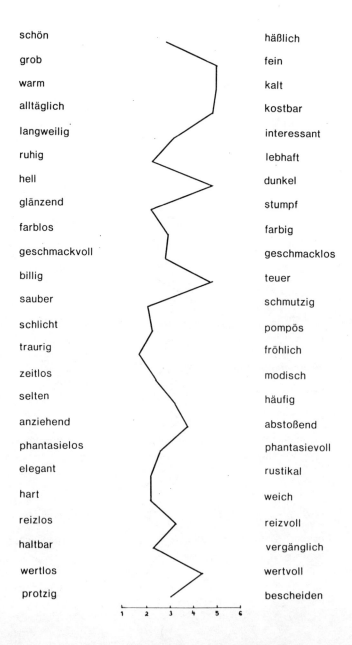

Literatur

Berdoulay, V. und Phipps, M. (Hg.): Paysage et Système. Éditions de L'Université d'Ottawa, Ottawa 1985.

Dehio, G.: Handbuch der deutschen Kunstdenkmäler. Bremen, Niedersachsen. Darmstadt 1977.

Drabik, M., Fenkes, M., Hard, G.: Naturwerksteine als Indikatoren. Auch eine Einführung in die Gesteinskunde. In: Geographische Rundschau 34, 1982, H. 2, S. 69-75.

Grau, W.: Die Gesteinssammlung. In: Brucker, A. (Hg.): Handbuch Medien im Geographie-Unterricht. Düsseldorf 1986, S. 440-453.

Hard, G.: Die Alltagsästhetik von Steinen erkunden. In: Kunst und Unterricht, Zeitschrift für Kunstpädagogik, Heft 124, August 1988, S. 41-42.

Hard, G.: Geographie als Spurenlesen. Eine Möglichkeit, den Sinn und die Grenzen der Geographie zu formulieren. In: Zeitschrift für Wirtschaftsgeographie 33, 1989, S. 2-11.

Imeyer, F.: Geologischer Gang durch die geschichtlichen Baudenkmäler der Stadt Osnabrück. In: Geologischer Exkursionsführer für Osnabrück. Osnabrück 1952, S. 23-27.

Kämmerer, Chr.: Stadt Osnabrück. Denkmaltopographie Bundesrepublik Deutschland, Baudenkmale in Niedersachsen 32. Braunschweig und Wiesbaden 1986.

Kämpf-Jansen, H.: Ein Robin de la Roche und ein blaugrüner Hosenknopfstein. Versuche über das Nichtalltägliche alltäglicher Steine. Unterricht in einem 4. Schuljahr. In: Kunst und Unterricht, Zeitschrift für Kunstpädagogik, Heft 124, August 1988, S. 43-45.

Lüschen, H.: Die Namen der Steine. 2. Aufl. Thun 1979.

Mehling, G.(Hg.): Naturstein-Lexikon. Werkstoff, Werkzeuge und Maschinen, Wissenschaft und Handel, Gestaltung und Techniken von der Antike bis heute. Callwey: 2. Aufl. München 1981.

Peschel, A.: Natursteine. 2. Aufl. Leipzig 1983.

Siebern, H. und Fink, E.: Kunstdenkmäler der Stadt Osnabrück. Hannover 1907. (Neudruck Osnabrück 1978)

Siebert, A.: Der Baustoff als gestaltender Faktor niedersächsischer Kulturlandschaften. Beitrag zur niedersächsischen Landeskunde und allgemeinen Kulturgeographie. Bad Godesberg 1969.

Detlev Ipsen

Das Schöne und das Häßliche in der Stadt

Zur Ästhetik der Agglomeration

Könnten wir uns heute noch vorstellen, die Großstadt wie Georg Simmel zu erleben. Geht von ihr nach wie vor eine Reizüberflutung aus und bringt sie die Blasiertheit als Mentalität hervor? Oder können wir uns in die Empfindungen von Walter Benjamin versetzen, der rauschartige Gefühle in der Wahrnehmung der Gleichartigkeit des Pflasters zwischen Marseille und Paris und die Weltöffnung als materielle Identität von Arno und Spree zu beschreiben wußte? Und wie ist es mit der Passage, vermittelt sie uns noch das Gefühl der Vergänglichkeit, der Spannung von Versuchung und Mortalität der Ware und ihrer Ästhetik? Die moderne Stadt des 19. und beginnenden 20. Jahrhunderts ist innerlich und äußerlich weitgehend zerstört, die Bilder ihres widersprüchlichen Erlebens finden am Ende dieses Jahrhunderts kaum noch Anhaltspunkte in der städtischen Wirklichkeit. Ästhetik ist eine Gefühlsbindung, ein Ort zieht an, ein anderer stößt ab. Es ist dieser umfassende Begriff städtischer Ästhetik im Sinne eines affektiven Engagements, dessen Verlustigkeit Alexander Mitscherlich als Gefahr für die Planung demokratischer Freiheit diagnostizierte. Und heute? Gibt es nicht sogar eine Renaissance urbaner Ästhetik? Sind nicht ein "Museumsufer" oder "Wohnen am Fluß" deutliche Hinweise auf eine Wiederentdeckung ästhetischer Qualitäten der Stadt? Spiegelt sich nicht in den Auseinandersetzungen um die neue Berliner Mitte ein Bewußtsein um ästhetische Qualitäten der Stadt? Hat nicht die postmoderne Kritik an der funktionalistischen Stadtplanung und dem internationalen Stil in der Architektur die Grundlage für eine ästhetische Betrachtungsweise der Stadt eröffnet? Auf der anderen Seite löst sich das Bild der Großstadt im Sinne des 19. Jahrhunderts mehr und mehr auf. Die Grenzen zwischen den Städten, die zwischen Stadt und Vorstadt, Vorstadt und Land, werden durchlässig oder verschwinden ganz und gar. Der Konturlosigkeit des "Urban Sprawl" entspricht die Diffusität der geographischen Namen: Stuttgarter Raum, Rhein-Main Gebiet. Hinter den statistischen Kennzahlen der Suburbanisierung von Haushalten und Gewerbe verbirgt sich eine Zerlegung der Stadt in ihre Elementarteile. Haus für Haus, Halle für Halle stehen neben- aber nicht zueinander. Spielt hier Ästhetik im Sinne einer emotionalen Beziehung zur Stadt oder Teilen von ihr eine Rolle? Gibt es eine Ästhetik der Agglomeration oder zumindest eine in ihr?

Wenn wir im Zusammenhang mit der Stadt von ästhetischen Urteilen sprechen, meinen wir nicht das nachdenkliche Abwägen zwischen schön und häßlich, sondern die beinahe reflexartige Reaktion auf räumliche Situationen, wir meinen Neugier und Wohlbefinden, Abwehr, Abscheu und Flucht und - auch das ist wichtig - Gleichgültigkeit. Das ästhetische Urteil, das uns interessiert, ist auch nicht das sich auf Kenntnissen über Gestaltungsregeln beziehende Geschmacksurteil von Architekten und Planern, sondern die "spontane" Reaktion auf die Erscheinungsformen des Raumes. Hinter dem spontanen Urteil über die ästhetischen Qualitäten eines Hauses, eines Viertels oder auch einer ganzen Stadt vermuten wir allerdings in der Regel die Wertorientierung einer sozialen Klasse oder eines Milieus oder die vorherrschenden Wertvorstellungen einer bestimmten Zeit als Ergebnis kultureller Auseinandersetzungen. Wann wird was als schön oder als häßlich empfunden? Wir möchten zur genaueren Bestimmung der sehr allgemeinen These der sozialen und historischen Hintergründe des ästhetischen Urteils sechs Bedingungen anführen, die uns als Schritte zu einer Antwort auf die Frage dieses Aufsatzes dienen: Welche Bedeutung hat die ästhetische Dimension in den großen Stadtagglomerationen, die heute weltweit den vorherrschenden Stadttypus bilden.

Eine Vorbedingung des ästhetischen Urteils ist die Wahrnehmungsfähigkeit einer Situation. Damit sind nicht bestimmte Maße und Relationen gemeint, die als objektive Grundlage des Schönen gelten, sondern die psychologische Qualität der Reizgrundlage. Berlyne hat in seinen Arbeiten nachweisen können, daß die Komplexität und der Grad der Neuigkeit von Informationen zu der emotionalen Attraktivität von Situation in einem kurvilinearen Verhältnis steht. Geringe Komplexität bzw. Neuigkeit führen ebenso wie sehr hohe Komplexitätswerte dazu, daß eine Situation als unangenehm empfunden wird und daß man sie, wenn irgend möglich, vermeidet. Ein mittleres Niveau von neuen Reizen stellt dagegen ein Optimum an Attraktivität dar. Schon vor Jahren ist diese Einsicht von Rapoport in die Diskussion um die Planung von Stadtqualität eingebracht worden. Seine pragmatische Schlußfolgerung läuft darauf hinaus, in den Städten weniger "Ordnung" zu schaffen, Ambiguität zuzulassen. Uneinsehbare Situationen, sich neu erschließende Blickrichtungen, sich überlagernde, mehrfache Nutzungen sind mögliche Umsetzungen dieser Überlegungen. Allerdings ist das Verhältnis von Komplexität und Attraktivität nicht statisch. Zum einen unterscheiden sich die konkreten Relationen von Mensch zu Mensch, aber auch bei jedem einzelnen Menschen verändern sich durch Erfahrungen die "Realwerte" an Komplexität, die als attraktiv empfunden werden. Was eben noch neu war, ist jetzt schon bekannt. Die so gewonnene Erkenntnis über grundlegende Voraussetzungen des ästhetischen Urteils versperrt eine Lösung, mit der man <u>ein für alle mal</u> die attraktive Stadt planen und bauen will. Die Stadt muß Projekt bleiben, sie muß zugleich Entdeckungen ermöglichen und Sicherheit bieten, dann erst ist die ästhetische Wahrnehmungsfähigkeit hergestellt. Wie nun steht es mit der Wahrnehmungsfähigkeit der Stadt heute? Die moderne Stadt des 20. Jahrhunderts ist im Vergleich zu der ihr vorhergehenden Großstadt des 19. Jahrhunderts um ein Vielfaches mehr gegliedert, zoniert und funktional homogen. Sie setzt sich von einer Stadtstruktur ab, die als Chaos empfunden wurde. Das Feindbild des 19. Jahrhunderts war die dichte Bebauung mit Mietskasernen, von denen man zu Recht angenommen hat, daß sie ungesunde Lebensverhältnisse hervorbringen. Licht, Luft und Sonne in der gegliederten und aufgelockerten Stadt wurden als Planungsleitlinien einer Alternative formuliert. Le Corbusier sah als Vorbild der modernen Stadt die Ordnung der Fabrik und des Ozeandampfers. Die Trennung von Wohnen, Arbeit, Dienstleistung und Verkehr hat eher reizarme Binnenmilieus geschaffen. Eine beabsichtigte Standardisierung in der architektonischen Gestaltung, der Wunsch nach einer industriellen Produktion des städtischen Raumes verstärkte die Reizarmut zusätzlich. Erst der Städtebau der Postmoderne wendet sich explizit gegen das Prinzip der Funktionstrennung zur Organisation des städtischen Raumes und gegen die Standardisierung baulicher Lösungen, gefordert wird Komplexität, Individualität und Vielfalt. Doch hat sich dies vornehmlich in einzelnen Bauten niedergeschlagen und nicht in der städtebaulichen Organisation als Ganzem. Aber auch bei vielen postmodernen Einzelbauten zeigt sich schon heute deutlich eine Standardisierung der Formensprache, so daß wir nicht von einer Trendwende ausgehen können. Im Gegenteil scheint die Addition gleichförmiger Elemente eher zuzunehmen. Wir formulieren also die These, daß die Ästhetik der Agglomeration grundlegend an einer geringen ästhetischen Wahrnehmbarkeit leidet, die einer zu geringen Komplexität von Gestaltung und Nutzung geschuldet ist.

Weder ist damit das ästhetische Urteil in seiner Richtung bestimmt, noch auf welche Teile der städtischen Objektwelt es sich richtet. Was nun von einzelnen Individuen, oder Gruppen zu einer bestimmten Zeiten als komplex oder einfältig, als neu oder bekannt empfunden wird, hängt von Vorstellungen über die Welt ab, die wir implizit oder explizit aktualisieren, wenn wir eine Situation wahrnehmen. Die Gestaltpsychologie macht deutlich, daß wir Bilder brauchen, um die Objektwelt wahrzunehmen. Diese Bilder sind uns häufig nicht bewußt. Der Geograph Gerhard Hard hat in einem Essay über die Hermeneutik des Rasens zu zeigen versucht, wie ein Vorstellungsbild entsteht und wandert. Wiesen und Weiden der ozeanischen Auelandschaft werden im 18. Jahrhundert zu Bestandteilen des Landschaftsgartens, den sich der Gutsherr um sein Gutshaus als ein Bild Arkadiens anlegen läßt. Grund dafür dürfte wohl die zunehmende Ökonomisierung der Landwirtschaft gewesen sein, durch die die intensiver genutzten Wirtschaftslandschaften das gewohnte Bild der Landschaften mehr und mehr zurückdrängten. Mit der Verlagerung der ökonomisch produktiven Schwerpunkte vom Land in die Stadt wird der von Rasen umgebende Gutshof zum bürgerlichen Landsitz und kann als Bild des Städters vom Land in die Parkanlagen der Städte zurückwandern. Schließlich sickert der Rasen als Bild und Wirklichkeit zur Miniatur der bürgerlichen Villa: in die Ein- und Zweifamilienhausgebiete der Agglomeration. Von hier aus bestimmt der Rasen das Bild einer stadtgemäßen Natur, läßt zwischen Kraut und Unkraut unterscheiden. Vorstellungsbilder sind also in der Regel Ablagerungen und Transformationen kollektiver Erfahrungen, Deutungen und Bewältigungsmuster. Sie strukturieren das ästhetische Urteil, indem sie Ausschnitte aus der Vielzahl möglicher Wahrnehmungen bilden und Bekanntes von Unbekanntem scheiden. Versuchen wir diese Überlegungen auf eine Ästhetik der Agglomeration anzuwenden, so sind wir sehr auf Vermutungen angewiesen. Manches spricht dafür, daß sich für die Wahrnehmung der zeitgenössischen Stadträume noch keine Gestaltform herausgebildet hat. Sie erscheinen uns diffus und häufig werden Bilder und Konzepte aus zurückliegenden historischen Epochen entliehen, um ein Verständnis des städtischen Raumes zu erzeugen. Es wird von Stadttoren und Wällen gesprochen, wo es, wie in der aus ehemaligen Dörfern zusammengesetzten Autostadt Baunatal, weder das eine noch das andere jemals gegeben hat. Es kann sein, daß uns jedes Bild und jeder Maßstab fehlt, um den "Urban Sprawl" zu beurteilen. Der größte Teil des Stadtraumes erschien auch den Befragten einer kleinen Untersuchung, die wir dazu durchgeführt haben[2], als ästhetisches Niemandsland.

Das Unbekannte ist das Bildlose und ist, wenn diese Überlegungen stimmen, weder wahrzunehmen noch zu bewerten. Offen bleibt bei diesen gestaltpsychologischen Überlegungen allerdings wie neue Bilder entstehen, wann und von wem eher das Bekannte, und von wem das Neue als ästhetisch schön oder häßlich bewertet wird. Dies ist aber wichtig zu beantworten, da andernfalls die von uns formulierte wahrnehmungspsychologische These darauf hinauslaufen würde, daß bei den ästhetischen Urteilen gar keine Veränderung eintreten könnte. Die Frage, welche soziale Gruppe oder welches Individuum in seinen ästhetischen Äußerungen eher konventionell, also bild-entsprechend urteilt und wer avantgardistisch ist, hat die Sozialpsychologie und Soziologie nicht wirklich klar beantwortet, doch gibt es Hinweise auf Antworten. In der Sozialpsychologie gibt es eine lange Forschungstradition, die sich mit dem Problem beschäftigt, wie es zu dogmatischen Verhaltensweisen kommt. Aufbauend auf den Arbeiten von Adorno u.a. zum autoritären Charakter hat Milton Rokeach eine Theorie des offenen und geschlossenen Bewußtseins entwickelt. In zahlreichen Untersuchungen stellte er fest, daß sich Personen darin unterscheiden, wie scharf sie das, von dem sie überzeugt sind, von dem

---

[2] Wehrle, Astrid, Über das Schöne und das Häßliche in der Stadt, Diplomarbeit Kassel 1992

trennen, was sie für falsch halten. Ein Teil der Personen bildet Überschneidungsmengen und Brücken zwischen Überzeugung und Ablehnung (believe vs. disbelieve) aus, ein anderer Teil nicht. Die Ursachen für diese Unterschiede findet Rokeach zunächst in der unterschiedlichen Art, den Wahrheitsgehalt einer Information zu prüfen. Diejenigen, die zwischen Überzeugung und Ablehnung Brücken ausbilden, unterscheiden zwischen der Glaubwürdigkeit einer Informationsquelle und der des Inhalts. Die Kenntnis der Informationsquelle reicht ihnen nicht aus, um zwischen wahrer und falscher Information zu unterscheiden, sie versuchen, den Inhalt selber zu prüfen. Die andere Gruppe unterscheidet zwischen glaubwürdigen und unglaubwürdigen Informationsquellen und beurteilt lediglich auf Grund der unterschiedlichen Informationsquellen den Wahrheitsgehalt der Information. Auf seiner Suche nach weiteren Ursachen stieß die Forschergruppe auf eine ganz andere Größe: die psychische Verunsicherung. Je ausgeprägter die Unsicherheit ist, desto größer ist eine Fixierung auf die Autorität einer Person, die einem die substantielle Prüfung des Wahrheitsgehaltes einer Information abnimmt. Um so größer und drastischer ist allerdings auch die Trennung zwischen Überzeugung und Ablehnung. Vielleicht können wir aus dieser Theorie etwas darüber lernen, wie sich ästhetische Urteile ändern können. Folgt man diesen Überlegungen, so wird die städtische Ruderalvegetation, um ein Beispiel zu nennen, zunächst nur von denen als schön empfunden, die "Bildstörungen" nicht von vornherein ausschließen und dies werden diejenigen sein, die sich eine psychische Sicherheit bewahren können. Nach einiger Zeit kann sich dann das Bild umstellen. Das "wilde" Grün, die Wiese nicht der Rasen, wird zum Leitbild der städtischen Gärten und Parkanlagen. Gerade in Zeiten des Übergangs ästhetischer Urteile ist allerdings eine weit verbreitete Verunsicherung beinahe unvermeidbar, so daß wir häufig eine, wenn man so will, sekundäre Fixierung auf Autoritäten in Gruppen finden, die aus zweiter Hand ein ästhetisches Urteil zu verändern suchen. Diese Überlegungen zielen darauf, nach Bedingungen der Kreativität zur Erarbeitung ästhetischer Urteile zu suchen. Wir vermuten, daß sich die Bedingungen zu einer kreativen Wahrnehmung nicht verbessert haben, da die großen unübersichtlichen Agglomerationsräume eher Verunsicherung als Sicherheit schaffen. Die Bedingungen für die Entwicklung einer Kultur der ästhetischen Kommunikation sind so eher pessimistisch zu beurteilen. Allerdings hängt dies sehr davon ab, wie es Menschen gelernt haben, mit der Agglomeration umzugehen. Wie bei jedem Raum, auch der Großstadt des 18. und 19. Jahrhunderts, muß auch das Verhältnis in der Agglomeration erst erlernt werden, bis sie nicht mehr als unwirklich wahrgenommen wird.

Diese eher sozialpsychologischen Thesen ergänzen wir durch die soziologischen Arbeiten zur sozialen Strukturierung des Geschmacksurteils von Pierre Bourdieu. In der Entwicklung seines Forschungsansatzes schreibt er: "Geschmack klassifiziert-nicht zuletzt-den, der die Klassifikation vornimmt" (Bourdieu,1983, S.25). Damit zerfällt die Frage nach dem Schönen und dem Häßlichen in verschiedene Sichtweisen unterschiedlicher sozialer Gruppen. Folgt man dieser Überlegung für die Stadt, so gibt es in ihr nicht eine Struktur, die Schönes von Häßlichem unterscheidet, sondern nach sozialen Gruppen unterschiedlich bewertete schöne und häßliche Orte. PlanerInnen und ArchitektInnen, die sich eine hohe Kompetenz in der Beurteilung städtisch-baulicher Situationen zuschreiben, werden andere Urteile abgeben wie Angehörige anderer Berufsgruppen. Es kann aber auch sein, daß in unterschiedlichen Phasen des Lebenszyklus gleiche Orte unterschiedlich beurteilt werden und schließlich wäre es möglich, daß sich der Unterschied zwischen eher formellen und inhaltlichen Urteilen, den Bourdieu an der Höhe des kulturellen Kapitals festmacht, in den Geschmacksurteilen über die Stadt und seine Teilräume wiederfindet. Die These von Bourdieu zeigt meines Erachtens einen Weg zur Untersuchung ästhetischer Urteile in der Agglomeration. Ausgangspunkt wäre die Vorstellung, daß der agglomerierte Raum einem Archipel unterschiedlicher ästhetischer Beurteilungen gleicht. Verschiedene soziale Klassen besiedeln diese Inseln und belegen und durchdringen sie mit den bei ihnen vorherrschenden Mustern des Lebensstils. Die ästhetische Leere, von der wir vorhin sprachen, kann so ein Artefakt der Gruppe sein, auf die wir unsere Untersuchung beziehen. Oder sie ist de facto eine ästhetisch entleerte Hyperstruktur, unter der sich die Feingliederung partikularer, gruppenspezifischer ästhetischer Räume verbirgt.

Neben der sozialen Differenzierung des ästhetischen Urteils steht die historische Bedingtheit des ästhetischen Urteils. Jeder kann beobachten, daß sich die ästhetische Beurteilung von Stilen in der Stadt im Zeitablauf verändert. So werden sich manche noch daran erinnern, daß klassizistische Wohnhäuser oder solche mit einer Jugendstilfassade noch vor 25 Jahren wenig gefragt waren. Die Abwertung des Jugenstils hatte in den 20er und 30er Jahren schon eine weite Verbreitung, in den Jahrzehnten nach dem 2. Weltkrieg konnten diese Häuser von Haushalten mit geringem Einkommen und geringem Sozialprestige bewohnt werden, weil sie ästhetisch negativ beurteilt wurden, und deshalb wenig wert waren. In Berlin gab es in den 60er Jahren ein Programm des Senates, welches die Beseitigung von Stuck und Ornament förderte. In den 80er Jahren wendete sich das Blatt. Die Gründerzeitquartiere waren hoch geschätzt und nachgefragt. Unsere letzten beiden theoretischen Überlegungen zielen auf diesen Sachverhalt. Michael Thompson hat den Versuch unternommen, diese Bewegung von Entwertung und In-Wertsetzung systematisch zu fassen. In der

Regel wird auch bei der Produktion des städtischen Raumes Vergängliches geschaffen. Häuser, Plätze und Straßen, die gestern als der letzte Schrei galten, werden heute als Müll empfunden, als Materie am falschen Ort. Es ist jedoch möglich, daß bestimmte avantgardistische Gruppen eine Umwertung vornehmen. Während diejenigen, die in entwerteter Bausubstanz wohnen müssen, mühselig versuchen durch kleine Eingriffe wie geänderte Hausverkleidungen, andere Türen und Fenster, den Müll zu verbergen und dabei in der Regel scheitern, versucht die Avantgarde, den Müll in den Vordergrund zu schieben, den alten Zustand wiederherzustellen; sie betont den Wert des Mülls. Unter bestimmten Bedingungen gelingt es ihr oder denen, die nachfolgen, nicht nur den ursprünglichen Wert wiederherzustellen, sondern aus dem Abfall etwas dauerhaft Wertvolles werden zu lassen. Auch wenn wir nicht sicher sind, daß dieser Prozeß zur Produktion dauerhafter Kulturgüter führen muß (vielleicht wird die In-Wert-setzung ja wieder rückgängig gemacht), so verweist dieser Gedanke doch auf eine permanente Dynamik des ästhetischen Prozesses. Dies ist deshalb wichtig, weil die Stadtforschung mit hoher Plausibilität argumentiert, daß die Agglomeration keine zufällige Entwicklung ist, sondern Ausdruck der weiter beschleunigten Durchdringung des Raumes durch die Logik der ökonomischen Verwertung. In gewisser Hinsicht ist die Agglomeration Ausdruck einer Dominanz der Zeit über den Raum. Ständig und ständig schneller können sich bestimmte Nutzungen an ihrem Standort nicht mehr halten und werden an die Peripherie verdrängt. Die Aufwertung des Bodens in Paris und Madrid hat die Wohnungen weit in das Land hinausgedrängt, neue Städte wurden gebaut. Bestimmte Teile des Gewerbes sind gefolgt und werden schon wieder von neuen Entwicklungen überholt. Es ist plausibel, daß bei ständig steigender Verwertungsgeschwindigkeit die Zeit, vor allem aber die ökonomische Rationalität fehlt, materiell Dauerhaftes zu produzieren. Damit kommen wir zu einer Einschränkung der Überlegungen von Thompson. Die von ihm benannte Entwertung ist nicht materiell bedingt, sondern ökonomisch. Die neuerliche In-Wertsetzung setzt allerdings eine materielle Grundlage voraus, die eine ökonomische Aufwertung erfolgversprechend erscheinen läßt. Wir müssen uns also fragen, ob sich die These einer möglichen ästhetischen Aufwertung nicht nur auf materielle Strukturen beziehen kann, die bei entsprechenden Investitionen das Potential der Dauerhaftigkeit besitzen. Anders gesagt: Wir behaupten, daß sich die so beschriebene ästhetische Dynamik in neuerer Zeit auf die Qualität der Substanz des 19. Jahrhunderts stützt, die im Verlauf des 20. Jahrhunderts in Bezug auf das Qualitätsniveau und mengenmäßig abnimmt. Es ist denkbar, daß die Beschleunigung der Verwertung in der Agglomeration kein Potential für die Transformation von Abfall in dauerhafte Kulturgüter zur Verfügung stellt. Dies wiederum bedeutet die Verarmung ästhetischer Potentiale, die ein "naturwüchsiger" Prozeß von Entwertung und Aufwertung bislang nebenbei zur Verfügung gestellt hat.

Die Ausbildung von Geschmacksurteilen ist zum einen von sozialen Klassen und Milieus abhängig, wie dies in den Arbeiten von Bourdieu zum Ausdruck kommt. Zum anderen spiegelt sich in ihnen das wider, was wir häufig Zeitgeist nennen. Das ästhetische Urteil erscheint uns wie ein Seismograph für gesellschaftliche Veränderungen, gerade weil wir den emotionalen Charakter des Geschmacksurteils betonen. Um die Auseinandersetzung um den "richtigen" Weg in der räumlichen Entwicklung besser begreifen zu können, schlagen wir den Begriff des Raumbildes vor. Wir gehen dabei von der Vorstellung aus, daß in jeder Zeit bestimmte Zielvorstellungen und Konzepte der Entwicklung um ihre Realisierung ringen. Die vorfindbaren Strukturen eines Raumes sind dann das Ergebnis der Resultate aller zeitwirksamen Kräfte, wie Thompson dies einmal ausgedrückt hat. Ausdrucksformen vergangener Zeitformen spiegeln sich dabei als persistente Strukturen wider oder sie werden überformt und vernichtet. Diese Sichtweise läßt es auch zu, daß man Bestandteile konkurrierender, letztendlich aber unterlegener Vorstellungen in der realen Raumform wiederfindet. Die Raumanalyse wird so zu einer Hermeneutik: der Kunst, den Raum in seinen jeweiligen Überlagerungsformen zu lesen. Das Konzept des Raumbildes erleichtert den Zugang des Lesens, da es zwischen der theoretisch abstrakten Ebene der Werte und Entwicklungskonzepte und der Ebene der Erscheinungsformen des Raumes angesiedelt ist; es handelt sich um eine Begriffsbildung auf mittlerer Abstraktionsstufe. In Bildern verdichten sich die Erscheinungsformen und Strukturen des Raumes. Ästhetische Urteile machen sich meist an Orten derartiger symbolischer Verdichtung fest, während große Teile des Stadtraumes unter der Schwelle bleiben, die ein ästhetisches Urteil auslösen. Auf die Agglomeration bezogen sind uns zwei Beobachtungen wichtig. Die Agglomeration ist der räumliche Ausdruck einer auf beschleunigter Zirkulation basierenden Ökonomie. Sie ist Ausdruck der Beschleunigung selber und des damit verbundenen Transportes von Menschen, Gütern und Informationen. Die Agglomeration ist in jeder Hinsicht durchlässig. Damit verringert sich die Gültigkeit von Bildern, die wir noch in der modernen Großstadt finden konnten und die Kevin Lynch sich sein Leben lang zu finden und beschreiben bemüht hat: Grenzen, Kronen, Zitadellen, öffentliche Plätze, kleine Netze von Passagen. All dies ist noch vorhanden, aber für die Agglomeration nicht typisch. Typisch für die Agglomeration wäre eine Ästhetik der Bewegung, wie wir sie bisher nur aus der Hubschrauberperspektive und dem Nachtbild der von Autoscheinwerfern gezeichneten Verkehrsadern begreifen können. Wir behaupten also, daß sich sowohl wahrnehmungspsychologisch als auch kulturell noch kein Raumbild der Agglomeration herausgebildet hat. Deswegen können wir sie nur schwer wahrnehmen und ästhetisch bewerten. Und dies führt uns zu unserer zweiten Beobachtung. Da die Wahrnehmbarkeit und das ästhetische Urteil eine wesentliche Orientierungsfunktion für Menschen bedeutet und zur Herausbildung alltäglicher

Identität notwendig ist, entwickeln sich ästhetische Substitute und Kompensationen für die ästhetisch unbegriffene Agglomeration. Symbolisch aufgeladene Begriffe sollen die amorph erscheinende Agglomeration strukturieren: Museumsufer und Grüngürtel sind Beispiele aus Frankfurt, das Tor zur Welt in La Defense eines aus Paris, aber auch die Umgestaltung zentraler Plätze wie die des Königsplatzes in Kassel zielen in diese Richtung. Den meisten dieser Versuche ist der regressive Rückgriff auf die Bildersprache des Mittelalters (Stadtor, Wall, Krone), der Barockstadt (Achse) oder der modernen bürgerlichen Stadt des 18. Jahrhunderts (Passage) gemeinsam. Dies bedeutet, daß die Symbolsprache dem Alltag der meisten Menschen sehr fern ist. Die mit diesen Symbolen gestalteten und von ihnen besetzten Räume gewinnen damit Eigenschaften, die auch dem Disneyland eigen sind. Es ist da, es ist materiell und doch unwirklich. Gerade auf ihrer Unwirklichkeit beruht die Wirkung. Aber es gilt auch: Diese Räume behalten eine Unlebendigkeit, sie nutzen sich schnell ab und müssen deshalb häufig erneuert oder ersetzt werden, und sind so noch in ihrer Repressivität Ausdruck der beschleunigungsbestimmten Ästhetik der Agglomeration.

Unsere Überlegungen sind sicherlich noch keine befriedigende Grundlage, um eine Praxis der Ästhetik in und für die Agglomeration zu entwickeln. Doch sie weisen die weitere Arbeit auf drei widersprüchliche Aspekte einer solchen Ästhetik hin. Zum einen gilt es nach Merkmalen, Symbolen der Geschwindigkeit, der Grenzenlosigkeit und der Durchlässigkeit zu suchen, da man hier die Bausteine einer ästhetischen Hypersprache der Agglomeration vermuten kann. Zum zweiten gilt es, die Archipele partikularer Ästhetiken zu entdecken. Einfach ist dies immer dort, wo das Bild der Insel seine unmittelbare Berechtigung hat, wo sich soziale Lebensstile im Raum gruppieren. Schwierig aber realistischer ist es, nach Überlagerungen zu suchen, die Mehrfachcodierung des Raumes aufzudecken. Und drittens sollten wir die Anzeichen regressiver Symbolik nicht verdrängen und so der Verkitschung preisgeben, sondern die Regression als real akzeptieren. Indem wir Tore ,Wälle und Marktplätze in ihrer Funktion begreifen, können wir dies in ihrer Gestaltung kenntlich machen und so liebevolle und ironische Selbstdistanz erzeugen.

Literatur

Berlyne, D.E. Konflikt, Erregung, Neugier, Stuttgart 1974

Bordieu, Pierre, Die feinen Unterschiede, Frankfurt 1982

Burckhardt, Lucius, Die Kinder fressen ihre Revolution, Köln 1987

Hard, Gerhard, Städtische Rasen, hermeneutisch betrachtet .In Notizbuch 18 der Kasseler Schule, Kassel 1990

Harvey, David, The Condition of Postmodernity, Oxford 1989

Häußermann, Hartmut. u. Siebel Walter, Neue Urbanität, Frankfurt 1987

Ipsen, Detlev, Vom allgemeinen zum besonderen Ort. Zur Soziologie räumlicher Ästhetik. In Raumästhetik, eine regionale Lebensbedingung, Bonn 1988

Lynch, Kevin, City Sense and City Design, London 1990

Mitscherlich, Alexander, Die Unwirtlichkeit unserer Städte, Frankfurt 1967

Rapoport, Amos u. Kantor, Robert, Komplexität und Ambivalenz in der Umweltgestaltung, Stadtbauwelt 26, 1970, S. 114-120

Rodenstein, Marianne, Mehr Licht, mehr Luft, Frankfurt 1988

Rokeach, Milton, The open and the closed mind, New York 1960

Scherpe, Klaus R., Die Unwirklichkeit der Städte, Reinbek bei Hamburg 1988

Thompson, Michael, Die Theorie des Abfalls, Stuttgart 1981

Thompson, Michael, Welche Gesellschaftsklassen sind potent genug, anderen ihre Zukunft aufzuoktroyieren? In Burckhardt, Lucius, Design der Zukunft, Köln 1987

Wehrle, Astrid, Über das Schöne und das Häßliche in der Stadt, Diplomarbeit, Kassel 1992

Niels Beckenbach
Mai 1992

Entfaltung des Arbeitsvermögens, autonome Beweglichkeit, politische Massenbewegung. Vom Woher und Wohin gesellschaftlicher Mobilisierungen.

Inhaltsverzeichnis

Seite
1. Einleitung 167
2. Die Mobilisierung des Arbeitsvermögens 170
3. Die Evolution der autonomen Beweglichkeit 176
4. Die Mobilisierung der Massen 182
   Die Dreyfus-Affäre im Frankreich der III. Republik 184
   Vom 'mechanischen Gedächtnis'
   zum 'elektronischen Auge' 189
5. Auf dem Weg in eine andere Moderne? 194
   Ausgewählte Literatur 200

> "Toute société qui n'est pas eclairée par des philosophes est trompée par les charlatans" ... (1793, zit. n. Badinter)

1. Einleitung

Wollte man die modernen Gesellschaften Westeuropas, Amerikas oder Ostasiens mit einem zusammenfassenden Ausdruck typisieren und in einer Art Zeitraffer besonders kennzeichnende Entwicklungsverläufe und Eigenschaften des Modernisierungsprozesses zu erfassen versuchen, so wäre hierfür der Begriff der Mobilisierung geeignet wie kein anderer. Mobilisierung heißt in der Umgangssprache soviel wie zu Etwas aufbrechen, eine außergewöhnliche Kraftanstrengung unternehmen, um Widerstände zu überwinden und um ein bestimmtes Ziel zu erreichen. Mobilisierung geht an die Kräfte, Mobilisierung erfordert außerordentliche - und das heißt nicht in jeder Situation auch zu jeder Stunde zu erbringende Anstrengungen. Mobil Gemacht wird die Armee im Falle eines bevorstehenden Krieges; mobilisiert werden die letzten Kraftreserven im Hochleistungssport; als außerordentlich mobil, so mobil wie nie zuvor in der neueren Geschichte hatten sich die Sozialstruktur und die Lebensverhältnisse in der Bundesrepublik in den drei Dekaden seit Anfang der sechziger Jahre erwiesen. Der mobile Mitarbeiter der "Fabrik von morgen" ist zu jeder Qualifikationsmaßnahme an jedem Ort und mit jedem Einsatz bereit.
Hier liegt der sozialwissenschaftlich interessante Punkt. Ich werde im folgenden nicht der in vielen Nuancierungen traktierten Frage nach unterschiedlichen Erscheinungsformen, Folgen und Bedeutungen von Mobilität in dem soziologischen Sinn der dynamischen Veränderung von Klassen-, Schicht-, Siedlungs- oder Lebensgewohnheiten nachgehen, sondern den Prozessen der Mobilisierung in dem umgangssprachlichen Sinn einer außerordentlichen Kraftanstrengung und ihrer möglichen Folgen. Ich möchte die These stark machen, daß die uns allen geläufigen und zum großen Teil, wie wir wissen, im Positivbereich der Steigerung von Annehmlichkeiten und von "Faktorerträgen" liegenden Aspekte der sozialen Mobilität; daß diese Positivsalden des Vergesellschaftungsprozesses in der Tat nur erzielbar waren durch Kraftanstrengungen und durch Formen des Ressourcenverbrauchs, die erstens in einem gewissen Ausmaß gesellschaftlich unbewußt geblieben sind und zweitens nicht wie bisher in die Zukunft fortzuschreiben sein werden.
Ich verstehe den vorliegenden Aufsatz als Beitrag zu einer zivilisationstheoretischen Gegenbilanz zu den Industrialisierungs- und Modernisierungstheorien in der

Nachkriegssoziologie.[3] Die vielfältigen und unübersehbaren Segnungen des technisch-wissenschaftlichen Fortschritts könnten - das ist meine These - von Anfang an verknüpft gewesen sein mit einer Reihe von stofflich-ökologischen und sozio-kulturellen Implikationen, die von den Protagonisten, Nutzern und Verbrauchern entweder negiert bzw. bagatellisiert oder aber als Folge spezifischer organisations- oder professionsbedingter 'Eigentümlichkeiten' (ich werde diesen absichtlich diffus gewählten Begriff im folgenden konkretisieren) ausgegrenzt - oder in der Terminologie gesellschaftlicher Subsysteme gesprochen 'externalisiert' worden sind. Eine solche Gegenbilanz des technisch-wissenschaftlichen Fortschritts soll in methodischer Hinsicht einen Brückenschlag leisten zwischen den in erster Linie an generalisierten Gesetzmäßigkeiten orientierten Sozialwissenschaften auf der einen und den stärker auf historische Abläufe und monographische Darstellungen bezogenen Disziplinen wie etwa der Wissenschafts- und Technikgeschichte auf der anderen Seite.

Eine letzte Vorbemerkung zum Anlaß und zur zeitdiagnostischen Dimension dieses Essays. Sie betrifft das Verhältnis von Sach- bzw. Falldarstellung und Kritik. Es ist in den vergangenen Jahren still geworden um die großen Aufklärungs- und Veränderungsansprüche der Soziologie. Gegen alle Krisen- und Zusammenbruchstheorien z.B. von seiten der marxistischen Gesellschaftstheorie entfaltete der industrielle Kapitalismus seit Anfang der achtziger Jahre eine enorme Wachstums- und Differenzierungsdynamik. Die z.B. innerhalb der Industrie- und Organisationssoziologie relativ präzise beschriebene Krise des fordistisch-tayloristischen Vergesellschaftungsmodells (man könnte es auch das Paradigma der industriellen Massenproduktion nennen) spricht zwar für eine gelungene Verbindung von Bestandsaufnahme, Zeitdiagnose und Gesellschaftskritik. Allerdings muß auch hier einschränkend festgehalten werden, daß sich die kritische Stoßrichtung soziologischer Forschung - denken wir etwa an so wichtige Arbeiten wie die Untersuchungen von Piore/Sabel zur flexiblen Spezialisierung, von Kern und Schumann über die neuen Produktionskonzepte oder Peter Brödners Unterscheidung zwischen anthropozentrischer oder technozentrischer Entwicklung der Fabrik - eher auf die These von der Nichtausschöpfung von Modernitätsreserven als auf eine genauere Analyse und Reflexion des Modernisierungsparadigmas bezogen. Es fehlt gegenwärtig eine kritische Theorie der Modernisierung und der Technisierung. Ich verstehe die vorliegende Arbeit als Beitrag zu einer Wiederbelebung der kritisch-zeitdiagnostischen Funktion der Sozialwissenschaften.

Geht es im vorliegenden Zusammenhang also einmal darum, ein bisher unbefragtes, für die Beschäftigung von Soziologen eher als abseitig angesehenes Problem - die

---

[3] S. zu diesem Zusammenhang auch mein Essay "Technisierung als Risikoproduktion. Vom langsamen Bewußtwerden eines Folgeproblems" - i. Ersch.

Mobilisierung menschlicher Triebkräfte, Aktivitätsressourcen und Leistungsreserven in den Bereichen von Arbeit, physischer Fortbewegung und Mediengebrauchs - in den Kreis der wichtigen Gegenwarts- und Zukunftsthemen einzubeziehen, so ist mit dem Begriff 'politische Massenbewegung' ein anderer Fluchtpunkt gesellschaftlicher Mobilisierungen in nachtraditionalen Gesellschaften angesprochen. Es erscheint evident, daß der 'Treibsatz' der gesellschaftlichen Modernisierung überhaupt nur deshalb zünden konnte, weil die aufstrebenden Klassen des Bürgertums und der Industriearbeiterschaft die Machtfrage durch eine Art politische Dauermobilisierung zu ihren Gunsten entscheiden konnten. Die politischen Massenbewegungen des Nationalismus - beginnend mit der französischen Revolution - und ebenso die gesellschaftlichen Klassenauseinandersetzungen im 19. und 20. Jahrhundert bis hin zum Lohnstreik lassen sich in diesem Sinne verstehen als Formen der Artikulation, der Modellierung und der Kanalisierung kollektiver Mobilisierung.

Ich lege auch hier eine zivilisationskritische Sonde an. Ähnlich wie die Reaktorkatastrophe von Tschernobyl nur die 'Spitze des Eisbergs' einer Vielzahl von Überlastungserscheinungen und von externalisierten bzw. verschleppten Industrialisierungsfolgen in allen Bereichen des Mensch-Technik-Naturhaushalts signalisieren könnte, so sind auch im Bereich der politischen Massenbewegungen Erosionsprozesse und Auflösungstendenzen unübersehbar. Auch hier - so lautet meine These - signalisiert der Zusammenbruch des absolutistisch autoritären Sozialismus Tendenzen der Reorganisation und der Reaktivierung, aber auch der De-Organisation und De-Mobilisierung im Bereich politischer Öffentlichkeit, womit wiederum eine Art Strukturwandel hochentwickelter Gesellschaften verbunden sein könnte.

Ich greife im folgenden zurück auf paradigmatische Brückenschläge und interdisziplinäre Forschungsanstöße wie etwa Schivelbuschs Arbeit zur Eisenbahnreise und Bitomskis Dokumentation zur Reichsautobahn sowie auf Giedions Überlegungen zu einer anonymen Geschichte der Produkte, um kulturelle Implikationen, widersprüchliche Motiv- und Interessenlagen und historische Umschlagspunkte im Modernisierungsprozeß - immer unter dem eingeschränkten Blickwinkel des Woher und Wohins von gesellschaftlichen Mobilisierungsprozessen -, nachzuzeichnen und deren Bedeutung für krisenhafte Aspekte gesellschaftlicher Modernisierung zu diskutieren. Darüber hinaus knüpfe ich an bei Ulrich Becks Entwicklungsthese von der Modernisierung der Tradition zur selbstbezogenen oder reflexiven Modernisierung (Beck 1986, S. 36 ff.; vgl. auch meine Diskussion in 1991, S. 192 ff.). Ich arbeite mit der These, daß Prozesse der Aktivierung, des Aufbruchs sowie des wissentlichen und willentlichen Eingehens von Wagnis und Risiko ein Moment der Destabilisierung, genauer: der Asymmetrie von bewußten und nichtbewußten, von beherrschten und nicht beherrschten Eigenschaften von sozialen Handlungen oder von Artefakten bzw. von technisch-sozialen Systemen aufweisen. Mein Argument liegt nicht auf der Linie bisheriger Kritik z.b. als Über- oder Unterentwicklung, als Machtasymmetrie oder als Verhängnis der 'bösen Absicht'. Ich frage, wieweit in der Entstehungs- und Begründungsgeschichte wichtiger gesellschaftlichen Projekte im Modernisierungsprozeß naturale Bedingungen und kulturelle Implikationen eingewoben sein könnten, die immer schon wie eine Art Schattenfigur virulent waren, die aber aus bestimmten Gründen auf Seiten der sozialen Akteure 'übersehen' wurden - übersehen in der Doppelbedeutung des Nicht-Wissen-Könnens oder/und Nicht-Wissen-Wollens.

Einer solchen Parallelgeschichte von verdeckten Wirkungen und kumulierten Folgen (mit dem Volksmund gesprochen: kleine Ursachen - große Wirkungen) möchte ich am Beispiel dreier Mobilisierungsprozesse mit gleichermaßen hoher Bedeutung für die derzeitige prekäre Gestalt der hochentwickelten Industriegesellschaft nachgehen. Es geht um die Mobilisierung des Arbeits- und Organisationsvermögens (2.), um die Entfaltung der autonomen Beweglichkeit (3.) und schließlich um die Mobilisierung der Massen (4.). Abschließend werde ich einige Fragen diskutieren in Richtung auf ein Forschungsprogramm zur 'riskanten' Moderne.

2. Die Mobilisierung des Arbeitsvermögens

Sichtet man soziologische, sozialhistorische oder sozialphilosophische Theorien und Forschungstraditionen, in denen die gesellschaftliche Dynamik des Übergangs von traditionalen Sozialstrukturen zur modernen Gesellschaft oder dem Begriffsgebrauch der marxschen Theorie folgend, vom Feudalismus zum industriellen Kapitalismus und zur bürgerlichen Gesellschaft thematisiert wird, so bedarf die These von der Zentralstellung der Arbeit und von der 'revolutionären' Rolle der gesellschaftlichen Arbeit kaum der näheren Erläuterung. Marx hat die Große Industrie unter Anknüpfung an die politische Ökonomie, an die französische Aufklärung und an die europäische Sozialphilosophie als 'aufgeschlagenes Buch der menschlichen Wesenskräfte' bezeichnet. Es sind insbesondere zwei Aspekte dieses Prozesses der Bewußtwerdung und Entfaltung menschlicher Antriebsenergien, Leistungsressourcen und Verwirklichungsintentionen, die zusammengenommen das Mobilisierungspotential von Arbeitskraft und Arbeitsvermögen seit Beginn der bürgerlich-industriellen Gesellschaft ausmachen.

1. Die Bereitstellung, Rekrutierung und soziale Reproduktion abhängig beschäftigter Arbeit - abhängig von den Mobilitäts- und Disponibilitätserfordernissen des industri-

ellen Kapitals sowie von vor- oder nebengelagerten Zirkulations-, Distributions- oder Infrastrukturaspekten von industriellem Wachstum und industriegesellschaftlicher Differenzierung. Ich bezeichne diesen Aspekt der Mobilisierung von Arbeitskraft zusammenfassend als sozio-ökonomische Reproduktion von Lohnarbeit.

2. Die Bündelung, Systematisierung, Spezifizierung und Applikation menschlicher Denkleistungen in Richtung auf modellhaft-konstruktives planerisch-antizipierendes sowie problemlösendes oder optimierendes Handeln. Als soziale Akteure dieses Handlungstyps begreife ich Naturwissenschaftler und Ingenieure, teilweise aber auch die Produzenten sozialwissenschaftlicher Diagnose und Dienstleistungen. Der historischen Genese und der funktionalen Logik dieses Handlungstyps folgend lassen sich eine Reihe von Komplementärbeziehungen zwischen der Entwicklung der Lohnarbeit und der Genese und Durchsetzung von konstruktiv-planerischem Handeln aufweisen. Dennoch werde ich im folgenden mit der These arbeiten, daß die fachliche Spezifik und die Verlaufstendenz - metaphorisch gesprochen: die Wege, die Umwege und bisweilen die Irrwege menschlicher Erfindungen und Entwicklungen - sowie die professionelle Gestalt dieses Handlungstyps eine gegenüber der Lohnarbeit eigenständige und unabhängige Entwicklungsdynamik aufweisen.

Fragt man nach den treibenden Kräften und den herrschenden Mächten, die den Transformationsprozeß hin zur abhängig beschäftigten Arbeit den Weg gebahnt haben, so fällt die Antwort eindeutig aus. Anhand von sozialhistorischen Analysen zur englischen Entwicklung (z.B. von Marx und Engels, von E.P. Thompson; zusammenfassend R. Kößler 1988), oder zur Entwicklung in Frankreich (s. etwa L.H. Parias (Hg.) 1952, F. Braudel und E. Labrousse Hg. 1964 oder R. Mandrou 1964) oder in Deutschland (W. Sombart 1909, M. Weber in 1924, J. Kuczynski 1967 sowie Tholen und Eberwein 1982) läßt sich belegen, daß lediglich für eine - allerdings relevante - Minderheit von fachgeschulten und gut organisierten Arbeitsgruppen z.B. im Maschinenbau, in den sogenannten Prozeßtechniken, im Drucker- und Setzergewerbe, im Bergbau oder im Baugewerbe gilt, daß der Übergang bzw. der Entstehungsprozeß von Lohnarbeit wenigstens bis zu einem gewissen Ausmaß durch Eigeninitiative und berufliche Autonomie mitgetragen und mitgestaltet worden ist.

Für die überwiegende Mehrheit der abhängig Beschäftigten fällt der Übergang in die Lohnarbeit sozialstrukturell und lebensgeschichtlich in eine Linie mit der Objektstellung gegenüber der dreipoligen Herrschafts- und Zwangsapparat der Kapitalverwertung, der technisch-organisatorischen Arbeitswirklichkeit und der Zeitdisziplin. Die klassische Form dieses Typs von fremdbestimmter Arbeit findet sich überall dort, wo kurze Zeittakte, engmaschige Kontrollen, geringe Qualifikationsanforderungen und ein hohes Maß an Gleichförmigkeit im Arbeitsalltag zusammenfallen.

Folgen wir den Argumenten etwa von E.P. Thompson, so bedeutet die Langzeitgeschichte der Eingewöhnung und Unterordnung unter die sozio-ökonomischen Produktionsverhältnisse und industriellen Produktivkräfte der modernen Gesellschaft für die arbeitende Klasse einen häufig gewaltsamen, durch Herrschaft, Ungleichheit und Unsicherheit geprägten Prozeß der Sozialisation, dessen Resultate (ganz abgesehen von der Problematik gruppen- und phasenübergreifender Generalisierungen) nur schwer auf eine griffige Formel zu bringen sind.

Eine Entwicklungslinie im Übergang einer noch nicht vollständig vollzogenen Integration in das Lohnarbeitsverhältnis zur sozialen Reproduktion innerhalb der Kreislaufbewegung von Kapitalverwertung und Industrialisierung möchte ich unter Rückgriff auf eine von M. Abendroth, S. Braun, R. Dombois und mir durchgeführte empirische Untersuchung über die bremischen Hafenarbeiter (1978) diskutieren. Wir stießen damals auf den zunächst schwer erklärlichen Sachverhalt, daß die Hafenarbeiter trotz vielfältiger Belastungen und Restriktionen ihrer objektiven Arbeitsverhältnisse eine erstaunlich positive und, was eine relevante Minderheit der Befragten anging, eine inhaltlich geprägte Orientierung ihrer Arbeit gegenüber erkennen ließen.

Von einer negatorischen Arbeitsorientierung der Befragten sprachen wir dann, wenn Arbeit einzig und allein unter dem Negativzeichen des notwendigen Übels beurteilt wurde. Als instrumentell bezeichneten wir eine Einstellung zur Arbeit, bei der Aufwendungen und Erträge mit Blick auf das eigene Arbeitsvermögen wie die Posten einer Aufwands- und Ertragsbilanz saldiert und monetarisiert wurden. Schließlich faßten wir unter dem Oberbegriff der Berufs- und Funktionsorientierung alle Antworten zusammen, bei denen schwerpunktmäßig[4] eine durch Inhaltlichkeit und Leistungsstolz bestimmte Haltung zur Arbeit überwiegt (vgl. im einzelnen Abendroth u.a., S. 492 ff.). Wie angedeutet, überwog bei einer Mehrheit der Befragten eine inhaltliche Bezugnahme zur Arbeit gegenüber einem instrumentalistisch saldierten Aufwands-Ertragsdenken; nur eine verschwindende Minderheit wies nach den angedeuteten Einordnungskriterien eine negatorische Arbeitsorientierung auf.

Ich möchte diese scheinbare Diskrepanz zwischen 'unpleasant work' als empirischem Realtatbestand und einer überwiegend inhaltlichen Bezugnahme auf Arbeit unter Rückgriff auf einen mir wichtig und im übrigen auch über die Hafenarbeit hinaus verallgemeinerbaren Aspekt des sozialstrukturellen Übergangs von bäuerlich-kleingewerblichen (z.B. handwerklichen) Lebensformen in die Industriearbeit interpretie-

---

[4] Um Mißverständnissen vorzubeugen betone ich, daß es bei dieser Art der Zusammenfassung komplexer und in sich vielschichtiger Aussagen immer um das Überwiegen eines Urteilstyps gegenüber anderen und nie um 'chemisch reine' Typen geht.

ren. Daß mit diesem generationssoziologischen und sozialstrukturellen Erklärungsversuch andere Zugänge zu den 'beiden Seiten' des Arbeiterbewußtseins nicht ausgeschlossen werden, sei nur am Rande vermerkt.

Hafenarbeit ist ebensosehr wie Industriearbeit in einem Stahlwerk, in der Automobilproduktion, in einem Elektrogroßbetrieb oder im Baugewerbe bis weit in die siebziger Jahre hinein für den Großteil der abhängig BeschäftigtenArbeit mangels besserer Gelegenheit gewesen, objektiv also vorrangig Lohnarbeit im Sinne der marxschen Kapitalismusanalyse. Ausgenommen sind dabei die Spezialistengruppen im Reparatur-, Instandhaltungs- und Einrichtungsbereich. Wenn, wie empirisch nachzuweisen ist, stets eine relevante Mehrheit der Befragten sich nicht im subjektiven Sinn gleichgültig verhielt gegenüber dem Inhalt ihrer Arbeit, so hängt dies auch mit der Spezifik des Übergangs vom ländlich-kleingewerblichen Sektor zur industriellen Erwerbsarbeit zusammen. Es geht dabei insbesondere um zwei Aspekte der Mobilisierung von Arbeitsvermögen.

Einmal brachte eine relevante Minderheit der Industrie-arbeiterschaft eine durch Lehre und Berufspraxis im ländlichen Kleingewerbe begründete und geschulte Fähigkeit zu diszipliniertem Verhalten sowie zu sorgfältigem sowie - falls gefordert - zu genauem und verantwortungsvollem Umgang mit Maschine, Material und Arbeitsgegentand mit. Dieses handwerklich-kleingewerbliche Arbeitsvermögen repräsentierte die eine, gewissenmaßen die Angebotsseite. Andererseits bildeten sich innerhalb der Großindustrie im Nachkriegsdeutschland für diesen Typus von qualifizierten Angelernten vielfältige Muster abgestufter Funktionen und Positionen des Aufrückens und der relativen Schonung, der Statussicherung und der Verbesserung der Erwerbslage heraus. Im Anschluß an E.P. Thompson könnte man davon sprechen, daß der erzwungene Übergang vom traditionellen in den großindustriellen Sektor für die beiden ersten Generationen von Industriearbeitern in den fünfziger und sechziger Jahren durch eine vergleichsweise - verglichen etwa mit der je individuellen Herkunfts- und Ausgangslage - günstige Arbeits- und Beschäftigungssituation 'belohnt' wurde. Es spricht einiges dafür, daß die relativ ausgeprägten Facetten von arbeitsinhatlichen Orientierungen innerhalb der westdeutschen Industriearbeiterschaft auch als Ausdruck dieses insgesamt gesehen erfolgreich verlaufenen Prozesses der De- und Remobilisierung von Arbeitsvermögen im Übergang vom primären zum sekundären Sektor anzusehen sind (s. dazu auch B. Lutz in 1982, 1984).

Wie von mehreren Autoren - und nicht zuletzt auch von Burkart Lutz - hervorgehoben worden ist, dürfte das deutliche Ansteigen der biographischen, der kognitiven sowie der psychosozialen Voraussetzungen für 'gehobene Industriearbeit im Zuge der allgemeinen Umrüstung auf computerunterstützte oder computerintegrierte

Arbeitssysteme in den achtziger Jahren mindestens unter diesem Aspekt der innerbetrieblichen Arbeitsmärkte eine kollektive Blockierung eines in der Vergangenheit erfolgreichen Mechanismus der intersektoralen Mobilität bedeuten.

Nun zum anderen Typ von Arbeitsvermögen und von Mobilisierung. Ich beziehe mich dabei auf die Ingenieurarbeit. Ingenieurarbeit und Ingenieurhandeln haben ebenfalls in relevantem Ausmaß beigetragen zur gesellschaftlichen Modernisierung. Ohne die Bedeutung anderer Gruppen wie etwa der Unternehmerschaft oder der kaufmännischen Angestellten in diesem Zusammenhang zu übersehen, läßt sich doch mit einiger Berechtigung davon sprechen, daß speziell die Industri-alisierungswellen seit Beginn des 20. Jahrhunderts (man denke an industrielle Großbetriebe, Prozeßindustrien, moderne Bautechnik mit Stahlbeton, technische Netze sowie Informations- und Kommunikationsmedien, Taylorismus und Fordismus, etc.) in spezifischer Weise als Resultat von technischen Erfindungen und Entwicklungen und ihren marktfähigen Applikation anzusehen sind. Die Fortschritte der Ingenieurwissenschaften bestimmen seitdem im hohen Maße über die Gestalt der technischen Produktivkräfte und diese wiederum definieren den harten Kern von Produktion, Produktionsmitteln und von organisatorischen Abläufen innerhalb der Industrie- und Dienstleistungsgesetzen.

Hier zeigt sich bereits eine erste wichtige Differenz zwischen dem Mobilisierungspotential technisch-wissenschaftlicher und 'einfacher' Arbeit. Lohnarbeit wird fremdbestimmt - zunächst durch Zwang und Gewalt, dann durch anerkannte Vertragsbeziehungen und am Ende durch internalisierte Normen und politisch austarierte 'checks and balances'. Technisch-wissenschaftliche Arbeit bedeutet demgegenüber die Mobilisierung von Denken und Planen mit dem Ziel der Veränderung der äußeren Natur. Auf einen Punkt gebracht: Industriearbeit ist abhängig beschäftigte, Ingenieurarbeit ist dispositiv-planerische Arbeit.

Der Begriff der Technik bzw. des technischen Handelns hat sich mit der Annäherung an die Neuzeit gegenüber der ursprünglichen Bedeutung des zweckdienlichen oder kunstfertigen Handelns (so etwa im griechischen techné, siehe dazu Castoriadis 1981) ausgeweitet zur Bedeutung eines mindestens partiell selbst-tätigen und eigenlogischen Komplexes von Strukturen, Wirkungszusammenhängen und Folge-beziehungen. Sozial- und technikhistorische Darstellungen über Architektur- und Baugeschichte wie etwa von H. Straub (1966) oder von S. Giedion (1976) lassen dabei spezifische Muster der Effizienzsteigerung und der Niveauanhebung bei gleichzeitiger Spezialisierung und Schematisierung im Hinblick auf kontextuelle Zusammenhänge und systemübergreifende Interdependenzen erkennen.

Auf eine kurze Formel gebracht beruht das Mobilisierungspotential des Ingenieurs nicht wie im Falle der Industriearbeiterschaft auf dem Produkt von Zahl und politischer Handlungsbereitschaft sondern auf der Effizienz und der Durchschlagskraft der dem Ingenieur eigenen Fähigkeit, die äußere Natur mittels technischer Verfahren sowie technischer Artefakte und Infrastrukturen industriell nutzbar zu machen. Arbeitssoziologisch gesehen läßt sich, wie z.B. H.P. Ekardt gezeigt hat (1983) das Ingenieurhandeln als sekundäre Arbeit oder als Arbeit zweiten Grades verstehen. Die Produkte von Ingenieurarbeit realisieren sich - z.B. als Bestandteile technischer Systeme oder als industrielle Produkte - erst post festum. Zwischen dem Entwurfs- und Planungshandeln des Ingenieurs und definitiven Ausführung dieser Handlungen erstrecken sich zeitliche, örtliche, situative und soziale Zwischenräume von teilweise erheblichen Ausmaßen.

Nach Jean Saglio (in Culture Technique 12/1984) und Monte Calvert (1967) basiert die Mobilisierungsfunktion des Ingenieurs auf der erfolgreichen Durchsetzung eines gegenüber traditionellen Besitz- und Autoritätsansprüchen neuartigen Typs des Wissens, der Wissensapplikation sowie einem auf diesem Wissen beruhenden Muster von Rationalität und Legitimität. Beide rücken in ihrer Untersuchung über die geschichtliche Entwicklung technischer Berufe die Figur des Ingenieurs in die Nähe des fachlich geschulten und experimentierfreudigen Mechanikers; beide haben konsequenterweise eben den innovativen Kleinbetrieb als den durchrationalisierten sowie interessenmäßig und machtförmig austarierten industriellen Großbetrieb im Auge. Was dort als erfolgreiche Entwicklung und Vermarktung innovativer Ideen, d.h. als erfolgreiche Mobilisierung von technisch-experimentellem Handeln erfahren wird, erscheint hier häufig als Regime bürokratischer Unbeweglichkeit oder als ein durch Vorgesetztenwillkür oder arbeitspolitischen Konservatismus von Arbeitern und Gewerkschaften gebremstes oder blockiertes Neben- und Gegeneinander von Fachwissen und sozialen Interessen. Soviel zum 'Woher' des Ingenieurhandelns.
Eine Diagnose zum 'wohin' gesellschaftlicher Mobilisierung fällt im Falle des ingenieur-spezifischen Entwurfs-, Planungs- und Organisationsvermögens schwerer als im Falle der Industriearbeiterschaft. Es existiert kein Entwicklungs-Automatismus in Richtung auf die kybernetische Fabrik, die der amerikanische Automationsforscher Norbert Wiener zu Anfang der fünfziger Jahre glaubte vorhersehen zu können. Ebensowenig ist anzunehmen, daß sich das Ingenieurdenken - typisiert und vereinfacht: die Reduktion der Wirklichkeit auf Rechenoperationen, Optimierungshandeln und systemisch geschlossene Rationalitätskonzepte gegenüber konkurierenden Rationalitätsansprüchen innerhalb oder außerhalb der organisierten Arbeit durchsetzen wird.

Meine These zielt in eine andere Richtung. Es spricht einiges dafür, daß ein zunehmendes Wirksamwerden der für Ingenieure typischen Formen der Wirklichkeitsmodellierung nicht so sehr durch die Evidenz technischen Denkens und Handelns als solchem, sondern vielmehr durch eine Schwächung bzw. in der Terminologie des vorliegenden Aufsatzes gesprochen, in der De-Mobilisierung konkurrierender Wirklichkeitsmodelle begründet sein könnte. Ohne hier die Ergebnisse meiner Untersuchung bereits vorwegnehmen zu wollen, spricht doch m.E. einiges dafür, daß seit dem Ende der siebziger Jahre Entkollektivierungserscheinungen in der politischen Kultur der traditionellen sozialen Bewegungen sowie eine nicht zu übersehende Schwächung intellektueller Gegenentwürfe und intellektueller Glaubwürdigkeit im Zeichen der Sozialismuserosion eine Art Handlungs- und Sinnvakuum haben entstehen lassen und einen verstärkten Technisierungstrend geradezu herausfordern. Das mobilisierungstheoretische Fazit meiner Hypothesen liegt also primär in den Bereichen von Kultur und Politik und sicher nicht in der Perspektive eines neuen Technikdeterminismus. Aspekte dieser gesellschaftlichen Mobilisierung durch die Produkte des Ingenieurhandelns werde ich in den nächsten beiden Abschnitten behandeln.

3. Die Evolution der autonomen Beweglichkeit

Sucht man, der Analyseperspektive einer anonymen Geschichte der Technik folgend - der Begriff stammt von Siegfried Giedion (1948) - nach Spuren und Wegen, die der Prozeß der Aufwärts-Mobilsierung vom gemächlichen Gang traditionaler Gesellschaften zum Zeitalter der Hochgeschwindigkeit durchlaufen hat, so bietet sich dafür das menschliche Streben nach autonomer Beweglichkeit in besonderer Weise an als Beispiel. Bereits das Vokabular der Sprache des Fortschrittdenkens weist enge Beziehungen zu der körperlich-physikalischen Dimension des Raum- und Bewegungserlebens auf: Fortschritt, Vorwärtskommen, Aufstieg oder Abstieg, Aufschwung oder Abschwung, Vorreiter oder Nachhut, umgangssprachliche Topoi wie 'wie geht es?', 'es geht wieder' oder 'es geht wieder aufwärts?'. Hier spricht gewissermaßen der gegen vielfältige Widerstände der Natur in Wald, Wasser und Land und schließlich in der Atmosphäre und im inter-terrestralen Raum sich durchkämpfende und alle Widerstände überwindende Pionier der modernen Indus-triegesellschaft.
Ich will diesem sicherlich interessanten Nebenaspekt der sprachlichen Fortschrittsmetaphorik hier unter dem Blickwinkel der Risikogenese nicht weiter nachgehen. Der französische Architekt Patrick Berthelon hat in einer anregenden Langzeitbetrachtung eine Entwicklungslinie nachgezeichnet, die mit der Entdeckung einfacher

mechanischer Fortbewegungshilfen in Freizeit, Spiel und Sport zu Anfang des 19. Jahrhunderts begann und die ihren vorläufigen Höhepunkt im Hochleistungs-Automobil der siebziger und achtziger Jahre gefunden hat (in Culture Technique 11/1983). Dieser in ähnlicher Weise auch von Autoren wie W. Sachs, K. Traube, O. Ullrich, W. Schivelbusch oder von Dokumentarfilmern wie H. Bitomski beschriebene Evolution der autonomen Beweglichkeit könnte aufschlußreich sein für die Beantwortung der Frage, wo bzw. unter welchen Bedingungen sich jene riskanten Wendepunkte auffinden lassen, bei denen die autonome Beherrschung von Raum und Strecke umschlägt in individuelle Überforderung und Gefährdung bzw. wo lustvolles Erleben und experimentierender Umgang mit mechanischen Beschleunigungskräften 'umkippt' zum manisch-regressiven Ausreizen aller technischen Möglichkeiten.

Im Zuge der Herausbildung erster Ansätze einer urbanen Kultur der freien Entfaltung der Lebensstile seit Anfang des 19. Jahrhunderts wird die individuelle Fortbewegung auf rollenden und fahrbaren Geräten zum Volkssport. Der spielerische Umgang mit den Gesetzen der Schwerkraft und der Beschleunigung gilt den Städtern zugleich als Ausdruck der Modernität gegenüber der 'Rückständigkeit' des Dorfes. Erst mit der Entwicklung des Zweirades in der zweiten Hälfte des 19. Jahrhunderts erhält die automobilité eine eigenständige Verkehrsform - sie wird zum Objekt gezielter technischer Entwicklung und industrieller Kapitalverwertung. Die Motorisierung der Antriebsaggregate, die Abschließung des Fahrgastraumes gegenüber Witterung und Umwelt und die schrittweise Verdrängung des nichtmotorisierten Publikums von der Straße (die bis dahin dem Publikum nahezu uneingeschränkt zur Verfügung stand) bringen schließlich den Durchbruch zur Steigerung von Fahrleistung, zur Verfügbarmachung des geographischen Raumes als Verkehrsstrecke und schließlich zur Disponibilität, d.h. zur Dynamisierung des sozialen Gefüges von Arbeiten und Handeln, von Wohnen und Leben, die zusammengenommen den "Pulsschlag" der Moderne zu einem relevanten Teil bestimmen.

Im Zeitraffer des Jahrhunderts wird die Beschleunigung der physischen Fortbewegung durch das Automobil anschaulich. Bei der Fernfahrt Paris-Bordeaux - dies war zugleich der erste Leistungstest der neuen Fortbewegungsmaschine - fuhr der siegreiche Franzose Levassor eine Durchschnittsgeschwindigkeit von 24 km/h (nach Schivelbusch 1984, S. 133). Die deutsche Autobahn war in den dreißiger Jahren für eine Endgeschwindigkeit von 130 km pro Stunde ausgelegt worden. Der erste spektakuläre Todesfall auf der neu erbauten Autobahn ereignete sich im Jahre 1936, als Bernd Rosemeyer bei einem Versuch zur Steigerung des Geschwindigkeitsrekordes auf über 400 km/h auf der Strecke zwischen Darmstadt und Mannheim verunglückte. Seit Anfang der sechziger Jahre ist die technisch mögliche Höchstgeschwindigkeit von allen Automobilherstellern auf über 150 km/h gesteigert worden; ein Angebot von Motorleistungen oberhalb der 'Schallgrenze' von 200 km/h ist seit Ende der siebziger Jahre bei allen größeren Automobilherstellern zur technischen Selbstverständlichkeit geworden. Dieses Freigehege einer nur durch Technik, Fahrerleistung und Situationseinflüsse geregelten und gewissermaßen 'rechts-verdünnten' Hochgeschwindigkeitsverkehrs auf den Autobahnen wird von der deutschen Verkehrslobby (darin eingeschlossen eine 'schweigende Mehrheit' der aktiven Fahrer) verbissen wider die auf Verkehrssicherheit und Umweltschonung zielenden Argumente der europäischen Nachbarländer verteidigt. Dieser Sachverhalt kontrastiert eigentümlich mit dem hohen Ansehen, welches die Bundesrepublik im westlichen Ausland als Sachwalter von Umweltschutz besitzt.

Mit der kontinuierlichen Steigerung der Reisegeschwindigkeit hat sich die autonome Beweglichkeit gewissermaßen selbständig gemacht. Natürliche Hindernisse, Umwelteinflüsse und nicht zuletzt auch die individuelle Fähigkeit, auf plötzlichen Situationswechsel adäquat zu reagieren werden mit der Steigerung von Fahrleistung und Bedienkomfort, mit der Verbesserung von Fahrzeugqualität und Sicherheitstechnik sowie durch den ständigen Ausbau der verkehrstechnischen Infrastruktur im Überlandverkehr zu scheinbar marginalen Restgrößen. Gerade diese Steigerung infrastruktureller und fahrzeugspezifischer Sicherungsmaßnahmen könnte aber einen paradoxen Effekt der Zunahme von Unfallrisiken auslösen. Die Perfektionierung des technischen Systems Automobil und seiner verkehrsrelevanten Umwelt führt nämlich zu einer tendenziellen Enteignung der Sinne. Das Geschwindigkeitserleben wird abstrakt. Der Andere, präziser ausgedrückt: die vielen Anderen als Mitglieder einer potentiellen Gefahrengemeinschaft werden ausgeblendet im Bewußtsein, scheinbar über eine technisch perfekte Maschine zu 'gebieten'. Genau hier liegt die Gefährdungsschwelle. Die latente Überforderung des Fahrers durch die Perfektionierung des technischen Systems wird etwa dann deutlich, wenn die unterstellte Normalität der Situation: das 'Funktionieren' von Witterung, Straßenzustand, von fremden Verkehrsteilnehmern plötzlich gestört wird. Das ständige Ansteigen von Massenkarambolagen z.B. bei plötzlichem Wetterwechsel stellt ein nicht zu übersehendes Anzeichen dar für diesen Risikotyp der latenten Selbstüberforderung in der autonomen Beweglichkeit.

Die soziologische Relevanz von Mobilisierungsprozessen vom Typ der autonomen Beweglichkeit sehe ich auf zwei verschiedenen Ebenen. Einmal stellt die historische Herausbildung des 'Bewegungsvermögens' - als Parallelbewegung zum Arbeitsvermögen die Fähigkeit und das Streben nach intellektueller, motorischer und sozialer Verfügbarmachung geographischer (terrestrischer, sphärischer und maritimer) Räume - ein wichtiges Moment des Prozesses von Individualisierung und Individuierung[5] dar. Gegenüber Autoren wie Virillo oder der Forschungsgruppe Traube, Ullrich, Sachs und Holzapfel, die den Prozeß der Evolution von Bewegung und Geschwindigkeitssteigerung primär als Ausdruck von Entwurzelung und Identitätsverlust (so der Erstere) oder nach der Logik einer umgekehrten V-Kurve als neue Form gesellschaftlicher Entfremdung abhandeln (so die Letzteren) möchte ich an der Verschränkung von Heteronomie und Autonomie als Kennzeichen von auto-mobilité festhalten und werde dies anschließend belegen.

Wie kein anderes industrielles Massenprodukt hat das Automobil dem Prozeß der Modernisierung traditioneller Lebensverhältnisse den Weg 'gebahnt'. Die Geschichte der Technisierung des Verkehrs von der Eisenbahnreise (Schivelbusch) über die Automobilisierung (Sachs und Berthelon) bis zur Luftfahrt (auf die ich hier nicht eingehe; vgl. etwa J. Sinnen (Hrsg.), 1991) liest sich als Langzeit-Prozeß, in dessen Folge eine breite Palette von Individualisierungsleistungen, von technischem Alltagswissen, von zeit- und raumbezogenen Planungskonzepten und von Geschmacks- und Bedürfnisdifferenzierung entwickelt und ausgetestet worden sind. Die Dynamik dieser Individualisierungsgeschichte scheint noch nicht verbraucht zu sein.

Unterscheidet man im Anschluß an die soziologische Risikodiskussion zwischen Risikoselektion und faktischen Risiko- oder Gefährdungslagen (s. dazu v. Verfasser 1992, S. 8 ff.), so zeigt sich hier ein allmählicher Wandel von der kulturellen Hochschätzung des Automobils als Träger und Repräsentant von Individualkomfort. An die Stelle eines Wohlstandssymbols mit hoher Aussagekraft über 'seinen Besitzer' ist immer mehr die Zwangslage eines technischen Angewiesenseins mangels fehlender - häufig sogar infrastrukturell zurückgebildeter - Alternativen getreten.
Komfort und Bequemlichkeit, das Ausagieren von Leistung, Geschwindigkeit und Erfolg im freien Raum und häufig auch das objektive Angewiesensein auf individuelle und motorisierte Verkehrsmittel rechtfertigen die These einer weitreichenden Komplizenschaft (complicité) zwischen Benutzer und Verkehrssystem (so Berthelon, a.a.O., S. 254). Auf der anderen Seite ist es nicht allein die 'border culture' von grün-alternativen Minderheiten, die den Verlust von Lebensqualität durch die überbor-

---

[5] Unter Individualisierung verstehe ich im folgenden in Anlehnung an soziologische Modernisierungstheorien Prozesse der sozialstrukturellen Differenzierung des Einzelnen gegenüber der Gruppe. Unter Individuierung verstehe ich demgegenüber den Sozialisationstatbestand, in dessen Folge der Einzelne als soziale Person handlungs-, entscheidungs- und urteilsfähig wird.

dende Automobilisierung beklagen. Der dumpf hinterm Steuer brütende PS-Protz zählt längst zu den Witzfiguren in einer Zivilkultur, deren Protagonisten zunehmend die Überwindung der Abhängigkeit vom Individualverkehr propagieren. In eine ähnliche Richtung weisen der Kult körperlicher Fitness und die Tendenz zu gesundem und ökologisch angepaßtem Leben. Allerdings ist dies nicht zu verstehen als 'one best way' des guten Geschmacks oder des Automatismus bei der Durchsetzung kultureller Standards. Die Differenzierung von Verwendungsformen von der luxuriösen Reiselimousine bis zum werbeträchtigen Freizeitsymbol Jeep und die fortbestehende Hierarchie der Rangklassen von der nivellierten Mittelklasse zur noblesse de route sprechen für das bislang ungebrochene Interesse am Automobil auch - mit Bourdie zu sprechen - unter dem Gesichtspunkt der distinction.

Der andere Aspekt betrifft die Dimension der technischen Systeme und der technischen Kultur.[6] Die Produkte, Systeme und infrastrukturellen Netzwerke, die um das Vergesellschaftungsmotiv der autonomen Beweglichkeit 'herumgebaut' sind, haben wie kaum ein anderer Artefaktzusammenhang den Alltag des modernen Lebens beeinflußt und geprägt. Ich möchte in einem zweiten Argumentationsschritt zeigen, daß der Prozeß der Automobilisierung - der natürlich nur einen Ausschnitt des Sozialisationstyps der autonomen Beweglichkeit darstellt - zunehmend 'riskant' verläuft.
In sozialwissenschaftlichen Entwicklungstheorien wird häufig argumentiert, daß der historische Prozeß der Vergesellschaftung tendenziell zur Herauslösung von sozialen Beziehungen und sozialem Handeln aus traditionalen, d.h. aus über lange Zeiten hinweg und von Generation zu Generation überlieferten Kollektivverhältnissen geführt hat und immer noch führt. Prototypisch für diese Annahme - hier herausgegriffen weil allgemein bekannt und theoriestrategisch prägnant - können Marx Paradigma vom individuellen Warenbesitzer und Durkheims These von der anomiefördernden Abfolge von der mechanischen zur organischen Solidarität stehen.
Beide können zeigen, daß die Entwicklungsschwelle zwischen traditionalen und modernen Gesellschaften genau dort liegt, wo soziale Bewegungsspielräume z.B. als Unterscheidung von Mittel und Zweck, von öffentlich und privat oder von Autonomie und Heteronomie zum Bestandteil bzw. zum Gegenstand von gesellschaftlich definierten Entwicklungsprozessen werden. Der 'vereinzelte Einzelne'

---

[6] Unter technischer Kultur verstehe ich hier im Anschluß an die von Jocelyn de Noblet herausgegebene französische Zeitschrift gleichen Namens den Sachverhalt einer engen Interdependenz zwischen Artefakt und Systematisierung einerseits und den jeweiligen historischen Konfigurationen von Erwartungen und Interessen von Entwicklern (System Builders), Operateuren, Nutzern und gesellschaftlicher Umwelt, auf die jene Techniken zugeschnitten sind. Technikkulturen lassen sich analysieren im Kontext historischer und nationaler bzw. regionaler oder berufsspezifischer Zusammenhänge. Vgl. etwa am Beispiel Frankreichs Kolboom u.a., Hrsg., 1980.

(Marx) als soziale Mikroeinheit innerhalb der warenproduzierenden Gesellschaft ist keine versprengte Sozialmonade, kein Gehäuse mit schalldichten Mauern ohne Türen und Fenster. Wie sehr auch Durkheim und Marx die Aspekte von Versachlichung, von Indifferenz und von sozialer Ungleichheit in den Lebenschancen und den gesellschaftlichen Verwirklichungsbedingungen betont haben, ließen beide doch keinen Zweifel daran, daß Modernität und Modernisierung in jedem Falle und unhintergehbar als Schwellensituation und als Entwicklungssprung von kollektiv-unbeweglichen zu individualisierten bzw. zu individualisierbaren und dadurch sozial beweglichen Formen der Vergesellschaftung zu verstehen ist.

Das Argument einer dilemmatischen Entfaltung von Freiheit und Selbstbeweglichkeit läßt sich auf die beiden weiter oben angesprochenen Aspekte der Automobilisierung anwenden. Autonome Selbstbeweglichkeit, verstanden als soziale Chance und als soziale Kompetenz zur Überschreitung einer durch Tradition (z.B. durch Familienzugehörigkeit) gezogenen Grenzlinie zwischen Innen und Außen, zwischen Vertrauten und Fremden - häufig genug: zwischen Vertrauen und Mißtrauen - stellt einen Freiheitswert von hoher Bedeutung dar.
Es geht hier nicht um das Mittelklassen-Cliché der ersten sexuellen Erkundungen und Eroberungen im Jugendalter im elterlichen oder im eigenen Automobil; es geht auch nicht um die PS-Protzerei als Potenzersatz innerhalb der Jugendkultur oder allein um die nicht zu übersehende Gefährdung der Umwelt durch die Inanspruchnahme eines relevanten Teils von öffentlichen Nutzungsflächen durch das individuelle Statussymbol Automobil. Ich möchte einen anderen Akzent setzen. Folgt man den Beschreibungen von W.E. Brilliant (USA), P. Berthelon (Frankreich) oder von Bitomski und W. Sachs (Deutschland) zum historischen Prozeß der Durchsetzung des individuellen Motorverkehrs, so bietet sich eine andere Lesart des Dilemmas der 'Freiheit ohne Tradition' an. Das Automobil war und ist wegen seiner Vielfalt von Nutzungseigenschaften und Symbolbedeutungen in ganz besonderer Weise Träger gesellschaftlicher Modernisierung und zugleich eine Art Spiegel eines wichtigen Ausschnitts der Alltagskultur.

Wenn sich im Automobil - vom Nutzer und seiner Umwelt her betrachtet - die verschiedensten Berufszwänge, Antriebsimpulse, Status-Interessen und schließlich auch deren latentes Gegenbild eines noch nicht verfügbar gemachten Bedürfnisses nach Kontemplation, Muße und Rückzug spiegeln, erscheint folgende Alternative möglich. Angesichts der von uns Allen zu verkraftenden Erscheinungsformen und Risiken der Übermotorisierung und Verkehrsüberlastung stellt sich m.E. die Frage, welche der sozialen Funktions- und Symboleigenschaften des Automobils heute noch bzw. für wen und für welchen Situationstyp als unverzichtbar anzusehen sind und wo umgekehrt eine Verlagerung oder Übertragung auf andere und, wie zu fordern ist, weniger umweltbelastende Träger oder Strukturen möglich erscheint. Ich behaupte nicht, daß eine solche Strategie der Funktions- und Symbolverlagerung, d.h. die Suche nach funktional äquivalenten und ökologisch adäquateren Ausdrucksformen der autonomen Beweglichkeit ein Allheilmittel darstellt gegenüber den derzeit praktizierten und zum großen Teil system-immanent bleibenden Kompromißbildungen wie z.B. Schaffung neuer Parkräume aus Innenstadtbereich und Ausdehnung von Fußgängerzonen; Verteuerung der Abstellnutzung und selektive Quotierung von Gratisnutzung; graduelle 'Einfädelung' nichtmotorisierter Verkehre in die städtischen Straßen, etc.

Ich meine, daß eine Neubesinnung notwendig ist über ein Produkt der Moderne, dessen historische Pionierleistung im Aufbruch zur Erweiterung subjektiver Bewegungsmöglichkeiten in Raum, Zeit und Sozialstruktur gar nicht hoch genug eingeschätzt werden kann, das aber gleichzeitig immer mehr zur Fessel für den Erhalt oder den Ausbau des elementaren Bürgerrechtes nach autonomer Beweglichkeit geworden ist. Individuierung und Individualisierung müssen heute anders gefördert und befördert werden als durch eine Bewegungsmaschine, die trotz aller Verbesserungen ganz unverkennbar - gewissermaßen unüberhörbar und unübersehbar noch die Merkmale der ersten industriellen Revolution aufweist.

4. Die Mobilisierung der Massen

Auf den ersten Blick gehört die Beschäftigung mit Prozessen der öffentlichen und kollektiven Artikulation von sozialen Interessen in den Zusammenhang einer politischen Ideengeschichte oder zur Organisationsgeschichte der sozialen Bewegungen. Der Umschlag von alltäglichen Formen der Abgrenzung zwischen kultureller Binnen- und Außenwelt zum Fremdenhaß und zum scapegoating, die spontane Zusammenballung von Massenprotest und Massendemonstration zur politischen Bewegung - sei es als spontane politische Aktion oder aber historisch spätere Formen einer Mobilisierung der Sinne z.B. durch Rundfunk- und Fernsehmedien - dies alles hat scheinbar wenig zu tun mit den eingangs diskutierten Problemen der Mobilisierung der äußeren Ding-Welt.

Aber man sollte marxens These vom Arbeitsprozeß als zweckvoller Aneignung und Umwandlung der 'ersten' Natur nicht zu eng sehen. Es gibt mindestens zwei relevante Sachverhalte, die eine Parallelisierung zwischen beiden Ebenen von Mobilisierung nahelegen. Erstens ist - wie insbesondere am Beispiel der autonomen Beweglichkeit sichtbar wurde - eine Entwicklung der industriellen und der technischen Moderne nicht denkbar ohne die Symbolbedeutung subjektiver Zielsetzungen wie sie etwa in Begriffen wie Fortschritt, Befreiung oder in der Gleichheitsidee zum Ausdruck gebracht werden. Die Mobilisierung sozialer Handlungen und Handlungsbereitschaften im Bereich technischer Artefakte weist insofern eine Reihe von Verbindungslinien mit gesellschaftlichen Gerechtigkeitsvorstellungen und Glücksansprüchen auf - wie auch immer solche Bezüge vermittelt sein mögen. Aber auch in umgekehrter Richtung lassen sich die Objektivationen des technischen Handelns zurückbeziehen auf die psychosoziale Binnenwelt der Imagination und der ideellen Vorwegnahme von subjektiven Zukünften. Ich verstehe die beiden folgenden Beispiele einer Mobilisierung der menschlichen Sinne so anglegt, daß dabei auch die veränderte Beziehung von psychosozialer Binnenwelt und technisierter Außenwelt zur Sprache gebracht wird. Ich vertrete die These, daß die Mobilisierungsprozesse von Subjektivität nach den klassischen Mustern von Ideologiebildung oder der Formierung von sozialen Bewegungen zunehmend unterlaufen und langfristig möglicherweise überholt werden könnten durch medial produzierte und reproduzierte Wirklichkeitsbilder. Ich ziele im vorliegenden Zusammenhang keinen Neuaufguß der Technokratiedebatte an - es geht mir um die Analyse möglicher Entwicklungsrisiken und um Chancen der Früherkennung solcher Risiken.

Ich belege meine These anhand von zwei Beispielen aus unterschiedlichen historischen Entwicklungsphasen und unterschiedlichen gesellschaftlichen Bereichen. Es geht im ersten Fall um die historische Schwellensituation einer Konfliktlage zwischen antikonservativen Bewegungen mit republikanisch-liberalen und teilweise mit sozialistisch-antibürgerlichen Zielsetzungen einerseits und dem nationalistisch-reaktionären Lager zur Zeit der dritten Republik in Frankreich. Ich möchte an diesem historischen Ausschnitt die Typik von Prozessen der politischen Mobilisierung und deren Gerichtetheit an der Zeitschwelle der sozialen Bewegungen des 20. Jahrhunderts untersuchen. Ich beziehe mich dabei im wesentlichen auf das unter L.H. Parias herausgegebene Sammelwerk 'Histoire du Peuple Francais' (1952) auf die von E. Labrousse und F. Brundel edierte 'Histoire Economique et Sociale de la France' (1964) sowie auf zwei Monographien von Ch. Charle (1988) und von Nancy Fitch zur Dreyfus-Affaire (1992). Das zweite Beispiel bezieht sich auf den deutsch-deutschen Einigungsprozeß.

Die Dreyfus-Affaire im Frankreich der III. Republik

Im Jardin des Tuileries, nahe der westlichen Seite an der Place Concorde steht, eingekeilt zwischen marmornen Putten, Sartyren und Imbißständen, das Denkmal des Hauptmanns Dreyfus - keine Inschrift, die Aufschluß gäbe über Anlaß und Standortwahl der Broncestatue. Das Denkmal zeigt einen Soldaten - überlebensgroß, in abstrahierender Betonung der Vertikalen wie bei den Figuren Giacommettis. Stramme Haltung, geschwellte Brust, Augen geradeaus. Die Waffe, der senkrecht gestreckte Säbel, ist zerbrochen. Dem Betrachter vermitteln sich widersprüchliche Eindrücke von disziplinierter Ergebenheit und Niederlage, von Gehorsam und verletzter, gleichsam abgebrochener Ehre, von unerschütterlichem Stehvermögen und erschüttertem Stolz. Hier steht Einer, der bereit ist zu soldatischer Mobilisierung und der zugleich - durch Umstände und Ereignisse, die der Betrachter nur ahnen kann - demobilisiert und demoralisiert wurde.

Die amerikanische Historikerin Nancy Fitch ist den Hintergründen der - was den Standort des Denkmals angeht - deplacierten und im übrigen auch historisch verspäteten Ehrung des französischen Hauptmanns Dreyfus nachgegangen (N. Fitch 1992). Sie berichtet von der Odyssee der Statue zwischen verweigerter Aufstellung, so etwa von seiten der Ecole Militare, dem Ort der affaire Dreyfus oder von seiten der Ecole Polytechnique, wo Dreyfus seine militärische Ausbildung absolviert hatte, von zögerlicher Haltung der - damals konservativen - Regierung Chirac nach Fertigstellung des Denkmals anläßlich des achtzigsten Jahrestages der Wiederkehr der militärischen Rehabilitierung von Dreyfus im Jahre 1906 bis zur endgültigen Entscheidung des damals (1988) neugewählten Staatspräsidenten Mitterand zugunsten des jetzigen Standortes (ebd., S. 60 ff.).

Die affaire Dreyfus steht im vorliegenden Zusammenhang für das in Friedenszeiten wohl einschneidendste politische Ereignis in Frankreich seit der großen Revolution. Es geht um die politische Mobilisierung der beiden großen politischen Gruppierungen im Frankreich der 3. Republik in den neunziger Jahren des vergangenen Jahrhunderts. Zwar hatte die militärische Niederlage Frankreichs im Krieg gegen das preußisch-deutsche Reich zur definitiven Abschaffung der Monarchie geführt und der demokratischen Republik den Weg geebnet. In der jungen III. Republik waren unter Clemenceau mit den beiden Vorhaben der Laisierung des Schul- und Unterrichtswesens und der Wahlrechtsreform wichtige Voraussetzungen geschaffen worden für eine Ausweitung der sozialen Rechte auch auf die unteren Schichten und Klassen. Gleichzeitig repräsentierten allerdings die beiden alten Stände, die noblesse d'épée und die noblesse de robe (v.a. der Klerus) durch ihren nach wie vor großen Einfluß in Armee, Staat und Kirche einen nach wie vor gewichtigen, seiner politischen Ausrichtung nach unsicheren und potentiell

destabiliesierenden Machtfaktor innerhalb der jungen Republik. Vor diesem Hintergrund entwickelte sich l'affaire Dreyfus.
Ohne auf das politische Umfeld oder auf die politischen Kräfteverhältnisse in der III. Republik gegen Ende des 19. Jahrhunderts im vorliegenden Zusammenhang genauer eingehen zu können, sind es insbesondere drei Zusammenhänge, durch welche die Typik der politischen Mobilisierung in den beiden großen Lagern pro und contra Dreyfus bestimmt wird:

1. die culture populaire einer immer noch zum überwiegenden Teil agrarisch-traditionell geprägten Nation;
2. die Druck- und Vervielfältigungstechniken der Massenpresse und eine sie begleitende und abstützende antisemitische Grundhaltung der katholischen Kirche und schließlich
3. das Gegengewicht einer demokratisch-republikanischen Öffentlichkeit unter ausschlaggebendem Anteil von Literaten und Wissenschaftlern - seither bekannt als intellectuels (s. dazu Ch. Charle 1990).

Das Frankreich des fin du siècle ist immer noch ein vorwiegend agrarisches Land - nahezu die Hälfte der Bevölkerung lebt in ländlichen Gemeinden mit einer Einwohnerzahl von weniger als 5.000. Mit der Einrichtung öffentlicher Schulen und Universitäten anstelle der bis dahin unter kirchlicher Regie stehenden Bildungseinrichtungen beginnt zwar ein Prozeß der allgemeinen Alphabetisierung, Literalisierung und der Lasierung der culture populaire, aber dennoch ist das rurale Frankreich bis Ende des 19. Jahrhunderts noch in starkem Maße geprägt durch die Herrschaftsordnung und die Wertvorstellungen der Kirche und der Feudalherren, die ihre Macht auf dem Lande nach der Revolution rasch wieder festigen konnten.
Die Dreyfus-Affaire - kurz gesagt die Anklage, Verurteilung und anschließende Verbannung des französischen Offiziers Dreyfus im Jahre 1894 (er war jüdischer Religionszugehörigkeit; unter dem Druck der Öffentlichkeit wurde Hauptmann Dreyfus im Jahre 1906 rehabilitiert, nachdem sich alle Anschuldigungen als haltlos und die wahren Schuldigen überführt worden waren[7] - traf auf ein kulturelles Milieu der classes populaires, das in vielfacher Hinsicht einen günstigen Nährboden abgab für ideologische Feindbildungen und für Mechanismen des scapegoating.

Die konservativen Kräfte waren durch die beginnende Industrialisierung sowie durch die allmähliche Konsolidierung der bürgerlich-parlamentarischen Republik in die Defensive gedrängt worden. Hinzu kam eine ökonomisch prekäre Lage der

---

[7] Zur Dreyfus-Affäre vgl. etwa L.H. Parias (Hsg.) Cent Ans d'Esprit Republicain, in: Histoire du Peuple Français, Bd. VI, Paris 1952, S. 227 ff.

Landwirtschaft gegen Ende der 90er Jahre. Auch die Folgen der militärischen Niederlage im deutsch-französischen Krieg von 1871 (Frankreich hatte seine beiden Provinzen Elsaß und Lothringen an Deutschland abtreten müssen) trug zum allgemeinen Klima der Verunsicherung bei und begünstigte die Projektion allgemeiner Ängste, Enttäuschungen und Kränkungen auf soziale Minderheiten.
Die Entwicklung neuer Techniken der Massenkommunikation in den achtziger und neunziger Jahren des 19. Jahrhunderts spielt eine wichtige Rolle in dem politischen Prozeß von Mobilisierung und Gegenmobilisierung, von De-Legitimierung und Re-Legitimierung, der die Nation spaltet bis hinein in die Familienbeziehungen. Hierzu gehört die Verbesserung von Satz- und Drucktechniken und die damit verbundene Möglichkeit zur billigen Herstellung von regionalen Ausgaben - es entsteht die Massenpresse. Parallel dazu wurden in dieser Zeit durch Verbesserungen des Farbdrucks technische Voraussetzungen geschaffen für die Massenproduktion von Bildern, Flugschriften und Traktaten, nach Inhalt und Darstellung spezifisch zugeschnitten auf die Denk- und Vorstellungswelt der Populärkultur (N. Fitch 1992, S. 62 ff.). Nancy Fitch zufolge bedeutet die Dreyfus-Affäre in diesem Sinne den Durchbruch der modernen Techniken der Massenkommunikation und der Meinungs-Mache in Frankreich (ebd.).

Das Vokabular, die Rhetorik und die Topoi der konservativen Mobilisierung während der Dreyfus-Affäre spiegelt eine tiefgehende Verunsicherung in den traditionellen Milieus des ländlich-kleingewerblichen Raumes in der Umbruchsituation des ausgehenden 19. Jahrhunderts wider. In besonderer Weise schlägt sich das politische Klima des Nationalismus -, der in dem Jahrhundert nach der grande revolution zunehmend von links nach rechts gerückt war -, des Antiparlamentarismus und der Abwehr gegen die Neuerungen des Kapitalismus, der Industrialisierung sowie gegen die städtischen Lebensformen im Antisemitismus nieder (Fitch, a.a.O., S. 63 f.).
In dem ressentiment-geladenen Topos des jüdischen Spekulanten oder des jüdisch beherrschten und gelenkten Parlamentarismus wird ein doppelter Projektionsmechanismus antisemitischer Propaganda deutlich. Im Antisemetismus verbinden sich die Zukunftsängste der von ökonomischer Krise und prekären Lebensverhältnissen bedrohten Kleinproduzenten; zum anderen wird die Unvertrautheit ländlich-kleingewerblicher und bildungsferner Schichten mit dem intellektuellen Milieu von weltlicher Bildung und politischem Universalismus deutlich. Für beides muß der jüdische Offizier Dreyfus herhalten.
Der Topos des skrupellosen und raffgierigen jüdischen Spekulanten dient als Projektionsfigur eines durch ausländische Agrarexporte und durch neuartige und tendenziell weltumspannende Produktionsverhältnisse und Lebensformen verunsicherten Kleinbürgertums. Der Kosmopolitismus-Vorwurf zielt in der Ausgrenzung

vermeintlich traditions-ferner, gesellschaftlich entwurzelter und 'vaterlandsloser Gesellen'[8] auf die Figur des Fremden, der wegen seiner Andersartigkeit gegenüber dem Überlieferten und Vertrauten als Objekt des Mißtrauens gegenüber allem Neuen 'angeboten' wird. Die Mobilisierung antisemitischer Vorurteile kam darüber hinaus der katholischen Kirche gelegen, um verlorenes Terrain im Bereich von Schule und Erziehung auf dem Schauplatz der öffentlichen Meinungsbeeinflussung wieder gut zu machen.[9]

Die Wortmeldung der intellectuels, wirksam in Szene gesetzt durch einen Zeitungsartikel von Emile Zola auf der ersten Seite der Tageszeitung I Aurore am 13.1.1898 unter dem mobilisierenden Aufmacher 'J'accuse', unterschrieben von Mitgliedern der Academie Française, von Wissenschaftlern, Literaten, Sozialisten (die allerdings zu diesem Problem gespalten waren) und anderen Vertretern des öffentlichen Lebens war gestartet worden als Kampagne der öffentlichen Gegen-Mobilisierung. Zola und seine Mitstreiter zielen auf die Mobilisierung der demokratisch-republikanischen Ideale der Grande Revolution und der Aufklärung (zur Dreyfus-Affäre s. Cent Ans, a.a.O.; zur Rolle der intellectuels in der affaire Dreyfus s. Ch. Charles 1990, S. 139 ff.).
Auch das organisatorisch und programmatisch geschlossene Auftreten der intellectuels in der Dreyfus-Affäre stellt ein historisches Novum dar. Es geht dabei nicht um die soziale Figur des Intellektuellen als solchen - die Jesuiten als instructeurs an den Lycees des Bürgertums im 17. und 18. Jahrhundert; Descartes und die Enzyklopädisten als Protagonisten eines neuen Verständnisses von Wissen und Wissenschaft und besonders die politischen Akteure während der französischen Revolution sind als Vorläufer jener sozialen Gruppe anzusehen, die man seit der Dreyfus-Affäre als intellectuels bezeichnet. Der Unterschied zu diesen historischen Frühformen intellektueller Praxis besteht in der Tat in der organisierten und zielgerichteten Form des Wirksamwerden von politischer Mobilisierung der intellectuels und er kommt darüber hinaus zum Ausdruck in dem Medium dieses Wirksamwerdens - dem massenhaft gedruckten und verbreiteten Wort. Es ist darüber hinaus die auf intellektuelle Mobilisierung 'vorbereitete' gesellschaftliche Öffentlichkeit, in der die Programmatiken, Aufrufe und Traktate ihre Wirkung entfalten konnten.

---

[8] Auch der deutsche Kaiser bediente sich dieses Topoi in der Auseinandersetzung mit der Sozialdemokratie; selbst Adenauer und die CDU griffen noch während des kalten Krieges in den fünfziger und den frühen sechziger Jahren diese Formel wieder auf.

[9] Es sei daran erinnert, daß das Jahr 1992 nicht nur der 500. Jahrestag des Aufbruchs der westeuropäischen Kultur in die westliche und südliche Hemisphäre sondern zugleich die Vertreibung der Juden durch die spanischen Habsburger symbolisiert. Die Koinzidenz beider Mobilisierungsprozesse wäre m.E. einer genaueren Untersuchung wert.

Ebenso wie die culture populare der Bauern und Handwerker, der Landgemeinden und der faubourgs weisen auch die intellectuels, die Literaten, Wissenschaftler (geistes- und sozialwissenschaftlicher Ausrichtung!) und die Repräsentanten der Bildungselite eigenständige kulturelle Traditionen auf. Perrault und Fontenelle im 17., sowie Condorcet, Saint Simon und die Saint-Simonisten im 18. bzw. im beginnenden 19. Jahrhundert hatten immer wieder betont, daß der gesellschaftliche Fortschritt und die Einlösung der Ideen von Freiheit, Gleichheit und Volkssouveränität eine Reform des Erziehungs- und Bildungssystems mit dem Ziel der Überwindung des Bildungsprivilegs der alten Elite erfordere (am Beispiel von Condorcet vgl. E. und R. Badinter 1989).

Jules Ferry, der erste Direktor des Enseignement Primaire hat die Prinzipien der französischen Bildungskultur zusammengefaßt unter den drei Begriffen 'gratuité', 'obligation' und 'laicité' (Cent Ans a.a.O., S. 179). Insbesondere das Prinzip der laicité impliziert ein Credo, in dem sich Aufklärungsdenken, soziale Emanzipationsansprüche und die Idee der communanté nationale unter Anlehnung an Gedanken von Kant, Rousseau und Auguste Comte, dem 'Erfinder' der Soziologie vermischen (ebd., 183). Dabei wird allerdings mindestens ein Moment der Elitebildung aus der Zeit des Absolutismus fortgeschrieben: oberhalb der Universitäten und nur durch ein System permanenter Auslese erreichbar sind z.b. die Grandes Ecoles angesiedelt. Ihre Vorrangstellung im französischen Bildungssystem ist bis heute ungebrochen.

Ich breche die Diskussion des ersten Beispiels hier ab. Prozesse der politischen Mobilisierung sind - so lautet mein Fazit - als Fortsetzung revolutionärer Veränderungen oder als Verlängerung militärischer Gewalt in die zivile Gesellschaft hinein zu verstehen. In der historischen Umbruchphase zwischen Absolutismus und parlamentarischer Republik und, dazu parallel in der Auseinandersetzung zwischen konservativen, liberalen und sozialistisch-radikalen Strömungen bedienen sich die Akteure und Träger der politischen Modernisierung der neuen Medien (Massenpresse, Farbdruck, später erweitert durch Rundfunk, Tonfilm und Fernsehen), um den politischen Gegner zu karikieren und seine Absichten und seine Interessenlage zu denunzieren und demgegenüber die eigene Position legitimatorisch zu untermauern und strategisch in ein günstiges Licht zu setzen.
Ich will nicht beim mannheimschen Ideologiebegriff stehenbleiben. Die politische und soziale Gegen-Revolution und das Milieu von Fremdenhaß und von kollektivem Ressentiment, für welches hier die Dreyfus-Affäre steht, wirft ein Licht auf die Fragilität der politischen Kultur in der Umbruchsituation zwischen Tradition und Moderne oder zwischen agrarisch-feudaler Ständeordnung und urbaner Klassen-

gesellschaft. Zwischen den bäuerlich-handwerklichen und den proletarisch-industriellen Strömungen gegenüber einer als bedrohlich empfundenen Welt des international agierenden Kapitalis hatte ein Prozeß der wechselseitigen Positionsabklärung und der politisch-programmatischen Ortsbestimmung gerade erst begonnen; hier konnten die alten Mächte manipulativ wirksam werden.

Man könnte den bedingungslos antibürgerlichen Proletarismus auf der Linken z.b. bei Jules Guesde oder den cäsaristisch-bonapartitistischen Populismus in Teilen der konservativen Rechten (vgl. N. Fitch, a.a.O., S. 72 ff.) in diesem Sinne verstehen als Ausdruck der sozialen Entwurzelung großer Teile der von ihnen traditionellen Lebensbedingungen losgerissener Gruppen der culture populaire. Erst in der gewerkschaftlichen Arbeiterbewegung pendeln sich in den urbanen Zentren die beiden Bewegungen der Parlamentarisierung gesellschaftlicher Konflikte und der Organisierung von Gegenmacht gegen die Herrschaftsansprüche der Unternehmer wieder ein. Die handwerkliche und bäuerliche Kultur des ruralen Frankreich bleibt demgegenüber weiterhin schwer berechenbar und verhält sich gegenüber den politischen Organisationen der urbanen Regionen abwartend und teilweise ablehnend.

Vom mechanischen Gedächtnis zum elektronischen Auge

Nun zum zweiten Beispiel. Im Zeitraffer der vergangenen 20 Jahre fällt auf, wie sehr die auf unmittelbar-spontane Beeinflussung und Aktivierung kollektiver Meinungen zielenden Formen der politischen Mobilisierung an Bedeutung verloren haben und wie sehr demgegenüber sekundäre Formen der Organisierung und Modellierung von Öffentlichkeit in den Vordergrund getreten sind. Massendemonstration und organisierte Regelverletzung, agitatorische Literatur und politische Kampagne, republikanische Klubs und intellektuelle Zirkel - allesamt entstanden während der französischen Revolution und seit den gesellschaftlichen Auseinandersetzungen der Jahrhundertwende zum Arsenal der politischen Mobilisierung gehörend, scheinen in der jüngsten Vergangenheit zunehmend zu 'versanden'. Läßt man die beiden wichtigsten Ereignisse in der jüngsten Geschichte der Bundesrepublik - den Golfkrieg und die deutsch-deutsche Einigung - Revue passieren, so springt der Wechsel von der unmittelbar-spontanen zur sekundären, medienvermittelten Herstellung von Öffentlichkeit besonders ins Auge.

Der allmähliche Übergang von Oralität und Literalität zu den technischen Medien der mass communication zeigt sich besonders drastisch an dem Bedeutungszuwachs

des Fernsehens. Die Fernsehberichterstattung zum Golfkrieg und die Verein-nahmung des deutsch-deutschen Einigungsprozesses durch die westdeutschen Fernsehanstalten dienen mir als Beleg für die These von der Verlagerung politischer Öffentlichkeit von primärer zu sekundären Organisationsformen und von der literarisch-oralen Ausdrucksformen zum technisch-administrativ regulierten Medienformat.
Ein Fernsehspot aus der heißen Phase des Golfkrieges soll diesen Aspekt der Funktionsverlagerung politischer Öffentlichkeit in die Fernsehstudios veranschaulichen. Im Spätsommer 1991 war die Weltöffentlichkeit eingeschaltet in eine neue Form der Frontberichterstattung. Gezeigt wurden Bildfolgen von Luftangriffen der mit Kuweit verbündeten Alliierten auf militärische Ziele im Irak. Agriffsszenen in telematischer 'Reinigung', künstlich und symbolhaft-verfremdet wie ein Tele-Spiel: startende Flugzeuge, ein Zielschema, Aufblitzen von Mündungsfeuer-Treffern. Die Kommentierung durch den militärischen Nachrichtenoffizier schloß das feature ab. Der emotionale Effekt des Kriegsereignisses war durch die extreme Künstlichkeit des Bildschirm-Displays abgespalten. Die Bildfolge suggerierte den Eindruck einer chirurgisch 'keimfreien" Operation einer Präzisionsmaschinerie: Krieg als militärische Operation ohne menschliche Opfer und Leiden. In der bezeichneten Szene fehlten die Erkennungsmerkmale einer Realsituation. Ausgeblendet waren Fluggeräusche, Detonationslärm und der Kontext der Zerstörungsoperation. Offen blieb für die Zuschauer, ob sie durch ein inszeniertes Telespiel genarrt oder wirklich 'dabei' waren.

Den Hintergrund dieses Tele-Autismus bilden mehrere voneinander unabhängige Entwicklungen der Reproduktions- und Montagetechnik einerseits sowie von organisatorischer Ausdifferenzierung und Zentralisierung der Nachrichtenübertragung andererseits. Während des Golfkrieges ist besonders die Abhängigkeit von Presse, Rundfunk und Fernsehen sowie der Nachrichtenagenturen von der Öffent-lichkeitspolitik der Militärs - und dabei wiederum besonders von der Öffentlichkeitsstrategie der USA als dem Kriegs- und Wortführer der mit Kuweit Alliierten - deutlich geworden. Das Was und Wie, das Wann und das Wieviel der Communiqués von den Kriegsschauplätzen wurde gelenkt und gesteuert wie der Einsatz der Militärmaschinerie.
Die medientechnische Dimension des hier zu untersuchenden Auseinanderrückens von Realgeschehen, Berichterstattung und Rezipientenzusammenhang besteht darin, daß mit der Entwicklung mechanischer und elektronischer Techniken der Fiktionalisierung z.B. durch optische und akustische Trickeffekte, durch Montagen oder Collagen ein Moment des Verschwimmens und des Undeutlichwerdens im Wirklichkeitsbezug der reproduzierten Bilder und Bildfolgen sich eingeschlichen hat. Das Konzept der 'star wars' (SDI) wurde unter der Regierung des ex-Hollywood-

Schauspielers Ronald Reagan entwickelt - seinerseits eine Collage aus rationaler Militärstrategie, Feindprojektion, technizistischer Megalomanie und science fiction. Die Mythen der Traumfabrik Hollywood, ein globales und scheinbar beliebig austauschbares Feind-Bild und vor allem das Vertrauen in die unbegrenzten Möglichkeiten des Mediums Technik mischen und durchdringen sich dabei in einer Weise, daß Wirklichkeit zunehmend fiktiv und Fiktives zunehmend als wirklich erscheint. Der Fernsehschirm wird damit Abbild und Träger eines verschwimmenden Wirklichkeitsbezugs - das Authentische und Originale wird manipulierbar.

Eine zunehmende Mediasierung politischer Öffentlichkeit und die zentrale Rolle des Fernsehens in diesem Prozeß läßt sich auch am Beispiel des beginnenden deutsch-deutschen Integrationsprozesses beobachten. Kein politisches Ereignis in der deutsch-deutschen Nachkriegsgeschichte ist in ähnlicher Weise von den Fernsehmedien vereinnahmt worden wie die soziale und politische 'Implosion' des realen Sozialismus in der DDR sowie deren Transformation in die neuen Bundesländer.

Kam die Stimme der DDR in der ersten Zeit nach der Öffnung der Mauer noch in vielfältigen Ausdruckformen zu Gehör, so wurde die Medienvielfalt oraler und literarischer Streitkulturen, filmischer Dokumentation und theatralischer Inszenierungen zunehmend eingeengt und durch das Bildschirmmedium Fernsehen überformt. Parallel zu der schrittweisen Ausdehnung von politischen Hoheitsrechten und von ökonomischen und administrativen Strukturen sowie den sozialen 'Spielregeln' der Bundesrepublik auf das östliche Deutschland haben die beiden großen Fernsehanstalten ihren Einzugsbereich erweitert. Thematik und Themenfolge, Themenakzentuierung und moralische Bewertung politisch relevanter Aspekte des deutsch-deutschen Einigungsprozesses wurden zunehmend bildschirmgerecht aufbereitet - öffentliche Debatten z.B. über die Verantwortung politischer Kader oder die Rolle des Staatssicherheitsdienstes in der DDR waren häufig nach Zeittakt, Ablaufschema und äußerer Aufmachung bis ins Einzelne durch die Mediensprache strukturiert.

Auf eine kurze These gebracht: die Fernsehmedien haben sich im deutsch-deutschen Einigungsprozeß von der Rolle begleitender Berichterstattung und Kommentierung zunehmend zum tonangebenden Informations- und Kommunikations-medium in den Vordergrund gedrängt. Die Konsequenz dieser Mediasierung politischer Öffentlichkeit ist die Reduzierung authentischer historischer Erfahrung auf das Bildschirmformat: Beschleunigung und Punktualisierung im Zugriff auf Ereignisse der externen Welt, Steigerung des Nachrichten- und des Sensationsgehaltes; Verlust an soziokultureller Kontur und historischer Tiefenschärfe. Es ist - unterstellt, diese Forschungshypothesen erwiesen sich als empirisch triftig - kein Zufall, daß an die

Stelle des politisch offenen und die Zivilkultur der neuen Bundesrepublik fördernden Milieus der ersten Zeit nach dem Fall der Mauer zunehmend das öffentlichkeitswirksame Feind-Bild 'dort die Täter, hier die Richter' getreten ist.

Vergleicht man im Zeitraffer eines Jahrhunderts und vor dem Hintergrund des zugegebenermaßen schmalen empirischen Ausschnitts meiner Arbeit die Konstitution von Öffentlichkeit und die Typik von Mobilisierungsprozessen zu Beginn und gegen Ende des Jahrhunderts der Moderne - so möchte ich die Zeitspanne zwischen 1871 und 1990 umschreiben -, so ist eine Verlagerung vom Ideologieproblem zur medialen Reproduktion von Wirklichkeit unübersehbar. Ich verstehe diese These nicht als lineare Trendaussage und schon gar nicht als Beleg eines medientechnischen Determinismus. Es geht um etwas anderes. Der Wandel öffentlicher Mobilisierungsprozesse von Oralität und Literalizität zur medialen Überformung politischer Wirklichkeit verweist - abgesehen von Aspekten der Organisierung von Interessen und der Institutionalisierung von Macht, was hier unberücksichtigt bleiben soll - auf eine 'anonyme Geschichte' (Giedion) medialer Systeme und Systemwirkungen als Strukturbedingungen und als dynamische Faktoren im Prozeß der Mobilisierung politischer Öffentlichkeit. Ich will mit diesem medienanalytischen Aspekt die inhaltliche Beweisführung abschließen.

Siegfried Kracauer (1964) und Walter Benjamin (1936) haben die Entwicklung von Photographie und Film analysiert als Informations- und Kommunikationsmedien sui generis, als Träger und Repräsentanten einer eigenständigen Ausdrucks- und Bilderwelt. Es liegt insofern nahe, die Entwicklung der bewegten Bilder als Teil einer anonymen Geschichte der Produkte im Sinne von Giedion zu verstehen. Die Mobilisierung der Sinne durch Photographie, Hörfunk und Film und schließlich das Fernsehen - bei Kracauer und Benjamin eingegrenzt auf Photographie und Film - fasse ich als Parallelprozeß zur 'Weckung' und Formung des politischen Bewußtseins. Es geht mir dabei nicht um das Verhältnis von ästhetischen, sozial-dokumentarischen, politischen oder von unterhaltender und kommerziellen Elementen in beiden Medien, sondern um die Beziehungen zwischen Bildersprache und Übertragungstechnik (s. dazu v. Verf. im Ersch., S. 45 ff.).
Paul Valérie hat das Kino bezeichnet als ein äußerliches, mit mechanischer Perfektion begabtes Gedächtnis (zit. n. Kracauer, a.a.O., S. 373). Gemeint ist die Fähigkeit des technischen Mediums Kamera, das Geschehen der äußeren Welt und ebenso die Abbilder imaginierter Phantasiewelten auf mechanischem Wege sichtbar zu machen, auf materiellen Bild- und Tonträgern zu speichern und dadurch beliebig abrufbar zu machen. Kracauer und Benjamin folgend läßt sich die Erfindung und Entwicklung der mechanischen Bildmedien verstehen als ein Mobilisierungsvorgang,

dessen gesellschaftliche Bedeutung im Hinblick auf den Prozeß der Enttraditionalisierung mindestens ebenso hoch zu veranschlagen ist wie die Mobilisierung von Arbeitskraft und autonomer Beweglichkeit.

Den ersten Film der Gebrüder Lumière gegen Ende des 19. Jahrhunderts zeigt die Ankunft eines Eisenbahnzuges - der Prozeß des Aufbruchs einer bis dahin stationären Lebenswelt wird zum Objekt der Bilderwelt. Photographie und Film nehmen eine Schrittmacherfunktion ein bei der Durchsetzung der Moderne in Wirtschaft und Kunst, in Architektur und Infrastrukturentwicklung (am Beispiel der culture technique im Frankreich der Jahrhundertwende s. Neue Gesellschaft für Bildende Kunst, Hg., 1986). Die Kamera wird im Bereich der bewegten Bilder in ähnlicher Weise zum Pionier bei der Erschließung von bis dahin unbekannten Welten wie die Eisenbahn und das Automobil im Bereich der physischen Fortbewegung, wie die kapitalistisch angewandte Maschinerie im Bereich der Warenproduktion oder wie das politisch-literarische Pamphlet im Bereich der Massenagitation.
Allerdings existiert auch eine andere Seite. Das neue Medium der mechanischen Visualisierung widerspiegelt zugleich die kulturelle Wirklichkeit moderner Gesellschaften. Der Film wird mit seiner Ausbreitung als Teil der modernen mass communication zunehmend zur Ware. Er ähnelt, mit Kracauer gesprochen, dem Eroberer, der die Kultur der Unterworfenen annimmt (ebd., S. 227). Es sind die Nachrichten- und Informationssendungen des Films (später des Fernsehens), durch die das politische Zeitgeschehen im Bewußtsein eines in Dauerbereitschaft gehaltenen Publikums - politisch informiert und zugleich unpolitisch gehalten durch die Distanz zwischen Ereignis und Sendung - Kontur erhält. Wer erinnert sich nicht an das Motto in den Lichtspielhäusern der fünfziger Jahre: "Wir bringen Ihnen das Interessanteste und Aktuellste aus allen Ländern der Erde! Fox tönende Wochenschau!" Untermalt wurde dieses sprachliche Stakkato eines anonymen Sprechers durch das monumentale Bild des rotierenden Globus - fürwahr ein Trommelfeuer bild-akustischer Signale!

Walter Benjamin hat in seiner Arbeit 'Das Kunstwerk im Zeitalter seiner technischen Reproduzierbarkeit' die Veränderungen der Wahrnehmungs- und Rezeptionsgewohnheiten durch die damals neuen Techniken am Beispiel der Kunst interpretiert als Zerfall des Auratischen, als Wandel vom Kultwert zum Ausstellungswert (Benjamin 1963, S. 20). Benjamins These bewahrheitet sich in exemplarischer Weise unter Anwendung auf die beiden Bildmedien Kino und Fernsehen. Die Bildersprache der Kamera wird dabei teils durch die Differenzierung der Genres und der Verwendungszwecke in zunehmendem Maße dem 'Ausstellungswert' - sprich: der Programmfunktion - untergeordnet. Mit der Auflösung der Einheit von Werk und Publikum durch das individualisierende Medium Fernsehen rückt der Zerstreuungs- und Unterhaltungswert in den Vordergrund. Die Kamera als 'mechanisches Gedächtnis' hat im Zeichen der universalen Indienstnahme der Medien durch Unterhaltung, Kommerz und Politik ihre originäre Anregungsfunktion für die menschliche Imagination weitgehend eingebüßt. Hier setzt die innovativ-konstruktive Funktion der Videotechnik als Medium der Generierung von Wirklichkeit an. Der Ort der technischen Erzeugung der Bilder wandert dann gewissermaßen vom Kameraobjektiv zum Monitor - Mischen und Montage, akustische und visuelle Effektgenerierung 'emanzipieren' die Videotechnik von der Vorlage. Das elektronische Auge der Videokamera läßt sich beliebig anreichern durch technisch generierte Bilder. Wirklichkeit wird damit in neuartiger Weise synthetisch und artifiziell, das Verhältnis von Original und technisch erzeugtem Bild wird selber zum Gegenstand des Designs im Herstellungsprozeß. Damit treten mediale Entwicklungen in den Blick, die man im Anschluß an Benjamin bezeichnen könnte als 'Zeitalter der technischen Produktion von Wirklichkeit' (s. dazu auch G. Böhme 1990).

Im Anwenderbereich haben die Entwicklung der Videotechnik z.B. durch die Miniaturisierung der Schaltungen, durch die Steigerung von Speicherungsfähigkeit, Informationsdichte und Wiedergabegenauigkeit sowie die Handlichkeit der Geräte und nicht zuletzt durch die Senkung der Preise zu einer raschen Ausbreitung in allen gesellschaftlichen Bereichen geführt. Diese sozialen Dezentralisierungs- und Verteilungseffekte könnten möglicherweise das originäre Moment der Imagination und Phantasie wieder mobilisieren, welches durch die Rundum-Nutzung von Hör- und Bildmedien verlorengegangen ist.

5. Auf dem Weg in eine andere Moderne?

Die fortgesetzte Mobilisierung von Arbeitskraft und deren biographisch extensionale Dimension des lebenslangen Lernens, die Steigerung der Verkehrsgeschwindigkeit von der körpergebundenen Fortbewegung zur motorgetriebenen Hochleistungstechnik, die zunehmende Verlagerung politischer Mobilisierungsprozesse von der öffentlichen Debatte zu den hochzentralisierten Bild- und Tonmedien; schließlich die medientechnische Revolution vom mechanischen Gedächtnis der Kamera zum elektronischen Auge der Videomedien: dies alles stützt die These vom Vordringen technisch regulierter Vergesellschaftungsprozesse. Allerdings soll hier nicht die These eines technischen Determinismus neu aufgelegt werden. Autoren wie Norbert Elias oder Paul Virillo haben wichtige Beiträge geleistet zum Verständnis der Transformation von fremdbestimmten Zwängen in Selbstzwänge und - was Virillo angeht - zur

Dialektik von sozialer Bewegung und psycho-sozialer Entwurzelung. Allerdings haben beide Autoren den Prozeß der modernen Zivilisation zu sehr aus der Totalen eines 'So und nicht Anders möglich' entworfen. Die Arbeiten von Elias geben keine Antwort auf die Frage nach den Anteilen und der Reichweite intentionalen Handelns. Virillo überzieht in der Dimension eines gegenüber individuellem Handeln oder öffentlichen Kontrollen verselbständigten und geschlossenen Beschleunigungszirkels. Meine Ausführungen laufen demgegenüber hinaus auf eine andere Schlußfolgerung. Unter Anschluß an Ulrich Becks Arbeit über 'Risikogesellschaft' - deren Untertitel übernehme ich als Leitfrage für die Abschlußbetrachtung - möchte ich meinen Beitrag in zwei Fragen ausmünden lassen. Beide sind gedacht als Anregung für weitere Forschungen.

Ich gehe erstens unter Anschluß an Becks Unterscheidung zwischen 'einfacher' Modernisierung oder Modernisierung der Tradition und selbstbezogener oder reflexiver Modernisierung der Frage nach, wie weit sich das 'wohin' der von mir beschriebenen Mobilisierungsprozesse verstehen läßt als eine Art Modernisierungsknick, als Formwandel von der noch traditionsgestützten zur freischwebenden Modernisierung. Zu einer Modernisierung nämlich, die ihr Maß gewissermaßen nur noch in sich selber hat. Meine zweite Frage bezieht sich - unter der Annahme einer mindestens partiellen Bestätigung dieser These auf mögliche Konsequenzen solcher Entwicklungen.

Die beiden Teilbewegungen einer mindestens partiellen Reprofessionalisierung von 'einfacher' Arbeitskraft und einer voranschreitenden Tendenz zu ingenieurmäßigen Modellbildungs- und Technisierungsleistungen stützen zwar die Annahme einer Enttraditionalisierung industrieller Sozialbeziehung. Mit Saint Simon gesprochen wird ein relevanter Teil aktueller Modernisierungs- und Rationalisierungsprozesse in der industriellen Produktion eher unter der Rubrik 'Verwaltung von Sachen' und weniger unter dem Vorzeichen 'Herrschaft über Menschen' abgehandelt. Allerdings ist dies nur die halbe Wahrheit. Geht man dem Ursprung der neuen Technisierungs- und Professionalisierungsdebatte nach, so werden sofort der politische Charakter und der konflikthafte Prozeß ihrer öffentlichen Durchsetzung und Anerkennung deutlich. Ohne die 'List der Vernunft' eines auch im wohlverstandenen Unternehmerinteresse liegenden Zwangs zur qualifikatorischen und motivationalen Anpassung relevanter Teile der ausführenden Arbeit nach oben ist in der Tat der breite Sozialkonsens mindestens in der alten Bundesrepublik nicht denkbar.

Zieht man so verschiedenartige Aspekte der Mobilisierung und Demobilisierung von Arbeitskraft wie Strukturkrise und Deindustrialisierung, De- und Requalifizierung lebendiger Arbeit, Transformation von erfahrungsgestützt-improvisierendem zu rechenhaft-modellartigem Ingenieurhandeln zusammen mit Blick auf die Ausgangsfrage, so ergibt sich ein überraschendes Ergebnis. In der Tat wird ein Knick im Modernisierungsprozeß sichtbar - abgelesen an den Mobilisierungen der Arbeitskraft. Es handelt sich hier indessen um einen Knick nach oben. Diese Antwort gilt jedenfalls im Falle der Realisierung jener arbeitspolitischen Reservoire und Optionen, die Horst Kern und Michael Schumann unter dem Titel 'neue Produktionskonzepte' zusammengefaßt haben. Zunehmende Naturferne und aufsteigende Beruflichkeit sind, was diesen Teil meiner Untersuchung betrifft, eine im Großen und Ganzen positive Verbindung eingegangen - immer unterstellt, die her angedeuteten Prämissen erweisen sich als realistisch.

Ein anderes Ergebnis erhalten wir, wenn wir nach den Chancen autonomer Gestaltung oder kollektiver Einflußnahme auf die beiden anderen Mobilisierungen fragen. Die spielerisch-sportliche Lust an der schnellen Bewegung wurde abgelöst vom professionalen Drang - besser: vom Zwang im Eliasschen Sinn als internalisierter Selbstzwang - nach technischer Perfektion auf Seiten der Ingenieure; neuerdings soll die Hochgeschwindigkeitstechnik immer weniger durch aktives Innovationsstreben und immer mehr durch reale oder vorgebliche Anpassungszwänge (z.B. der Europäer an die Japaner, der Eisenbahn - an die Flugzeuggeschwindigkeit, etc.) legitimiert werden.

Eine 'dromo-kratische' Verselbständigung von Fortbewegung und System-entwicklung im Sinne der Thesen Paul Virillos zeigt sich in den offenen Systemen des motorisierten Individualverkehrs ebenso wie in den geschlossenen (schienengeführten) Systemen der modernen Überlandverkehre wie etwa beim deutschen ICE oder beim französischen TGV (programmatisch: Train A Grande Vitesse). Die enormen Schwierigkeiten, die einem öffentlichen Dialog zur Frage nach gesellschaftlich und ökologisch angepaßten Reisegeschwindigkeiten entgegenstehen, werden z.B. schon daran deutlich, daß Träger, Protagonisten und Nutzer der Hochgeschwindigkeitssysteme - in Paraphrase zu Pierre Bourdieu die 'noblesse de route' - gleichermaßen die Qualitätslimousinen, die erste Klasse in den neuen Hochgeschwindigkeitszügen und die Kommunikationsmittel in den 'schnellen' Wort-, Bild- und Tonmedien besetzt hält. Die 'andere Moderne' ist insofern auch eine dromo-kratische, eine von verselbständigten Beschleunigungskräften und von Maß-Losigkeit bedrohte Moderne.

Sicherlich fällt eine stimmige und inhaltlich überzeugende Diagnose möglicher Entwicklungen im Bereich politischer Öffentlichkeit besonders schwer. Photographische und audiovisuelle Reproduktionen verhalten sich zur Wirklichkeit nicht in jedem Falle wie die schlechte Kopie zum guten Original. Ebensowenig weist die auf Oralität und Literalizität beruhende Öffentlichkeit per se höhere Demokratiegehalte oder rationalere Austragungsformen auf als das Medienmodell. Die reale Vielfalt und die relative Daseinsberechtigung medial hergestellter oder spontan erzeugter politischer Öffentlichkeit läßt sich ebenfalls weniger leicht unter

Rückgriff auf ökonomische Zwänge oder technische Entwicklungslogiken erklären und beurteilen als im Fall der beiden anderen Mobilisierungen. Anders als im Falle der Mobilisierung von Arbeitskraft und von autonomer oder heteronomer Fortbewegung entsteht der Impuls zu politischer Artikulation und zu kollektivem Handeln nicht innerhalb sondern eher unterhalb und häufig sogar im Gegensatz zu den etablierten Strukturen der entwickelten Industriegesellschaft.
Dennoch: bei aller Differenzierung sind Tendenzen der Aushöhlung der politischen Öffentlichkeit in der klassischen Form von Rede, Meinungsstreit und politisierender Literatur durch die audiovisuellen Medien nicht zu übersehen. Radio, Film und Photographie sind dabei immer noch im wesentlichen Übertragungsmedien oder Dokumentationsmittel; erst das Fernsehen und die elektronischen Videomedien heben die Sphären- und die Spartentrennung auf und tragen die Politik als Unterhaltung, Show oder Posse womöglich aber auch als neues Movens spontaner Demokratie oder als Medium von Zivilkultur in die Privatsphäre.

Die Politisierung der culture populaire während der Dreyfus-Affäre ist im vorliegenden Zusammenhang interessant als prototypische Situation des permanenten ideologischen Kampfes in der historischen Zerreißprobe zwischen konservativer Reaktion und entstehender Arbeiterbewegung. Die Gegenmobilisierung der intellectuels hatte dabei eine doppelte Funktion: sie diente der öffentlicheren Artikulation der universalen Prinzipien der droits de l'homme vor dem konkreten Hintergrund der prekären Machtverhältnisse im nach-absolutistischen Frankreich und sie machte zugleich moralische Maximen des politischen Handelns öffentlich, an denen auch die bürgerliche Republik selber gemessen werden mußte.
In den Untersuchungsperspektiven der Arbeitskraftdynamik und der Entwicklung von Verkehr und technischer Infrastruktur bedeutet der Begriff der Mobilisierung so viel wie einen gesellschaftlichen Beschleunigungsvorgang - eine Steigerung von Ereignisdichte und Ereignisfolge, hinter welcher die kognitiven Leistungen und häufig auch die Urteilskriterien und die ethisch-moralischen Kapazitäten einer Gesellschaft zurückblieben und gewissermaßen 'verrutschen'. Auch im vorliegenden Zusammenhang läßt sich dieser Bedeutungsgehalt einer äußeren Kraftanstrengung und eines allenfalls partiellen Bewußt-Seins aller dabei relevanten Ursachen und Zusammenhänge anwenden.
Gewiß steht die Kampflosung vom kapitalistischen Ausbeuter oder vom bürgerlichen Staat als Agenten der Bourgeoisie in der Phase des Frühkapitalismus in ihrem subjektiven Berechtigungsgehalt der Saint-Simonschen Formel im 'Organisateur' vom parasitären Charakter des ersten und zweiten Standes etwa 100 Jahre früher Nichts nach. Aber es geht hier um etwas anderes. 'Mobil' gemacht wird die politisch-soziale Vorstellungswelt - der Gegner wird zum Feind; aus sozialen Polaritäten werden poli-

tische Lager; der politische Gegner wird verfolgt mit Verachtung und Haß und ideologisch 'niedergemacht'. Dieser Resonanzboden des ideologischen Bürgerkrieges des 20. Jahrhunderts bildet, wie Leon Wurmser überzeugend nachgewiesen hat, das Ressentiment (vgl. dazu etwa L. Wurmser in Ch. Rohde - Dachser Hg., 1990).

Es ist nicht die Aufgabe des vorliegenden Artikels, das 'Überspringen' der Topoi des ideologischen Bürgerkrieges und des politischen Ressentiments auch in die Programmatik der Organisationen der Arbeiterbewegung zu untersuchen . Allerdings sprechen eine Reihe von plausiblen Argumenten dafür, daß politische Mobilisierungsprozesse in ähnlicher Weise einer Tendenz des 'Alterns' und des Verschleißes unterliegen könnten wie die Inhalte und Desiderate, deren Vermittlung sie dienen sollen. Mindestens als forschungs-anregende Hypothese möchte ich die Frage aufwerfen, wieweit der derzeitige Transformationsprozeß von primärer Kommunikation durch Oralität und Literalizität zu 'sekundären', medial hergestellten Formen von politischer Öffentlichkeit auch das Ende des Marxismus als theoretischer Grundlage und utopischer Leitidee sozialer Emanzipationsbewegungen beschleunigt haben könnte.

Der abschließende Vergleich bei der Frage nach dem 'wohin' der drei gesellschaftlichen Mobilisierungen von Arbeitskraft, Fortbewegung und politischer Öffentlichkeit führt insofern zu einem überraschenden Resultat. Lediglich die Dynamik von Erwerbsarbeit in den beiden Formen der abhängigen - fremdbestimmten Lohnarbeit und der - partiell selbstbestimmten - Berufsarbeit erweist sich als nach wie vor ungebrochen. Demgegenüber erscheinen die beiden anderen Entwicklungsdynamiken, die weitere Steigerung der autonomen Beweglichkeit und die Konstitution spontanpolitischer Öffentlichkeit aus Gründen ressourcieller oder legitimatorischer Art mehr oder weniger verbraucht oder - was die erstere angeht - an die Grenzen der ersten Natur zu stoßen. Sollten diese Schlußfolgerungen zutreffend sein, so werden zukünftige Vergesellschaftungsprozesse stärker durch Tendenzen der Technisierung und Organisierung sowie der medialen (Re-)Produktion von Wirklichkeit und weniger durch Formen der 'spontaneous cooperation' im Sinne Elton Mayos bestimmt sein.

Ulrich Becks These von der 'anderen' Moderne ist insofern bestätigt worden. Allerdings liegt der Akzent hier nicht auf der Ebene von Risiko und Gefährdung sondern eher im Bereich eines Wandels der materiellen Grundlagen von Modernisierung und Vergesellschaftung. Eine gewisse Differenz zu Becks Thesen liegt möglicherweise darin, daß ich nicht von einer Abschwächung, sondern umgekehrt eher von einer Verstärkung erwerbswirtschaftlicher und arbeitsgesellschaftlicher Strukturen sprechen möchte. Auf eine Kurzformel gebracht: Arbeiten und Erwerben, berufliche Selbstverwirklichung und Machterwerb in der Organisation erweisen sich in der Längsschnittanalyse gesellschaftlicher Mobilisierungsprozesse als außerordentlich stabil; Mobilisierung durch Politik und in Form der autonomen Beweglichkeit verlieren demgegenüber die Bedeutung, die ihnen in den Phasen des Bildungsprozesses der industriellen Moderne zukam. Die Unterhaltungs- und Übertragungsmedien stehen bereit als eine Art Auffangstruktur für die vielfältigen Ansprüche und Bedürfnisse jenseits der organisierten Arbeit.

Der vorliegende Analyserahmen ist in theoretischer Hinsicht zu schmal; die Generalisierbartkeit der hier herangezogenen Beispiele erscheint noch ungeklärt, sodaß ich weiterreichende Schlußfolgerungen z.B. im Hinblick auf die Fragen von Risiko und Risikokontrolle sowie von zunehmender Unbewußtheit industrieller Folgebeziehungen oder von Chancen der öffentlichkeitswirksamen Reflexion dieser Problematik hier offen lassen muß. Wichtig erscheint mir indessen die Notwendigkeit der Verstärkung interdisziplinärer Forschung im Zwischenbereich von Sozial- und Technikwissenschaften und ebensosehr zwischen eher empirisch orientierten Disziplinen wie etwa der Industrie-, Technik- und Organisations-soziologie einerseits und kritisch-hermeneutischen Zugriffen z.B. der Sozialphilosophie oder der psychoanalytischen Kultur- und Zivilisationsforschung. Eine solche Verstärkung von doppelseitiger Interdisziplinarität der Forschung über die Dynamik fortgeschrittener Industrialisierung und Modernisierung wäre jedenfalls m.E. eine wichtige Voraussetzung, um über die eingefahrene Betriebsamkeit der sozialwissenschaftlichen Diskussion über Modernisierung, Rationalisierung und Kapitalismus hinauszukommen und jene Aspekte von empirisch fundierter Zeitdiagnose und Zeitkritik wieder stärker zu integrieren, um derentwillen uns die soziologischen Klassiker auch heute noch etwas zu sagen haben.

Geographisches Institut
der Universität Kiel

Ausgewählte Literatur

W. Abendroth, N. Beckenbach, S. Braun, R. Dombois, Hafenarbeit. Bremen 1978

E. und R. Badinter: Condorcet. Un intellectuel en Politique. Paris 1989

U. Beck: Risikogesellschaft: Auf dem Weg in eine andere Moderne. Frankfurt/M. 1986

N. Beckenbach: Industriesoziologie. Berlin 1991

N. Beckenbach: Technisierung als Risikoproduktion. Vom langsamen Bewußtwerden einer Folgebeziehung. vervielf. Manuskript, Kassel 1992

W. Benjamin: Das Kunstwerk im Zeitalter der technischen Reproduzierbarkeit. Frankfurt/M. 1963(zuerst 1936)

G. Böhme: Die Natur im Zeitalter ihrer technischen Reproduzierbarkeit. Frankfurt/M. 1990

P. Bourdieu. La Distinction. Paris 1987

F. Braudel und E. Labrousse (Hg.): Histoire Economique et Sociale de la France. Paris 1964

M. Calvert: The Mechanical Engineer in America. Baltimore 1967

C. Castoriadis: Durchs Labyrinth. Seele, Vernunft, Gesellschaft. Frankfurt/M. 1981

Ch. Charle: Naissance des Intellectuels. 1880 - 1900. Paris 1990

D. Duclos: L'Homme Face au Risque Technique. Paris 1991

W. Eberwein, J. Tholen: Belegschaften und Unternehmer. Die geschichtlich-gesellschaftliche Herausbildung der aktuellen Betriebsverfassung und betrieblichen Mitbestimmung in Deutschland. Bremen 1983

H.P. Ekardt; H. Hengstenberg; R. Löffler: Subjektivität - die Stofflichkeit des Arbeitsprozesses, in: R. Schmiede (Hg.): Arbeit und Subjektivität. Bonn 1988

N. Fitch: Mass Culture, Mass Parliamentary Politics and Modern Anti-Semitism. The Dreyfus Affair in Rural France, in: The American Historical Review. Vol. 97, Feb. 1992, No. 1

Neue Gesellschaft für bildende Kunst (Hg.): Absolut modern sein. Culture Technique in Frankreich 1889-1937. Berlin 1986

S. Giedion: Die Herrschaft der Mechanisierung. Frankfurt/M. 1982 (zuerst 1948)

ders.: Raum, Zeit und Architektur. Zürich und München 1976 (zuerst 1941)

H. Kittsteiner: Die Entstehung des Gewissens. Insel, Frankfurt 1992

R. Kößler: Arbeitskultur im Industrialisierungsprozeß. Münster 1990

S. Kracauer: Zur Soziologie des Films. Frankfurt/M. 1964

J. Kuczynski: Die Geschichte der Lage der Arbeiter unter dem Kapitalismus. Berlin (DDR) 1967

B. Lutz: Kapitalismus ohne Reservearmee? Zum Zusammenhang von Wirt- schaftsentwicklung und Arbeitsmarktsegmentation in der Nachkriegszeit, in: G. Schmidt, H.J. Braczyk und J.v. Knesebeck (Hrsg.): Materialien zur Industriesoziologie. Sonderheft 24/1982 der Kölner Zeitschrift für Soziologie und Sozialpsychologie

R. Mandrou: La France au XVIIe et XIIIe Siècles. Paris 1967

K. Marx: Das Kapital. Marx/Engels Werke Bd. 23. Berlin (DDR) 1967

Le Monde diplomatique: Medias, Mensonges et Democratie. Manière de Voir 14. Février 1992

L.H. Parias (Hg.): Histoire du Peuple Français. Paris 1952

W. Sachs: Die Liebe zum Automobil. Reinbek 1984

ders.: Der kurze Traum immerwährender Prosperität. Frankfurt/M. und New York 1984

W. Schivelbusch: Die Geschichte der Eisenbahnreise. München 1977

W. Sombart: Der moderne Kapitalismus. Berlin 1909. Neuaufl. Berlin 1964

H. Straub: Geschichte der Bauingenieurkunst. Basel und Stuttgart 1966

v. Szanen (Hg.) schwerelos

K. Traube, H. Holzapfel, W. Sachs, O. Ullrich: Autoverkehr 2000. Wege zu einem ökologisch und sozialverträglichen Straßenverkehr. Karlsruhe 1985

P. Virillo: Geschwindigkeit und Politik. Berlin 1980

M. Weber: Methodologische Einleitung für die Erhebung des Vereins für Sozialpolitik über Auslase und Anpassung der Arbeiterschaft der geschlossenen Großindustrie, in: ders.: Gesammelte Schriften zur Soziologie und Sozialpolitik. Tübingen 1924

L. Wurmser: Psychoanalyse des Ressentiments, in: Ch. Rohde-Dachser (Hrsg.): Der zerbrochene Spiegel. Frankfurt/M. 1991

Peter Jüngst und Oskar Meder

Annäherung an eine Topographie des Unbewußten

Fragen nach der Phänomenologie der inneren räumlichen Orientierungsgebilde des Individuums werden von den verschiedensten wissenschaftlichen Disziplinen gestellt. Fragen nach dem kollektiven Zusammenspiel und den Äußerungsformen subjektiver räumlicher Orientierungsgebilde scheiterten bereits im Vorfeld, da noch immer kein methodischer Zugang zu kollektiven Szenen in ihr möglich ist.

Die Entfaltung einer subjektiven wie kollektiven Phänomenologie innerer räumlicher Orientierungsgebilde gelang also bisher nur bedingt. Allenfalls essayistisch umrissen wurden Fragen nach der symbolischen Generierungsmacht der Territorialität unserer Städte gleichwohl wie ihrer verdinglichten Strukturen. Eine vermittelnde Institution als Bedeutungsträger (Cassirer 1965) - Ergebnis geistiger Tätigkeit, die an konkrete sinnlich erfahrbare Zeichen geknüpft ist - übernehmen im Wechselspiel zwischen Subjekt und Gesellschaft sicherlich symbolische Formen. Lorenzer (1984, S. 24) verweist auf jenes Wechselspiel zwischen Innen und Außen, zwischen der inneren Welt der Gefühle und Gedanken einerseits und andererseits den sinnlich greifbaren Bedeutungsträgern draußen, wir sie unsere Städte als Ganzes darstellen, aber auch das szenisch-räumliche Arrangement unserer Stadtzentren mit ihren Einkaufsstraßen und -plätzen, ihren Fußgängerzonen, Passagen, alten Stadttoren, wichtigen Gebäuden etc. Die Annäherung an die Fragestellung nach einer Topographie des Unbewußten im städtischen Raum stellt sich damit als doppelte, nämlich inhaltlich und methodisch.

1. Diskrepanzen zwischen Image und Vorstellung

Die Grenzen zwischen gesellschaftlicher Bewußtheit und Unbewußtheit sind fließend. Von den Sozialwissenschaften her wird die Annäherung an den Gegenstand von der manifesten Seite aus betrieben; folgen wir kurz diesem Weg.

Im Hinblick auf den Fokus Stadt wären als theoretische Implikation die Begriffe "Image" (vgl. Lütke-Bernefeld/Wittenberg 1980) und "Vorstellungsbild" zu unterscheiden. Unter "Image" ist vor allem das Vorhandensein von Vorstellungen über die Stadt aus der Sicht und Interessenslage von Kommunalpolitik, Wirtschaftsförderung etc. angesprochen. Es geht um nach außen hin wirksame Attraktivitätsangebote (vgl. Häußermann/Siebel 1987). Demgegenüber sind bei "Vorstellungsbildern" kognitive und effektive Vorstellungen angesprochen, die die Bevölkerung bzw. Bevölkerungsgruppen haben und die sich decken können, in Varianten jedoch massiv voneinander abweichen. Die Vorstellungen der Bevölkerung - gleichsam die Innenperspektive - stimmen nur sehr bedingt mit der außengerichteten Image-Produktion überein.

Mit der Diskrepanz zwischen produzierter Perspektive als Wunsch-Perspektive für die anderen (Image) und der ansässigen Bevölkerung (Vorstellungen) klafft als postmodernes Phänomen ein Spalt, der Einsichten in die Tiefenstrukturen des Phänomens Stadt eröffnet. Der Blick richtet sich auf Sein oder Schein. Die städtische Wirklichkeit wird für bestimmte Sozialgruppen herausgeputzt und soll mehr hergeben als sie eigentlich zu leisten vermag. Das ökonomische Kalkül wird hierbei in den Vordergrund gerückt, denn den Städten geht es schlecht (vgl. Friedrichs/Häußermann/Siebel 1986 und Häußermann/Siebel 1987, S. 119-127 u. S. 203-215, aber auch Harvey 1987). Poliert wird für die "Human Ressources" der Unternehmen, die man mit dem neuen Image anzulocken gedenkt. Die Entdeckung "weicher Standortfaktoren" soll über die gegenwärtige Strukturkrise vieler Städte hinweghelfen: Die weichen Standortfaktoren haben an Gewicht gewonnen - "weich" heißt, daß diese Faktoren nicht so knallhart von den Betrieben kalkuliert werden wie z.B. Lohnkosten, Transportkosten, Bodenpreise usw. Sie können nicht mit einem Investitionsplan hergestellt werden und wirken auch eher aufs Gemüt. Die unverbrauchte Landschaft gehört dazu, das Wetter und das städtische Ambiente. Das alles wird vom High-Tech-Flügel der Beschäftigten so sehr geschätzt, daß es als Standortfaktor für moderne Industrien gilt. Machbar daran sind die Ästhetisierung des Stadtbildes und die Inszenierung von "Kultur" (Häußermann/Siebel 1987, S. 124).

2. "Verkleidung sozialer Wirklichkeit"

Die Literatur zur Bedeutung von Stadt-Images ist reichhaltig, insbesondere die amerikanische, was nicht verwundert, denn in den USA traten Strukturkrisen der Städte schon in den siebziger Jahren auf. Ganser hat diesen Prozeß wohl sensibel beobachtet und früh auf dieses Steuerungselement aufmerksam gemacht, wenn auch in wenig kritischer Weise: "Der Charakter des Images bietet Möglichkeiten zur bewußten Steuerung. Die Steuerungsmöglichkeiten reichen von der Veränderung der Realsituation über die besondere Pflege imagegestaltender Situationen bis zum bewußten Eingriff in den Symbolisierungsprozeß durch Urban Design und durch gezielte Informationspolitik" (Ganser 1970, S. 104/105). Mit der Strukturkrise unserer Städte ließen denn auch die Image-Kompanien nicht lange auf sich warten. Stadt und Region müssen attraktiver erscheinen. Sie sollen nach außen anziehend wirken und die eigene Bevölkerung über ihre wirtschaftliche und soziale Mangelsituation hinwegtrösten. Vom "City-Marketing" (Bölz 1988) bis zu "Der Planer als Urban Manager" (Kossak 1988) konzipieren nun Professionelle Stadt und Region als Produktsystem, das unter dem Oberbegriff "Lebensqualität" verkauft werden soll: Die "Erkenntnis, daß das Wesen einer Stadt, ihr Stadtbild, geprägt ist vom sozialen und kulturellen Klima, daß die Architektur der Stadt Ausdruck und Garant für ihr wirtschaftliches Überleben, für Aufstieg und Niedergang sein könnte, es in der Regel sogar ist" (ebd. S. 999), wird zum wichtigsten Kalkül in der Verwaltungsstrategie.

Die Kritik von stadtsoziologischer Seite her ließ denn auch nicht lange auf sich warten. So lautet Durth's Einspruch "Nicht die lustvoll-spielerische Selbstinszenierung einer Gesellschaft steht auf der Tagesordnung der Planung, sondern noch immer die Verkleidung sozialer Wirklichkeit, deren Brüche und Widersprüche mit wachsendem Aufwand zugedeckt" werden (Durth 1988, S. 227). Mit der "Metapher von der Stadt als Bühne" wendet sich Durth gegen eine publikumswirksame Verkleidung der Stadt, gegen die Verlogenheit von "Rekonstruktionsversuchen baulicher, räumlicher und soziokultureller Erscheinungsformen". Die Stadt wird herausgeputzt, wird zum gebauten Plakat: "auf Bildwirkung und Hochglanzcolor kalkuliert, Vorlage für unzählige Poster im Kopf" (ebda., S. 241). Der Verschleierungscharakter dieser "Ent-Wirklichung" unterliegt einem "übergreifenden Prozeß der Atomisierung gesellschaftlicher Wirklichkeit im Bewußtsein der Individuen: aufgelöst in eine diffuse Welt von Zeichen und Symbolen, die nahezu beliebig mit individuell wechselnden Assoziationen und emotionalen Valenzen belegt werden können, ohne daß die Realität, auf die die Zeichen verweisen, überprüfbar wäre" (ebda.).

Images als Erscheinungsformen postmoderner Stadtentwicklung wären demnach systemisch zu betrachten, so daß der Schritt zur kritischen Reflektion kapitalistischer Produktionsverhältnisse nicht weit ist. Bourdieu (1976, S. 181, 191-197) hilft uns aus dieser definitorischen Schwierigkeit mit dem Begriff des "symbolischen Kapitals". Über den Umgang mit "symbolischem Kapital" soll selbst Ausgegrenzten dieser Gesellschaft ein szenisches Menue offeriert werden, das den faden Beigeschmack ökonomischer Liberalisierung zu überdecken sucht, das sich jedoch als verkappte Form der Kapitalverwertung entfaltet. Die kreative Dynamik, die dieses szenische Menü an Baulichem entfalten soll, insbesondere für die privilegierten sozialen Gruppen, ist freilich im Ansatz schon behindert, weil der stilistische Eklektizismus die soziale Wirklichkeit auch der Privilegierten ausklammert. Der Schein trügt. Die Postmoderne zeigt sich janusköpfig: "... alles Nützliche ist in der Gesellschaft entstellt, verhext. Daß sie die Dinge erscheinen läßt, als wären sie nur der Menschen wegen da, ist die Lüge; sie werden produziert um des Profits willen, befriedigen die Bedürfnisse nur scheinbar, rufen diese noch Profitinteressen hervor und stutzen sie ihnen gemäß zurecht. Weil das Nützliche, dem Menschen zugute Kommende, von ihrer Beherrschung und Ausbeutung Gereinigte das Richtige wäre, ist ästhetisch nichts unerträglicher als seine gegenwärtige Gestalt, unterjocht von ihrem Gegenteil und durch es deformiert bis ins Innerste" (Adorno 1966, S. 597 f.). Adornos Kritik gilt dem Funktionalismus der Moderne. Diese Kritik läßt sich freilich auch auf die Postmoderne beziehen.

Die Moderne hatte damals anderes im Sinne. Es war nicht die Sparsamkeit, die sich an den Normen der Rentabilität orientierte. Die Moderne verlangte ihrerseits nach einer Bühne, auf der sich ein grandioses Konsumspektakel hat inszenieren lassen, das utopische Profitraten versprach und auch einspielte. Die Bühnenbildner mystifizierten ihre Werke mit Adjektiven wie "funktional" und "zweckrational". Sinnfällige Umwelt, die ein hochsublimiertes Kontaktvermögen als ein wesentliches Element einer voll entwickelten Affektkultur (Lorenzer 1968, S. 69) hätte fordern können, wurde "arm-zweckrational" (Adorno 1966) eternitiert, eloxiert und asphaltiert zur bloßen Fassaden- und Flächenhaftigkeit (s. auch Meder 1991). Der Bruch der Postmoderne mit dem funktionalen und rationalen stilistischen Internationalismus und die Betonung von lokaler Tradition und Geschichtlichkeit, ein breitgefächerter stilistischer Eklektizismus wäre demnach nur die Fortsetzung des Gehabten unter anderen Vorzeichen. Vieles deutet darauf hin: Der Massenflucht der Privilegierten in teure Urlaubsreisen und immobile Statussymbole muß begegnet werden mit der Produktion symbolischer Formen, die zur Identifikation einladen und die zum Luxuskonsum verführen, mittels dessen wiederum der soziale Status demonstriert werden kann.

Gerade aufgrund ihrer Undurchschaubarkeit eignen sich solche kollektiven Arrangements für verdeckte Formen der Manipulation, so daß mit Bourdieu (1976, S. 188) behauptet werden kann, daß die größten ideologischen und ökonomischen Erfolge diejenigen ohne Worte sind, die nichts weiter als komplizenhafte Stille erfordern, weil die Mechanismen zur Reproduktion der bestehenden Ordnung und der endlosen Fortsetzung von Herrschaft verborgen bleiben. Mit dieser Verkleidung und "Ent-Wirklichung" von Realität wird die Institution Stadt zu einem Ort der Unbewußtmachung dessen, was "die Ausübung von Herrschaft stört"(Erdheim 1983, S. 38). Wie Erdheim ausführt, wirkt das "Wissen von Realitäten, das unbewußt geworden ist" "als falsches Bewußtsein" im Subjekt und damit "herrschaftsstabilisierend". Diese Produktion von Unbewußtheit muß gesellschaftlich organisiert werden und der Ort, wo sie stattfindet, ist nicht so sehr die Familie als jene Institutionen, die das öffentliche Leben regulieren (ebda.). In den differenzierten historisch-gesellschaftlichen Untersuchungen Erdheims zur Produktion gesellschaftlicher Unbewußtheit in Institutionen wird freilich einem Zusammenhang nicht nachgegangen, der im räumlich-territorialen Kontext einer Institution von besonderer Bedeutung ist - hier: die Produktion von gesellschaftlicher Unbewußtheit mittels des szenisch-räumlichen, da verdinglichten Arrangements und den Gestaltungselementen, wie sie jeder Institution - und insbesondere der Institution Stadt - immanent sind.

3. Adaption verzerrter Wirklichkeit

Kehren wir zurück zu dem eingangs eröffneten Spalt zwischen offizieller Imageproduktion und dem subjektiven Erleben der Wirklichkeit, die sich als Vorstellungsgehalt im Subjekt niederschlägt. Hier kann freilich von Anfang an die Frage gestellt werden, inwieweit das subjektive Erleben eine verzerrte Wirklichkeit adaptiert. Gemäß der Charta von Athen wurde die moderne Stadt als funktionaler Organismus entworfen, dem die Subjekte sich entsprechend einem Tayloristischen Arbeitsprinzip anzupassen hatten, indem sie einer Territorialität folgten, die nach Aktionsbereichen wie Arbeiten, Wohnen, Verkehr, Erholung etc. gegliedert war (vgl. hierzu Hirsch und Roth 1986). Sperrig erwiesen sich aus dieser Perspektive allemal die historisch gewachsenen Stadtzentren, die mittelalterlichen Stadtkerne, die sich diesem Gliederungskonzept nicht so recht unterordnen ließen. Freilich hatten die Speerschen Wiederaufbaustäbe die Pläne schon vorbereitet, in denen die Planierung von manchem alten Stadtkern schon vorweg genommen worden war (vgl. Durth 1986 und Durth-Gutschow 1988), die in den letzten Kriegsjahren von den Bombern der Alliierten dann faktisch vollzogen wurde. Die Bedeutung städtischer Vorstellungsbilder, denen eine verhaltensorientierte und -sichernde Rolle im Alltagshandeln eignete, mußte sich das Subjekt aus der Struktur gesellschaftlicher Funktionszusammenhänge selber ableiten, was ihm insofern auch gelang, weil "ein allen Individuen gemeinsames Repertoire an Interpretationsmustern gegeben" war (Durth 1988, S. 177). Für die Postmoderne gilt dies inzwischen nicht mehr. Der gesellschaftliche Zusammenhang wird für das Subjekt als tendenziell undurchschaubar angesehen, denn "jedes Individuum kann nur auf ein eng gruppenspezifisch begrenztes Reservoir an Erfahrungen und Deutungsmöglichkeiten zurückgreifen, deren intersubjektive Gültigkeit vor allem durch die gemeinsame Sprache gesichert ist: Auf der individuellen "Suche nach Identität" ist daher in der unüberblickbaren Vielzahl von unterschiedlichen Wertsystemen, Lebensformen und Situationsgefügen jedes Indiz von Wichtigkeit, das die Identifizierung von Erlebnis- und Handlungsfeldern erlaubt. Dabei bilden die durch umgangssprachlich vermittelte Alltagserfahrungen geprägten visuellen Codes und kognitiven Kompetenzen den Filter, durch den auch die Vorstellungsbilder und Eindrücke von städtischen Umwelten subjektiv verarbeitet, entsprechende Images geprägt und Situationen definiert werden" (Durth 1988, S. 177/188). Freilich kann städtische Umwelt nicht auf postmoderne Formen reduziert werden. Unsere Wahrnehmung wird konfrontiert mit einem historisch gewachsenen und verformten Stadtbild, mit den Klischees der Vergangenheit, die sich im romanischen Dom ebenso finden lassen wie in der Gothik, im Jugendstil oder im Neoklassizismus. Das Subjekt muß die stilistischen Konvergenzen und Divergenzen jener historisch gewordenen architektonischen und territorialen Ensembles verarbeiten. Erklärungsansätze, wie die objektive Realität der Stadtgestalt sich in subjektiver Wahrnehmung niederschlägt und wie solche Wahrnehmung letztlich Folgen für das Alltagshandeln des Subjektes hat, wäre als Frage an die Forscher/innen zu formulieren.

4. Vom normativen zum interpretativen Paradigma

Dem normativen Wissenschaftsparadigma verpflichtet, das solche sozialen und psychischen Phänomene in verallgemeinerten Gesetzen und Modellen erklären will, sind vor allem gestalttheoretische Vorstellungen. Die Beziehungen zwischen den substantiell formenhaften Elementen der Stadtgestalt und ihrer Erlebniswirksamkeit für das Subjekt wären hier als Vorstellungsresultat von Stadtwahrnehmung zu benennen. Mit dem gestaltpsychologischen Erklärungsansatz von Höllhuber (1976) kann schließlich festgehalten werden, daß die "Objekte der Umwelt unterschiedliche Bedeutungen haben, je nachdem, ob wir sie als Ganzheiten oder individuelle Teile sehen." (ebd., S. 12). Die Stadt wird zerlegt in ihre Einzelteile und schließlich zur Gesamtgestalt montiert, wobei nach Höllhuber zu beachten ist, daß jene Vorstellungen "nicht nur eine Summe von Teilinformationen über die Umwelt" darstellen, sondern darüber hinausgehende Bilder, gestalthafte Eindrücke ..., die mehr beinhalten als die Summe ihrer Teilelemente" (ebda.). Dieses gestalttheoretische Axiom, das Ganze sei mehr als die Summe seiner Teile, ist Leitsatz für subjektive Stadtbilduntersuchungen, wobei eben von Stadtgestalt "... nur dann gesprochen werden kann, wenn Gestalt- bzw. Inhaltsattribute auffindbar sind, "die nur der Ganzheit... einer städtischen Reizkonstellation zukommen (Krause 1974, S. 33). Die Analyseverfahren, mit denen solche Ergebnisse erlangt werden, sind durchaus anspruchsvoll, schließlich sollen ja die Wahrnehmungen der Subjekte der gebauten Umwelt empirisch handhabbar werden. Zweifelsohne türmen sich hier methodologische Probleme auf, weil mit dem Messen selber gleichzeitig eine Datenreduktion und -interpretation verbunden ist. Diese Problematik bleibt auch bestehen bei der unterschiedlichen Maßstäblichkeit, in der Krause seine Ergebnisse darstellt: Bei der "Site Analysis" geht es ihm um Wahrnehmungen des großräumigen Ineinanderwirkens von Stadt und Landschaft (ebda. S. 14 ff); Ziel der Raumgestaltanalyse ist nach ihm die Erforschung der gestalthaften Wirksamkeit der stadträumlichen Gliederung. Städtebaulichen Situationskontexten und ihrer entsprechenden Wahrnehmungswirkung folgt die "Townscape-Analysis". "Stadtbild-Analyse" und "Sequenz-Analysen" sind weitere Ansätze, um Verflechtungen des innerstädtischen Wahrnehmungsnetzes darzustellen (ebda. S. 20 f).

Die Vorarbeiten gestaltinduzierter Ansätze wurden von Lynch (1960) geleistet mit seiner Studie "The Image of the City". Er gründet die Wahrnehmung von Stadtgestalt auf die Wirkung des Formhaft-Substantiellen. Es sind dies Brennpunkte, Ränder, Linien, Knoten, Grenzen etc. baulicher Elemente, die von Lynch nach den Kriterien des Ablesbaren und Erinnerten bewertet werden. Als Differenzierungsmerkmal führt Lynch die unterschiedliche Wahrnehmung von Subjekten und Gruppen in die Stadt-Gestalt-Analyse ein. Dieses sozial differenzierende Element geht hierbei noch immer selbst über die neueren Ansätze hinaus. Ein handlungstheoretischer Ansatz, der auf die "Wahrnehmung und Handlungsmöglichkeiten sozialer Gruppen in altstädtischen Kernregionen" zielt, wurde schließlich von Jüngst, Kampmann, Schulze-Göbel (1977) am Beispiel der Marburger Oberstadt verfolgt. Dort wurde auch vermieden, den städtebaulich formhaften Elementen deterministische Eigenschaften im Hinblick ihres Einflusses auf Einstellungen und Beziehungen der Menschen zum städtischen Lebensraum zuzuschreiben, wie es z.B. auch von Hard (1984, S. 131) kritisiert wird. Von Bedeutung an der Studie von Jüngst/Kampmann/Schulze-Göbel ist die doch bemerkenswerte Gleichartigkeit der Wahrnehmung des Marburger Altstadtbereiches (gemessen anhand von Polaritätsprofilen) gegenüber recht unterschiedlichen Handlungspotentialen von Angehörigen unterer Schichten und Akademiker-Familien, die durch den vorgegebenen Focus Altstadt aktiviert werden. Das aktivische Handlungspotential, wie es bei den Jugendlichen aus Akademiker-Familien deutlich wird, weist auf Sozialisationsmechanismen hin, in denen Individuation und aktive Formen der Umwelt-Bewältigung in besonderem Maße gefördert werden: der Gegenstand wird Anlaß zum Diskurs.

Einen Zugang zur Erfassung von Stadtwahrnehmung stellt das "Mental-Mapping" dar, das insbesondere in der angelsächsischen Geographie entwickelt wurde (vgl. zusammenfassend Downs/Stea 1982, Pocock/Hudson 1978, sowie Tzschaschel 1986, S. 36-44). Hierbei geht es um die Erstellung differenzierter Erlebnisprofile von als homogen definierten Sozialgruppen, wobei die gruppenspezifisch ausgeprägten Vorstellungsinhalte bei einem Teil dieser Studien als sogenannte Mental Maps reproduziert werden. Dabei werden häufig Bedeutungszuweisungen an substantielle städtischer Formenhaftigkeit verknüpft mit Ergebnissen, die die Involvierung der jeweiligen Gruppen in bestimmten Alltagsnutzungen thematisieren. Durchaus interessant erscheinen auch Ansätze, die positive und negative Bewertungen von Stadtarealen mit spezifischen Eigenschaften dieser Areale - so solche auch physisch-geographischer Natur sowie architektonischer Art - in Beziehung zu setzen suchen (siehe z.B.

Bonnes 1986).

Freilich bleiben diese Untersuchungen, ebenso wie die gestaltpsychologischen Untersuchungen prinzipiell am normativen Paradigma orientiert. Weder wird die historisch-gesellschaftliche Entwicklung von Wahrnehmungsbildern städtischer Formenhaftigkeit reflektiert und in einen komplexeren sozialpsychologischen Begriffsapparat gefaßt, noch werden die sozialisatorischen Mechanismen von Subjekten und sozialen Gruppen auf ihre Relevanz im Hinblick auf Zusammenhänge zwischen Wahrnehmungsfähigkeit und Handlungspotential hinterfragt. Entsprechende Anliegen können nicht im Verbleib bei sozialstatistischen Aggregatsanalysen eingelöst werden, sie bedürfen viel mehr gesellschaftstheoretisch fundierter Untersuchungen, die zumindest am interpretativen Paradigma orientiert sind.

Diese Kritik gilt auch Studien, die mittels differenzierterer kognitiver und affektiver Erlebnisprofile Entstehung und Wandel von städtischen Vorstellungsbildern zu fassen suchen. In diesen Studien wird durchaus akzeptiert, daß die "symbolische Bedeutung von städtischen Elementen oder ihren Repräsentationen über ihren objektiven und funktionalen Charakter hinaus" geht (Tzschaschel 1986, S. 40). Durchaus werden biographische Zuweisungen solchen Symbolgehalten zugestanden neben ihrer allgemein anerkannten kulturgeschichtlichen Bedeutung als Symbole. Becker und Keim (1978, S. 35 ff) greifen für die Beschreibung solcher Beziehungen zwischen Subjekt und der Umwelt auf den Begriff der Identifikation zurück, wobei für sie kognitive und affektive Wahrnehmungsqualitäten zu einem Bedeutungshof verdichtet werden. Eine solche Verdichtung kann im reinen Begriff kristallisieren, im Sinne "symbolischer Ortsbezogenheit" (Treinen 1974, S. 234-259). Hierbei löst sich - entsprechend den Annahmen von Treinen - die affektive Bindung vom konkret Formenhaften und verdichtet sich z.B. auf einen Ortsnamen als Träger kognitiver und affektiver Wahrnehmungsqualität. Freilich ist die Verstümmelung insbesondere der emotionalen Vorstellungsgehalte solcher am behaviouristischen Symbolkonzept orientierten Studien nicht zu übersehen. Gebaute Umwelt wird als "Anweisung" für ihre Benutzer verstanden und verbleibt in einem konventionellen Verständnis von Handlungsvollzügen. Die Lebensbedeutsamkeit von präsentativer Symbolik und von Territorialität wird weder in ihrer gesellschaftlichen Vermitteltheit noch in ihrer Relevanz für die Alltagsbewältigung des Subjektes aufgegriffen.

Von den Schwächen des normativen Paradigmas sucht sich ein semiotisch orientierter Erklärungsansatz für die Entstehung subjektiver Vorstellungsbilder abzusetzen, wie er bei Durth (1988, S. 177 ff) skizziert wird und wie er auch bei Ipsen (1986), Sieverts (1986/1990) und Scimeni (1986) aufscheint. Durth lehnt sich an den zeichentheoretischen Ansatz von Eco (1972) an, der von diesem in der Verknüpfung kommunikationstheoretischer und interaktionistischer Betrachtungsweisen entwikkelt wurde. Diesem Ansatz folgend lassen sich Architektur und städtischer Umwelt visuelle Codes zuordnen, die verdichtete Beschreibungen von gesellschaftlichen Gewohnheiten und Erfahrungen darstellen und dementsprechend auf das Verhalten städtischer Bewohner/innen steuernd einwirken.

Wichtig im Hinblick auf die gesellschaftliche Genese und Wirkung baulicher städtischer Konfigurationen ist die von Durth hervorgehobene Unterscheidung von zwei Bedeutungsebenen semiotischer Qualitäten. Auf einer ersten Ebene werden "subjektive Codifizierungsprozesse" als "Prozesse der Internalisierung von Handlungsmustern gemäß gesellschaftlicher Funktionszusammenhänge" beschrieben, "die den Individuen eine relativ einheitliche Basis der Interpretation auch architektonischer Elemente geben - dies aber nur auf der Ebene der Denotationen, der primären Gebrauchsfunktionen (...)". Architektur ist in diesem Konzept Festschreibung von Lebensformen, die nur geringe Abweichungen von vorgegebenen (codifizierten) Handlungsroutinen und von dem entsprechenden "kognitiven Konsens" gestatten (Durth 1988, S. 178).

Über diese funktionalistische Perspektive hinaus ordnet Durth einer zweiten Bedeutungsebene symbolische Konnotationen zu, "symbolische Nebenbedeutungen", die bei "Bedeutungsverlusten konkreter Gebrauchswertzusammenhänge zugunsten der Dominanz (...) von Statussymbolen und Prestigewerten - der gesellschaftlichen Phantasieprodukte" (ebda., S. 180) einen besonderen Stellenwert bei der Erklärung des Verhaltens von Stadtbewohnern/innen erhalten. Demgemäß sind jene symbolischen Nebenbedeutungen "zur Stabilisierung des sozialen Systems und sozialer Hierarchien ähnlich funktional wie die Kenntnis des gesellschaftlichen Gebrauchszusammenhangs dem bloßen Überleben" (ebda.).

Der in Anlehnung an Eco vorgestellte semiotische Erklärungsansatz von Durth transzendiert die oben dargelegten, vorwiegend verhaltenswissenschaftlichen und an einem normativen Erkenntnisanspruch orientierten Konzepte und Studien zur subjektiven Wahrnehmung von städtischer Umwelt. Damit ist eine gesellschaftskritische Dimension angesprochen, die die Untersuchungsperspektive auf das Verhältnis subjektiver Wahrnehmung und gesellschaftlicher Bedingungskontexte und Funktionen eben dieser Wahrnehmung fokussiert. Es ist dies eine Nahtstelle zu einem Theorieverständnis, das subjektive Wahrnehmung städtischer Umwelt in komplexere gesellschaftliche Zusammenhänge einordnet, freilich aber differenzierterer theoretischer Konstrukte im Hinblick auf die symbolische Vermitteltheit emotionaler Gehalte bedarf.

Notwendig ist hierfür ein Wechsel vom normativen zum interpretativen Paradigma, um zu einem besseren Verständnis der Entstehung städtischer Vorstellungsbilder zu gelangen. Das Subjekt wird in seiner alltäglichen Interpretation der Umwelt und den daraus resultierenden Handlungsvollzügen zum Gegenstand der Analyse. Objektive Gestalt, Nutzungs- und Attraktivitätsmerkmale in ihrer Bedeutung für räumliche gebundene Erlebnismöglichkeiten und die Verhaltenswirksamkeit der Stadtgestalt wurden nicht mehr unmittelbar zueinander in Beziehung gesetzt. Handlungstheoretische Ansätze gestatten es - nach Waldenfels (1985, S. 175) - gesellschaftliche Großformationen in Zusammenhang mit Lebensweisen und Sozialisationsformen zu bringen. Dadurch wird es möglich, die Vielfältigkeit städtischer Lebensformen und Vorstellungen wirklichkeitsnah darzustellen. Das Individuum wird in seinem symbolvermittelnden Handeln beschrieben. Dieses wäre nachzuvollziehen in der Vielfältigkeit unterschiedlicher Lebensstile und Wertvorstellungen, die auf den städtischen Lebensraum bezogen variierende Bedeutungszuweisungen und Situationsdefinitionen erzeugen. Gemäß dem Rollenkonzept (Dreitzel 1980) gewinnt das Subjekt mit der Fähigkeit zur Übernahme wechselnder Rollen zugleich die Fähigkeit, wechselnde Interpretationsleistungen zu erbringen, allerdings entlang begrenzter "Handlungsabläufe", so daß auch der räumlich-gegenständlichen Welt wechselnde Bedeutungen zukommen, die gemäß dem symbolischen Interaktionismus kommunikativ vermittelt werden. "Damit wird auch verständlich, daß Vorstellungsbilder vom städtischen Lebensraum entstehen, die seltener eindeutig, häufiger mehrdeutig sind und die als Erfahrungshintergrund für zukünftiges Handeln je spezifische Interpretationsgehalte verfügbar machen" (Krüger Pieper Schäfer 1989, S. 48).

Freilich werden an den Wissenschaftlern an die Wissenschaftlerin mit dem Wechsel vom normativen zum interpretativen Paradigma auch neue Anforderungen gestellt. Mensch-Umwelt-Bezüge sind nicht mehr einer naturwissenschaftlich orientierten Mechanik folgend zu beschreiben; hier geht es vielmehr um ein Sinnverstehen des Handelns der Subjekte, das in der qualitativen Sozialforschung aus der sozialwissenschaftlichen Hermeneutik abgeleitet ist (eine gute Replik zur Literatur der interpretativen Soziologie findet sich bei Hoffmann-Riem 1980 und auch bei Heinze 1987). Mit der Grundannahme der Sinnhaftigkeit in der sozialen Welt wird den darin Handelnden ein Alltagswissen normativer Regelungen und Interpretationsverfahren zugestanden, das es ihnen ermöglicht, gesellschaftliche Wirklichkeit selbst zu interpretieren. Jene Bedeutungsgehalte der gesellschaftlichen Wirklichkeit zu rekonstruieren ist nun Aufgabe des Sozialwissenschaftlers/der Sozialwissenschaftlerin, die sich ihrerseits interpretativer Methodologie bedienen. Zur bedeutsamen Erkenntnisquelle wird die subjektive Perspektive der ihrer alltäglichen Lebenswelt verhafteten Menschen, die der Wissenschaftler/die Wissenschaftlerin einfühlsam nachverstehend beschreibt und aus dieser Beschreibung analytische Kategorien gewinnt. Der Raum erfährt hierdurch eine akzentuiertere Bedeutung (vgl. Relph 1976), "Space and Place" werden neu aufeinander bezogen (Tuan 1977) oder gar affektive und herrschaftliche Dimensionen in den subjektiven Veranstaltungsgehalten von Räumlichkeit Gegenstand der Analyse (Tuan 1984). Monographische Arbeiten über Städte nutzen die Laienperspektive - so Wood bei der Analyse problematischer Stadtteilentwicklung in Essen ebenso Lütke-Bornefeld/Wittenberg (1980), die Biographieverläufe sozialer Gruppen analysieren und aus diesen sozialräumlich-biographischen Konstellationsmustern Einflüsse auf die Genese der Vorstellungsbilder jener sozialen Gruppen zu verdeutlichen suchen. Umweltrepräsentationen und ortsbezogenes Selbstverständnis am Beispiel Stadt werden von Graumann, Schneider, Kany (1981) mit einem an der interpretativen Methodologie orientierten Methodenkanon analysiert.

Eine vermittelnde methodische Position zwischen normativem und interpretativem Paradigma nehmen Krüger/Pieper/Schäfer (1989) in ihrer Studie über Oldenburg ein, indem sie Vorstellungsgehalte der Stadtbewohner von Oldenburg sowohl nach sozialstatistischen Kriterien als auch im Hinblick auf interpretierbare subjektive Vorstellungskomplexe und Handlungsmuster untersuchen. Allerdings verbleibt die Erfassung der subjektiven Perspektive der Befragten auf einer manifesten Ebene; tieferliegende, d.h. die Vorstellungsbilder unterströmende unbewußte Gehalte - letztlich durch die Symbolträchtigkeit der städtischen Umwelt evozierte Beziehungsfiguren und innere Repräsentanzen - werden nicht erschlossen. Damit ist zugleich eine grundsätzliche Kritik angesprochen, die nahezu allen am interpretativen Paradigma orientierten Untersuchungen gilt. Diese verbleiben durchweg auf der Ebene manifester subjektiver Vorstellungsgehalte von verdinglichter städtischer Umwelt und häufig erst im Rahmen des Untersuchungsganges vorgenommener Gruppenzuordnungen gemäß sich ergebender Ordnungsschemata. Die Auswertung von Befragungsergebnissen weist in der Regel zwar eine hermeneutische Orientierung auf, wobei allerdings jene dem Text immanenten Störungen und Dissonanzen, die als Ausgangspunkte für die Erschließung latenter Wahrnehmungsgehalte genutzt werden könnten (vgl. hierzu Leithäuser und Volmerg 1979), kaum berücksichtigt werden. Jedoch gelangten mit jener "Oberflächenhermeneutik" gesellschaftliche Problemgehalte und Kontexte insoweit ins Blickfeld, als sie den Bewohnern selbst bewußt sind (siehe z.B. die Untersuchungen von Yancey (1976) zur Einschätzung von öffentlichen Wohnungsbaumaßnahmen durch die späteren Bewohner; vgl. auch Proshansky und Fabian 1986 sowie Scimeni 1986).

5. Tiefenhermeneutische Ansätze sind rar

Ansätze, die gezielt latente Repräsentanzen und Dynamiken in den Vorstellungsgehalten von Stadtbewohnern im Hinblick auf ihre Umwelt erforschen, sind bisher kaum entwickelt worden. Entsprechende Versuche - wie etwa der kurze Aufsatz von Cooper (1976) "The House as Symbol of the Self" - verbleiben weitgehend auf essayi-

stischer Ebene. Dies mag u.a. wohl darin begründet liegen, daß Vorstellungen, die die symbolische Vermittlung zwischen Innen und Außen konzeptualisieren - hier vor allem zwischen Subjekt und Umwelt in die Raumwissenschaften kaum Eingang gefunden haben. Zwar haben die Arbeiten von Mitscherlich (1971, 1978) zur Problematik der Nachkriegsstädte weite Verbreitung erfahren, doch will Mitscherlich sein Leserpublikum erst einmal für sozialpsychologische Fragestellungen sensibilisieren. Eine differenzierte Konzeptualisierung des emotionalen Verhältnisses der Bewohner zu ihrer städtischen Umwelt auf der Grundlage des psychoanalytischen Paradigmas, über das Mitscherlich als Ausgangspunkt seiner Überlegungen verfügt, bleibt in seiner Relevanz für ein mögliches Forschungsdesign deshalb verborgen. In seinem grundlegenden Aufsatz "Städtebau: Funktionalismus und Sozialmontage" greift Lorenzer (1968) hingegen gezielt auf das psychoanalytische Paradigma zurück, in dem er zentrale psychoanalytische Kategorien zur Analyse des Verhältnisses von Bewohnern zu ihrer städtischen Umwelt heranzieht. Aus der Perspektive der Städter stellt er die Unüberschaubarkeit städtischer Bevölkerungsansammlungen heraus, bei denen die sozialpsychologischen Prozesse der Integration - für kleinere Gemeinschaften (so im Dorf) kennzeichnend - in ihrer traditionellen Unmittelbarkeit nicht mehr greifen. An die Stelle einer weitgehend durch unmittelbare persönliche Beziehungen charakterisierten kollektiven Dynamik kleinerer Gemeinden tritt in den Großstädten eine Vermitteltheit der Beziehungen, die zu ihrem Funktionieren einer differenzierteren Symbolisierung bedarf (vgl. ebda., S. 81 ff). Einen besonderen Stellenwert schreibt Lorenzer bei diesem Prozeß Symbolisierungen zu, die zu einem kollektiven Ich-Ideal hin vermitteln bzw. dieses darstellen. In Abgrenzung etwa zu Nachbarschaftskonzepten stellt denn auch Lorenzer heraus: "Die Gruppe" soll (und kann) nicht "direkt" montiert werden. Sie muß sich vielmehr über ein Mittelglied herstellen: über ein von den einzelnen ergriffenes (und ins Ich-Ideal eingeführtes) Symbol. Die Gruppierungen, die affektive Kontaktfelder darstellen, entstehen mit Hilfe jener Identifizierungsmechanismen, die Freud beschrieben hat" (ebda. S. 82).
Einen theoretischen Zugang zu einer entsprechenden unbewußten Generierungsmacht von szenisch-räumlich verdinglichten Arrangements und Gestaltungselementen eröffnet Lorenzer mit dem Begriff der "präsentativen Symbolik", den er im Anschluß an Cassirer (1965) und Langer (1965) in einen am psychoanalytischen Paradigma orientierten Theoriezusammenhang gestellt und entfaltet hat. Er greift hierbei auf die von uns erschaffene Welt der symbolischen Formen zurück, die im Wechselspiel zwischen Subjekt und Gesellschaft gleichsam eine Institution als Bedeutungsträger bilden. Der Symbolbegriff wäre freilich zu umreißen. In den Arbeiten zu einer "Philosophie der symbolischen Formen" (ebda.) unterscheiden Cassirer und Langer zwischen diskursiver und präsentativer Symbolik. Hiermit wird von ihnen der bisherige Symbolbegriff weit über seine bisherige rationale Bedeutung erweitert, ohne daß

die Gesetzmäßigkeiten der Logik verlassen werden müßten, wobei jedem Symbol "die logische Formulierung oder Konzeptualisierung dessen, was es vermittelt" obliegt (Langer 1965, S. 103).

Lorenzer folgt durchaus den Langer'schen Überlegungen, arbeitet in sie jedoch sein am psychoanalytischen Paradigma orientiertes Verständnis von Prozessen der Unbewußtmachung ein. Nach Lorenzer führt die "präsentative" Abbildung von Situationen in der sinnlichen Unmittelbarkeit ihrer unzerlegten Ganzheit unmittelbar an die "emotionale Tiefenschicht" der Persönlichkeit heran (Lorenzer 1984, S. 32). Durch präsentative Symbole werden Situationserlebenisse artikuliert, die "aus ganzen Situationen, aus Szenen hervorgehen und Entwürfe für szenisch entfaltete Lebenspraxis sind (...). Präsentative Symbole entstammen einer Symbolbildung, die lebenspraktische Entwürfe unter und neben dem verbalen Begreifen in sinnlich greifbaren Gestalten artikuliert" (ebda.; S. 31). In der präsentativen Symbolik spiegeln sich demnach aufgeschichtete lebensgeschichtliche Erfahrungen. Vermittelt über Gegenstände nimmt das Kind zum ersten Mal kollektive Formen auf, die gesellschaftlich bestimmt sind und nicht durch Personen vermittelt (vgl. ebda., S. 164), d.h. es wird in dieser vergesellschafteten Formenbegegnung "noch vorsprachlich die Reihe jener nachfamilialen Sozialisationsinstitutionen eröffnet, die das Individuum ins Kollektiv einbinden" (ebda.).

Die Focussierung solcher Identifizierungen auf ein mittels präsentativer Symbolik gestütztes kollektives Ich-Ideal erscheint deshalb von solcher Bedeutsamkeit, als eben diese Identifizierungen in den heutigen Stadtgesellschaften komplexer und zugleich tendenziell chaotischer Natur sind. Neben jenen Identifizierungen, die relativ unmittelbar an das Ich-Ideal gebunden sind, existieren gerade bei den Subjekten städtischer Gesellschaften Identifizierungen "in einer weitaus lockereren Form (...) und wieder andere werden als ein immer verschiebliches passageres Nebeneinander von Identifizierungen anzusehen sein. In einer Gesellschaft, in der eine verwirrende Vielzahl von Orten nebeneinander besteht, kann es zu ständigem Gegeneinander, mindestens aber zu einem schwierigen Nebeneinander von unverbundenen Identifikationen kommen. Daraus ergibt sich eine erhebliche Schwierigkeit für die synthetische Leistung des Ich, die die Gegensätze zum Ausgleich zu bringen hat" (ebda., S. 100).

In seiner Auseinandersetzung mit dem Funktionalismus zeigt Lorenzer auf, daß dieser durch seine Symbolentleerung gerade die positiven Identifikationen erschwert und damit die Gefahr einer erheblichen Überlastung synthetischer Leistungen des Subjektes mit sich bringt. "Starre und störende Abwehrmaßnahmen zur Aufrechterhaltung des Gleichgewichts" sind in der Sichtweise von Lorenzer die Folge (ebda.). Die Entleerung der Stadt von zur positiven Identifizierung auffordernder präsentativer Symbolik und damit letztlich die Entfernung eines positiv eingefärbten parentalen Ambientes bewirkt negative Affekte beim Subjekt: "Eine Straße mit einer langen, stereotypen Reihung gleichartiger Häuser ist keineswegs eine gestaltneutrale Straße, sie ist vielmehr für das Erleben hochwirksam durch ihre ermüdende Monotonie, die als kalt, anonym, abweisend und verwirrend "ortlos" empfunden und abgelehnt wird" (ebda., S. 70).

Die Frage, wie die Anvermittlung präsentativer Symbolik an die subjektive Wahrnehmung aus lebensgeschichtlicher Perspektive erfolgt geht Lorenzer in weiteren, hier einen wesentlichen Erkenntnisfortschritt dokumentierenden Studien nach (vgl. Lorenzer 1973, 1977, 1984). Als zentraler Begriff zur lebensgeschichtlichen Vermitteltheit subjektiver Wahrnehmung entwickelt Lorenzer die Kategorie der "sinnlich-symbolischen Interaktionsform".

In sinnlich-symbolischen Interaktionsformen wird nach Lorenzer die Abbildung von Situationen, d.h. ihre bewußte bis unbewußte Sinnfüllung ereicht, und dies zunächst gleichsam spielerisch, denn die erste Schicht von Subjektivität wird über diese Interaktionsformen erlangt. Jene Interaktionsformen, die sich insbesondere aus der Mutter-Kind-Dyade entwickeln und später ausdifferenzieren, bilden so etwas wie die Grundlage von Identität und Autonomie, d.h. sie bilden den Übergang von noch relativ ungehemmter Triebhaftigkeit zu Bewußtheit. Vermittels der Mutter-Kind-Dyade sind seitens der Mutter als Subjekt der Gesellschaft deren kollektiver Formenschatz vermittelt, wobei es zu einem Wechselspiel zwischen dem Kind und den Gegenständen der Welt kommt, dessen Bedeutung für die Persönlichkeitsbildung des Kindes zunehmen wird. Vermittelt über Gegenstände nimmt nach Lorenzer (1984, S. 164) das Kind zum ersten Mal kollektive Formen auf, die gesellschaftlich bestimmt sind und nicht durch Personen vermittelt, wobei das Kind entscheidend an Unabhängigkeit gewinnt und eine überfamiliale Identität aufbaut, d.h. es wird in dieser vergesellschafteten Formenbegegnung jetzt, "in dieser Unmittelbarkeit - noch vorsprachlich die Reihe jener nachfamilialen Sozialisationsinstitutionen eröffnet, die das Individuum ins Kollektiv einbinden" (ebda.). Lorenzer weist hier den wichtigen Schritt auf, mit dem Subjektwerdung und damit auch Vergesellschaftung des Individuums beginnt, d.h. dessen Konstitution vermittels präsentativer Symbole. Ergänzt freilich werden diese zunehmend durch diskursive Symbole, kommt es doch - vermittelt zunächst über die Mütter - zu einer Verknüpfung der Bedeutungen der symbolisch-sinnlichen Interaktionsformen mit Sprachfiguren. "Sprache wird (...) über Sprachfiguren, die den einzelnen Situationen anvermittelt werden, mit den sensomotorischen Situationsschemata, die schon vorher bestanden haben, verknüpft" (Lorenzer 1973, S. 67). D.h. aufbauend auf den sensomotorischen Situationsschemata der Mutter-Kind-Dyade als erster Stufe der Symbolbildung erklimmt das Kind die Ebene der sprachlichen Symbolbildung als weitere Stufe, wobei es bestimmte

Aspekte seiner Umwelt zu Bedeutungsträgern macht. Es ist dies ein Prozeß, der auch im weiteren Verlauf der Sprachdifferenzierung mehr oder weniger einer symbollisch-sinnlichen, d.h. präsentativen Symbolisierung parallel läuft und zu dieser im Wechselverhältnis steht. Der Welt wird das Subjekt, vermittelt über diese unterschiedlichen symbolischen Interaktionsformen, begegnen. Seine Sozialität resultiert aus dem Charakter dieser symbolischen Interaktionsformen oder, um es analytisch auszudrücken, aus den Repräsentanzen des Beziehungserlebens, wie es über präsentative und diskursive Symbolik evoziert und ausgedrückt wird. Ein beträchtlicher Teil der sinnlich-symbolischen Interaktionsformen wird freilich aus Repräsentanzen des Beziehungserlebens gebildet, die mehr oder weniger hochgradig tabuisiert sind und deshalb der Verdrängung, des Übergangs ins Unbewußte bedürfen.

Für Lorenzer bildet sich dieser Verdrängungsvorgang an der Nahtstelle von dyadisch eingeübter Matrix und Sprache ab (Lorenzer 1984, S. 100). Die verhaltensanweisenden Systeme geraten in Konflikt: Das unbewußte System der sinnlich-symbolischen Interaktionsformen, die insgesamt als Trieb gefaßt werden und das System der Sprachfigur, die als Normen mit den Interaktionsfiguren verbunden werden. Kann nach Lorenzer dieser Konflikt der beiden Systeme nicht gelöst werden, so bleibt als Ausweg die Desymbolisierung. Die Verbindung beider Systeme zerbricht. Der Wunsch muß verdrängt werden und kehrt im Symptom als schlechter Kompromiß wieder. Das Verdrängte wird von Lorenzer als Klischee bezeichnet (ebda., S. 112 und anderswo). Jenes muß mit dem System bewußten Handelns einen Kompromiß bilden, der in der Ersatzbefriedigung aufscheint. Die Symptombildung als Einheit von Ersatzbefriedigung und Sprachschablone ist Ausdruck der Entfremdung des Subjektes. Diese Entfremdung des Subjektes von sich selber von Anfang an erfährt nach Lorenzer eine Verstärkung insbesondere in den Vergesellschaftungsprozessen der nachinfantilen Sozialisation. Über die familiale Erfahrung hinaus sind es die vergesellschaftenden Institutionen, die Gruppen- und Kollektiv-spezifisch Lebenspraxis organisieren (vgl. ebda., S. 116). Ferner ist es die besondere Ideologie des jeweiligen kulturellen Systems angefangen bei Gruppierungen wie Vereinen, Berufsverbänden, Parteien oder den Kirchen. "Es sind dies Vergesellschaftungen, die den Einzelnen in seiner Persönlichkeitsstruktur "auffädeln" zu einer "Gemeinschaft" mit gemeinsamem alltagspraktisch bedeutsamem Bewußtsein" (ebda.). Die Gemeinschaftsbildung ergreift das Individuum doppelt, und zwar an den reifen symbolischen Interaktionsformen, wobei eine Subjektivität stiftende Einheit von Sinnlichkeit und Bewußtsein zustande kommt, also ein kritisches Subjekt, sowie auch an Symptomen, der fragwürdigen Verknüpfung von Ersatzbefriedigung und Schablone (vgl. hierzu ebda.).

Ausgehend von dieser theoretischen Position ist es nun möglich, den eingangs formulierten "Spalt" zwischen offizieller Image-Produktion und den subjektiven Vorstellungskomplexen von Stadtbewohnern von ihrer Umwelt konzeptionell zu fassen. Soweit die präsentative Symbolik jener Image-Produktion - und sie wird ja abgestützt durch substantielle Formen und reale Territorialität - den Subjekten Ersatzbefriedigungen offeriert, greifen diese präsentativ-symbolischer Formen nach den im Individuum vorfindlichen Matrizen sinnlich-symbolischer Interaktionsformen. Bei der Einbindung des Subjektes in eine Stadtgesellschaft wird ein gewichtiger Teil seines Trieblebens durch Tabuisierungen verschüttet und verkommt damit zum Klischee. Mit jenen Klischees entfalten die deformierenden präsentativen Symbole der offiziellen Image-Produktion eine Resonanz im Sinne einer fortgesetzten repressiven Desublimierung (Marcuse 1972, vgl. auch Meder 1991))

Was bei Lorenzer vielleicht implizit angesprochen sein mag, und bei Nagbol in seiner Erlebnisanalyse der Neuen Reichskanzlei explizit für den Faschismus und sein symbolisches Formenangebot dargelegt worden ist (vgl. Nagbol 1986), gilt es freilich für unsere Städte in einem historisch-genetischen Ansatz noch offen zu legen./vgl. hierzu Jüngst/Meder 1992) Das symbolische Formenangebot unserer Städte ist ja selber als historisch gewachsenes zu bezeichnen und wirkt in seinem realitätsbezogenen und deformierten symbolischen Formenangebot der jeweiligen historisch-gesellschaftlichen Bedingungen noch heute auf das Subjekt. Wir wissen wenig, wie und inwieweit dieses vergesellschaftende substantielle Formenangebot seinerseits als gemeinschaftsbildendes, oder -stützendes oder gar zerstörerisches Formenangebot gesellschaftliche Gruppierungen ergreift, weil bisher kaum Verfahren vorliegen (vg. hierzu Jüngst/Meder 1991), Gruppenprozesse im städtischen Ambiente gleichsam in situ zu erfassen.

Literatur:

Adorno, Th.: Funktionalismus heute. In: Neue Rundschau 77, S. 585-600, 1966.

Becker, H.,Keim, D.: Wahrnehmung in der städtischen Umwelt - möglicher Impuls für kollektives Handeln. 4. Aufl., Berlin 1978.

Böltz, Ch.: City-Marketing. Eine Stadt wird verkauft. In: Bauwelt, H. 24, Stadtbauwelt 98, S. 996f, 1988.

Bonnes, M.: An Ecological Approach to Urban Environment Perception. In: Frick, D. (Hg.): The Quality of Urban Life. Social, Psychological and Physical Conditions. Berlin 1986, S. 189-201.

Bourdieu, P.: Entwurf einer Theorie der Praxis. Frankfurt 1976.

Cassirer, E.: Wesen und Wirkung des Symbolbegriffs. Darmstadt 1965.

Cooper, C.: The House as Symbol of the Self. In: Proshansky, H.M. Ittelsen W.H., Rivlin L.G. (Hrsg.): Environmental Psychology. People and Their Physical Settings. New York 1976, S. 435-448.

Downs, R.M., Stea, D.: Kognitive Karten: die Welt in unseren Köpfen (dtsch. Übersetzung hg. von R. Geipel). 1982 UTB 1126

Dreitzel, H.P.: Die gesellschaftlichen Leiden und der Leiden an der Gesellschaft. Eine Pathologie des Alltagslebens. Stuttgart 1980.

Durth, W.: Deutsche Architekten. Biographische Verflechtungen. 1900-1970. Braunschweig, Wiesbaden 1986.

ders.: Die Inszenierung der Alltagswelt. Zur Kritik der Stadtgestaltung. Bauwelt Fundamente 47. 2. Aufl., Braunschweig, Wiesbaden 1988.

Durth, W., Gutschow, N.: Träume in Trümmern. Planungen zum Wiederaufbau zerstörter Städte im Westen Deutschlands, 1940-195. 2 Bde.. Braunschweig 1988.

Eco, U.: Einführung in die Semiotik. München 1972.

Erdheim, M.: Die gesellschaftliche Produktion von Unbewußtheit. Eine Einführung in den ethno-psychoanalytischen Prozeß. Frankfurt 1983.

Friedrichs, J., Häußermann, H., Siebel, W.: Süd-Nord-Gefälle in der Bundesrepublik Deutschland? Sozialwissenschaftliche Analysen. Opladen 1986.

Ganser, K.: Image als entwicklungsbestimmendes Steuerungsinstrument. In Stadtbauwelt, H. 26, S. 104 f 1970.

Graumann, C.F., Schneider, G., Kany, W.: Projektbericht: Umweltrepräsentation und ortsbezogenes Selbstverständnis (am Beispiel der Stadt). ZUMA-Nachrichten Nr. 8. 1981.

Häußermann, H., Siebel, W.: Neue Urbanität. Frankfurt 1987.

Hard, G.: Umweltwahrnehmung in der Stadt - Eine Hypothesensammlung und eine empirische Studie. In: H. Köck (Hg.): Studien zum Erkenntnisprozeß im Geographieunterricht, 1984, S. 113-165.

Harvey, D.: Flexible Akkumulation durch Urbanisierung. Reflektionen über "Postmodernismus" in amerikanischen Städten. In: PROKLA 69, 17. Jg., 1987, H. 4, S. 109-132.

Heinze, Th.: Qualitative Sozialforschung. Erfahrungen, Probleme und Perspektiven, Opladen 1987.

Hirsch, J. Roth, R.: Das neue Gesicht des Kapitalismus. Hamburg 1986.

Höllhuber, D.: Wahrnehmungswissenschaftliche Konzepte in der Erforschung innerstädtischen Umzugsverhaltens. Karlsruher Manuskripte zur Mathematischen und Theoretischen Wirtschafts- und Sozialgeographie, H. 19. Karlsruhe 1976.

Hoffmann-Riem, Ch.: Die Sozialforschung einer interpretativen Soziologie. In: Kölner Zeitschrift für Soziologie und Sozialpsychologie, H.2, 1980, S. 372-389.

Ipsen, D. : Neue urbane Zonen - Raumentwicklung und Raumbilder. In: Stadtbauwelt 1986, H. 36, S. 1343-1347.

Jüngst, P.: Psychodynamik und Altbaustrukturen. Zur präsentativen Symbolik historischer Ensembles und Architektur. In: Die alta Stadt. 1992,S. 210-222

Jüngst, P., Kampmann, D., Schulze-Göbel, H.: Zum Problem von Wahrnehmung und Handlungsmöglichkeiten sozialer Gruppen in altstädtischen Kernregionen am Beispiel der Marburger Oberstadt. In: Urbs et Regio, Bd. 6, Kassel, 1977, S. 1 ff.

Jüngst, P., Meder, O.: Das themenzentrierte Assoziationsdrama als projektives Verfahren der Sozialforschung. In: Buer, F. (Hrsg.): Jahrbuch für Psychodrama, psychosoziale Praxis und Gesellschaftspolitik. Opladen 1991, S. 101-128.

Jüngst, P., Meder, O.: Psychdynamik und Territorium. Zur gesellschaftlichen Konstitution von Unbewußtheit im Verhältnis zum Raum. Bd.III: Territorialität und präsentative Symbolik der römischen Welten und die psychosoziale Kompromißfähigkeit ihrer Eliten. In: Urbs et Regio, Bd 58, Kassel 1992.

Kossak, I.: Der Planer als Urban Manager. In: Bauwelt, H. 24, Stadtbauwelt 98, 1988, S. 998f.

Krause, K.-J.: Stadtgestalt und Stadterneuerung. Frankfurt-Schwanheim 1974.

Krüger, R., Pieper, A. und Schäfer, B.: Oldenburg - eine Alltagsliebe? Vorstellungen über die Stadt als Lebensraum. Wahrnehmungsgeographische Studien zur Regionalentwicklung. Bd. 7, Oldenburg 1989.

Langer, S.K.: Philosophie auf neuem Wege. Frankfurt 1965.

Leithäuser, T., /Volmerg, B.: Anleitung zur empirischen Hermeneutik. Psychoanalytische Textinterpretation als sozialwissenschaftliches Verfahren. Franakfurt 1979.

Lorenzer, A.: Städtebau: Funktionalismus und Sozialmontage? Zur sozialpsychologischen Funktion der Architektur. In: Berndt, H., Lorenzer, A. und Horn, K. (Hrsg.): Architektur als Ideologie. Frankfurt 1968, S. 51-104.

ders.: Sprachzerstörung und Rekonstruktion. Frankfurt 1973.

ders.: Sprachspiel und Interaktionsformen. Frankfurt 1977.

ders.: Das Konzil der Buchhalter. Die Zerstörung der Sinnlichkeit. Eine Religionskritik. Frankfurt 1984.

Lütke-Bornefeld, P., Wittenberg, R. (1980): Das Image der Stadt Essen in der Sicht ihrer Bewohner. Bd. 1: Pilotstudie; Bd. II. Qualitative Untersuchung. Untersuchung zur Stadtentwicklung, 41. und 42. Bericht.

Lynch, K.: The Image of the City. Boston 1960.

Marcuse, H.: Der eindimensionale Mensch: Studien zur Ideologie der fortgeschrittenen Industriegesellschaft. Neuwied 1972.

Meder, O.: Die Stadt - ein trügerisches Versprechen. Beziehungsanalytische Qualitäten städtischer Zentren und konsumistisches Verhalten. In: Effèt, Ingenieurwissenschaftliches-ökologisches Kolloquium. Heft 8, Bremen 1991.

Mitscherlich, A.: Thesen zur Stadt der Zukunft. Frankfurt 1971.

ders.: Die Unwirtlichkeit unserer Städte: Anstiftung zum Unfrieden. Frankfurt 1978.

Nagbol, S.: Macht und Architektur. Versuch einer erlebnisanalytischen Interpretation der Neuen Reichskanzlei. In: König,H.D. et.al. (Hrsg.): Kultur-Analysen. Psychoanalytische Studien zur Kultur. Frankfurt 1986, S. 347-373.

Pocock, D., Hudson, R.: Images of the Urban Environment. London 1978.

Proshansky, H., Fabian, A.: Psychological Aspects of the Quality of Urban Life. In: Frick,D. (Hrsg.): The Quality of Urban Life. Social, Psychological and Physical Conditions. New York 1986, S. 19-29.

Relph, E.: Places and placelessness. London 1976.

Scimeni, G.: On Cities, Design and People. In: Frick,D. (Hrsg.): The Quality of Urban Life. Social, Psychological und Physical Conditions. New York 1986, S. 31-45.

Tuan, Y.: Space and Place. The Perspective of Experience. London 1977.

Tuan, Y.: Dominance and Affection. The Making of Pets. New Haven 1984.

Treinen, H.: Symbolische Ortsbezogenheit. Eine soziologische Untersuchung zum Heimatproblem. In: Atteslander, P./Hamm, B. (Hg): Materialien zur Siedlungssoziologie, S. 234-259, Köln 1974.

Tzschaschel, S.: Geographische Forschung auf der Individualebene. Münchner Geogr. Hefte, Bd. 53, München 1986.

Waldenfels, B.: In den Netzen der Lebenswelt. Frankfurt a.M. 1985.

Wood, G.: Die Wahrnehmung sozialer und bebauter Umwelt dargestellt an städtebaulichen Problemen der Großstadt Essen. Wahrnehmungsgeogr. Stud. z. Regionalentw., H. 3, Oldenburg 1985

Yancey, W.L.: Architecture, Interaction, and Social Control: The Case of a Large-scale Public Housing Project. In: Proshansky, H.M., Ittelson,W.H., Rivlin L.G. (Hrsg.): Environmental Psychology. People and Their Physical Settings, New York 1976, S. 449-458.

Yi-Fu, T.: Space and place. The perspective of experience. London 1977.

Anschriften der Autoren

Prof. Dr. Niels Beckenbach, Gesamthochschule Kassel, Fachbereich 06, Angewandte Sozialwissenschaften und Rechtswissenschaft, Nora-Platiel-Str. 5, 3500 Kassel

Prof. Dr. Gerhard Hard, Universität Osnabrück, Fachbereich Kultur- und Geowissenschaften, Fachgebiet Geographie, Seminarstraße 20, 4500 Osnabrück

Prof. Dr. Detlev Ipsen, Gesamthochschule Kassel, Fachbereich 13, Gottschalkstraße 28, 3500 Kassel

Prof. Dr. Peter Jüngst, Gesamthochschule Kassel, Fachbereich 06, Angewandte Sozialwissenschaften und Rechtswissenschaft, Nora-Platiel-Str. 5, 3500 Kassel

Dr. Oskar Meder, Baumgartenstraße 81, 3500 Kassel

Prof. Dr. Jürgen Strassel, Universität Oldenburg, FB 3, Ammerländer Heerstraße 67-99, 2900 Oldenburg

URBS ET REGIO

Verzeichnis lieferbarer Bände

"Importante collection d'études de géographie humaine centrées sur l'aménagement du territoire et l'urbanisme. Série de monographies portant soit sur des régions européennes, soit sur des Etats d'outre-mer. Très grande diversité des sujets et originalité des approches: une collection à suivre à la fois pour les informations qu'elle apporte et pour ses initiatives épis-témologiques"

Annales de Géographie

Band 1	Gert Eichler, Algiers Sozialökologie 1955-1970, Vom Kolonialismus zur nationalen Unabhängigkeit Kassel 1976, 254 Seiten, 47 Abb. English summary, ISBN 3-88122-004-6, Preis 16.- DM
Band 3	Heinz Hahn, Peter Jüngst, Jürgen Radloff, Hans Jörg Schulze-Göbel, Wohnen und Arbeiten in Marburg - Computeratlas einer deutschen Mittelstadt Kassel 1976, 149 Seiten, 114 Karten, DIN A4 Format, ISBN 3-88122-010-0, Preis 18,- DM
Band 8	Harald Jung, Eingliederungsprobleme spanische Arbeitsimmigraten agrarischer Herkunft beim Übergang in eine freie Lohnarbeiterexistenz in der Bundesrepublik Kassel 1978, 570 Seiten, English summary,ISBN 3-88122-030-5, Preis 29,- DM
Band 9	Jochen Oppenheimer, Genesis und Entwicklung der "Unterentwicklung". Das Beispiel des französischen Kolonialismus im Senegal Kassel 1978, 517 Seiten, 15 Abb., ISBN 3-88122-033-X Preis 28,- DM
Band 10	Dieter Kienast, Die spontane Vegetation der Stadt Kassel in Abhängigkeit von bau- und stadtstrukturellen Quartierstypen Kassel 1978, 426 Seiten, zahlreiche Abb. und Karten sowie 3 farbige Faltkarten, ISBN 3-88122-037-2, Preis 20,- DM
Band 11	Karl Heinrich Hülbusch, Heidbert Bäuerle, Frank Hesse, Dieter Kienast, Freiraum-und landschaftsplanerische Analyse des Stadtgebietes von Schleswig Kassel 1979, 234 Seiten, mehrere große Faltkarten, ISBN 3-88122-038-0, Preis 20,- DM
Band 12	Jorge Gaspar, Zentrum und Peripherie im Ballungsraum Lissabon Kassel 1979, 139 Seiten, 64 Abb., ISBN 3-88122-039-9, Preis 12,- DM
Band 13	Peter Jüngst, Hans-Jörg Schulze-Göbel, Hans-Joachim Wenzel (Hrsg.), mit Beiträgen von: Wolfram Döpp, Gert Eichler, Hartmut Häusemann, Volker Jülich, Peter Tjaden, Helmut Westphal, Stadt und Gesellschaft - Sozioökonomische Aspekte von Stadtentwicklung Kassel 1979, 465 Seiten, 40 Karten, Sonderband, ISBN 3-88122-041-0, Preis 25,- DM
Band 14	Eduardo Klein, Bolivien: Rohstoffexport und politisch-ökonomische Binnenentwicklung (1545-1952) Kassel 1979, 402 Seiten, ISBN 3-88122-043-7, Preis 25,- DM
Band 15	Peter Jüngst, Hans-Jörg Schulze-Göbel, Hans-Joachim Wenzel (Hrsg.), u.a. mit Beiträgen von: Eugen Ernst, Karl E. Fick, Karl-Heinz Filipp, Heinz W. Friese, Gerhard Hard, Lothar Jander, Fritz Jonas, Peter Jüngst, Tilman Rhode-Jüchtern, Walter Schrader, Wolfgang Schramke, Hans-Jörg Schulze-Göbel, Hans-Joachim Wenzel, Verspielt die Geographie ihre Chance zur sozialwissenschaftlichen Neubesinnung? Stellungnahmen und Beiträge zu den Hessischen Rahmenrichtlinien Gesellschaftslehre Kassel 1979, 169 Seiten, DIN A4 Format, Sonderband, ISBN 3-88122-046-1, Preis 25,- DM
Band 16	Peter Jüngst, Johannes Küchler, Christoph Pelsert, Hans-Jörg Schulze-Göbel (Hrsg.), Brüche im Chinabild, Aufarbeitung von Erfahrungen einer Exkursion Kassel 1979, 382 Seiten, 10 Abb., 34 Fotos, ISBN 3-88122-049-6, Preis 24,- DM

Band 17	Ulrich Eisel, Die Entwicklung der Anthropogeographie von einer "Raumwissenschaft" zur Gesellschaftswissenschaft Kassel 1980, 695 Seiten, ISBN 3-88122-055-0, Preis 34,- DM
Band 18	Angelika Schwabe-Braun, Eine pflanzensoziologische Modelluntersuchung als Grundlage für Naturschutz und Planung - Weidefeld-Vegetation im Schwarzwald Kassel 1980, 225 Seiten, 15 separate pflanzensoziologische Tabellen, ISBN 3-88122-056-9, Preis 25,- DM
Band 19	H.D. von Frieling, Räumlich soziale Segregation in Göttingen, Zur Kritik der Sozialökologie, Textband Kassel 1980, 401 Seiten, zahlreiche Abb., ISBN 3-88122-057-7, Preis 26,- DM
Band 20	H.D. von Frieling, Räumlich soziale Segregation in Göttingen, Zur Kritik der Sozialökologie, Kartenband Kassel 1980, 73 Seiten, DIN A4 Format, ISBN 3-88122-058-5, Preis 12,- DM
Band 21	Günther Beck, Betriebs- und Marktorganisation in der Salzindustrie - dargestellt am Beispiel der Salinen in Wimpfen am Neckar. Eine wirtschaftsgeographische Untersuchung zur politischen Ökonomie der kapitalistischen Produktions- und Zirkulationssphäre Kassel 1981, 613 Seiten, 28 Abb. ISBN 3-88122-070-4, Preis 30,- DM
Band 22	Ingeborg Tömmel, Der Gegensatz von Stadt und Land im realen Sozialismus - Reproduktion kapitalistisch geprägter Industriestrukturen durch Planwirtschaft in der DDR Kassel 1981, 502 Seiten und Karteneinlage, English summary, ISBN 3-88122.066-6, Preis 28,- DM
Band 23	Peter Jüngst (Hrsg.), mit Beiträgen von: Klaus Esser, Manfred M. Fischer, Peter Weber, Portugal nach 1974: Regionale Strukturen und Prozesse, Band I: Strukturelle Voraussetzungen - Entwicklungsperspektiven Kassel 1981, 142 Seiten, 6 Abb., 10 Karten, ISBN 3-88122-087-X, Preis 12,- DM
Band 24	Wulf D. Schmidt-Wulffen, Entwicklung Europas - Unterentwicklung Afrikas, Band I: Historische und geographische Grundlegung sozialer und räumlicher Disparitäten Kassel 1981, 267 Seiten, 9 Abb., Sonderband, ISBN 3-88122-079-8, (Sonderpreis für Lehrer 14,- DM) Preis 20,- DM
Band 25	Wulf D. Schmidt-Wulffen, Entwicklung Europas - Unterentwicklung Afrikas, Band II: Soziale und räumliche Disparitäten - Die Unterentwicklung Afrikas in 15 Unterrichtsbeispielen, incl. 42 Fotografien und div. kopierbaren Arbeitsblättern Kassel 1981, 193 Seiten, DIN A4 Format, Sonderband, ISBN 3-88122-080-1, (Sonderpreis für Lehrer 16,- DM) Preis 23,- DM
Band 26	Volker Heise, Jürgen Rosemann, Bedingungen und Formen der Stadterneuerung - Versuch einer Bestandsaufnahme Kassel 1982, 166 Seiten, 25 Abb., ISBN 3-.88122-092-5, Preis 13,- DM
Band 27	Peter Jüngst (Hrsg.), mit Beiträgen von: Jochen M. Bustorff, Volker Jülich, Peter Jüngst, Günter Wallraff, Portugal nach 1974: Regionale Strukturen und Prozesse, Band II, Beiträge zur Argrarreform in Portugal - Verlauf, regionale und ökonomisch-soziale Strukturen, Rahmenbedingungen Kassel 1982, 266 Seiten, 26 Abb. und Karten, 21 Fotos, ISBN 3-88122-081-X, Preis 24,- DM
Band 28	Alois Kneisle, Es muß nicht immer Wissenschaft sein..., Methodologische Versuche zur Theoretischen und Sozialgeographie in wissenschaftlicher Sicht Kassel 1983, 311 Seiten, zahlreiche Karikaturen, ISBN 3-88122-109-3, Preis 19,- DM
Band 29	Klaus-Peter Müller, Unterentwicklung durch "Rentenkapitalismus"? Geschichte, Analyse und Kritik eines sozialgeographischen Begriffes und seiner Rezeption Kassel 1983, 416 Seiten, ISBN 3-88122-127-1, Preis 27,- DM
Band 30	Jan G. Smit, Neubildung deutschen Bauerntums - Innere Kolonisation im Dritten Reich Kassel 1983, 280 Seiten, zahlreiche Karten, Abb. und Fotos, ISBN 3-88122-128-X, Preis 26,- DM
Band 31	Clarita Müller-Plantenberg, Rolf Rempel (Hrsg.), mit Beiträgen von: Clarita Müller-Plantenberg, Emilio Pradilla, Anibal Quijano, William Robinson, Roberto Segre, Paul Simger, Soziale Bewegungen und räumliche Strukturen in Lateinamerika Kassel 1983, 3549 Seiten, Sonderband, ISBN 3-88122-177-8, Preis 25,- DM

Band 32   Peter Jüngst (Hrsg.) mit Beiträgen von D. Ebenhahn, W. Gerdes, G. Hard, P.Jüngst, Y. Porath, T. Rabenmüller, M. Schmitz, R. Schwendter, P. Sonnenberg, R. Weber, "Alternative" Kommunikationsformen - zu ihren Möglichkeiten und Grenzen - Fallbeispiele: Alternativzeitungen, Flohmärkte und Graffiti
Kassel 1984, 330 Seiten, ISBN 3-88122-271-5, Preis 21,- DM

Band 33   Peter Strutynski (Hrsg.), Forschungsgruppe Produktivkraftentwicklung mit Beiträgen von: R. Aehnelt, K. Dinnebier, D. Eckhardt, W. Eicke, Forschungsgruppe Produktivkraftentwicklung Nordhessen, H. Hochgreve, K. Irle, I. Könenschulz, M. Lacher, G. Lobodda, E. Meißner, A. Oppolzer, H. Pfäfflin, A. Romey, K. Sausmiak, F. Skischus, P. Strutynski, K. H. Tjaden, P. Wedemeier, Arbeitnehmerinteressen - Regionalentwicklung - Strukturpolitik, Möglichkeiten und Ergebnisse regionalpolitischer Kooperation von Gewerkschaftern und Wissenschaftlern
Kassel 1984, 322 Seiten, ISBN 3-88122-2234-0, Preis 20,- DM

Band 34   Innere und äußere Landschaften, Zur Symbolbelegung und emotionalen Besetzung von räumlicher Umwelt mit Beiträgen von: Rosemarie Bohle, Peter Jüngst, Martha Kuhl-Greif, Oskar Meder, Hans-Jörg Schulze-Göbel,
Kassel 1984, 207 Seiten, zahlreiche Abb., ISBN 3-88122-213-8, Preis 12.- DM

Band 35   Peter Jüngst (Hrsg.), mit Beiträgen von: Rosemarie Bohle, Martha Kuhl-Greif, Oskar Meder, Hans-Jörg Schulze-Göbel, Innere und äußere Landschaften, Zur Symbolbelegung und emotionalen Besetzung von räumlicher Umwelt
Kassel 1984, 420 Seiten, zahlreiche Abb., Sonderband, ISBN 3-88122-255-3,
Preis 34,- DM

Band 36   Oskar Meder, Die Geographen - Forschungsreisende in eigener Sache. Eine biographieanalytische Untersuchung über Berufsmotivation und Berufsverlauf auf der Basis geschriebener Autobiographien und narrativer Interviews
Kassel 1985, 343 Seiten, ISBN 3-88122-261-8, Preis 27,- DM

Band 37   Wulf D. Schmidt-Wulffen, Dürre- und Hungerkatastrophen im Sahel: Gesellschaft und Natur - Wissenschaftliche Diskussion - Didaktische Reflektion - Unterrichtseinheiten und Lehrmaterialien
Kassel 1985, 272 Seiten, mit Abb., und Fotos, ISBN 3-88122-251-0,
(Sonderpreis für Lehrer 16,- DM), Preis 24,- DM

Band 38   Wu Liangyong, A Brief History of Ancient Chinese City Planning
Kassel 1986, DIN A4 Format, 142 Pages, 77 maps and illustrations, Chinese glossary, ISBN 3-88122-286-3, Preis 36,- DM

Band 39   Wolfgang Nerreter, Dorferneuerung als raumordnungspolitische Entwicklungsaufgabe, dargestellt am Beispiel von vier nordhessischen Dörfern. Eine geographische Untersuchung zur Implementationsproblematik der Regionalpolitik, unter Berücksichtigung des Zukunftsinvestitionsprogramms der Bundesregierung (ZIP)
Kassel 1986, 364 Seiten, 17 Abb., zahlreiche Tab., ISBN 3-88122-260-X, Preis 25,- DM

Band 40   Karl H. Hülbusch (Hrsg.), Mit Beiträgen von G. Heinemann, K.H. Hülbusch und P. Küttelwascher, Naturschutz durch Landnutzung. Die Pflanzengesellschaften in der Wümme-Niederung im Leher Feld am nördlichen Stadtrand Bremens
Kassel 1986. ca. 130 Seiten, 13 Vegetationstabellen, 2 Karten DIN A3,
ISBN 3-88122-323-1, Preis 15,- DM

Band 41   Michael Lacher, Regionalentwicklung und Kapitalbewegung, Zur Herausbildung von großräumigen Verdichtungsgebieten in Deutschland zwischen 1800 und 1914
Kassel 1986, ca.380 Seiten, ISBN 3-88122-302-9, Preis 30,- DM

Band 42   Peter Jüngst, Oskar Meder, Zur Grammatik der Landschaft - Über das Verhältnis von Szene und Raum
Kassel 1986, ca. 280 Seiten, zahlreiche Abb., ISBN 3-88122-324-X, Preis 26,- DM

Band 43   Johannes Küchler u.a., Wuding und Manas: Soziale und ökologische Aspekte agrarischer Entwicklung in Chinas Trockengebieten
Kassel 1986, ca. 220 Seiten, Abb., Preis 22,- DM

Band 44   Christoph Peisert (Hrsg.), Beiträge zur Reform der Stadtplanung in der VR China (1981-1984), mit Beiträgen von Zheng Xiaoie, Hou Renzhi, Jin Oubu u.a.
Kassel 1986, ca. 220 Seiten, zahlreiche Abb., Preis 22,- DM

Band 45   Wolfgang Aschauer, - Regionalbewegungen - Aspekte eines westeuropäischen Phänomens und ihre Diskussion am Beispiel Südtirol
Kassel 1987, 220 Seiten, Abb., ISBN 3-88122-387-8, Preis 22,- DM

Band 46 Peter Jüngst, "Macht" und "symbolische Raumbezogenheit" als Bezugsgrößen innerstädtischer Differenzierungsprozesse in der industriellen Revolution
Kassel 1987, ca. 120 Seiten, Abbildungen, ISBN 3-88122-402-5, Preis 15,- DM

Band 47 Nitichan Pleumarom, Soziale, ökologische und ästhetische Aspekte der Freiraumplanung in Bangkok
Kassel 1988, ca. 368 Seiten, zahlreiche Abb., ISBN 3-88122-399-1, Preis 25,- DM

Band 48 Peter Jüngst, Oskar Meder (Hrsg.), Raum und Realität - zu seinem latenten und manifesten Sinn im sozialen und ökonomischen Handeln, mit Beiträgen von Gerhard Hard, Peter Jüngst, Oskar Meder, Rita Porsch, Jürgen Strassel, Ulf Strohmayer,
Kassel 1988, ca. 340 Seiten, Sonderband, Abbildungen, ISBN 3-88122-433-5,
Preis 28,- DM

Band 49 Heinz Arnold, Soziologische Theorien und ihre Anwendung in der Sozialgeographie
Kassel 1988, ca. 485 Seiten, Sonderband, zahlreiche Abb., ISBN 3-88122-411-4,
Preis 38,- DM

Band 50 Uta Drews, "Das Land den Bauern!" - Zur Kontinuität der Agrarfrage in Italien unter besonderer Berücksichtigung des Widerstandskampfes 1943-1945
Kassel 1988, ca. 560 Seiten, ISBN 3-88122-434-3, Preis 39,- DM

Band 51 Michael Fahlbusch, Mechthild Rössler, Dominik Siegrist, Geographie und Nationalsozialismus - 3 Fallstudien zur Institution Geographie im Deutschen Reich und der Schweiz eingeleitet durch Hans-Dietrich Schulz, mit einem Anhang von Peter Jüngst und Oskar Meder
Kassel 1989, ca 450 Seiten, ISBN 3-.88122-456-2, (Sonderpreis für Lehrer 24,- DM)
Preis 35,- DM

Band 52 Stephanie Bock, Ute Hünlein, Heike Klamp, Monika Treske, "Frauen(t)räume in der Geographie" - Beiträge zur Feministischen Geographie
Kassel 1989, ca. 128 Seiten, ISBN 3-88122-468-8, Preis 12,- DM

Band 53 Wulf D. Schmidt-Wulffen, "Begegnung mit Afrika" - Naturwirtschaft - Soziale Welt im Spiegel afrikanischer und europäischer Stimmen, Ein Lernprogramm für Schule, Hochschule und Erwachsenenbildung
Kassel 1989, ca. 152 Seiten, Abb., ISBN 3.88122-485-8,
(Sonderpreis für Lehrer 16,- DM) Preis 24,- DM

Neueste Veröffentlichungen

Band 54 Peter Jüngst, Oskar Meder, Psychodynamik und Territorium - Zur gesellschaftlichen Konstitution von Unbewußtheit im Verhältnis zum Raum. Band I: Experimente zur szenisch-räumlichen Dynamik von Gruppenprozessen: Territorialität und präsentative Symbolik von Lebens und Arbeitswelten
Kassel 1990, 540 Seiten, zahlreiche Abbildungen, ISBN 3-88122-534-X,
(Sonderpreis für Lehrer 26,- DM) Preis 38.- DM

Band 55 Wolfram Jäckel, Tauschhandel und Gesellschaftsform: Die Entwicklung des Markthandels bei den Toraja (Indonesien)
Kassel 1990, ca. 325 Seiten, Abb., ISBN 3-.88122-571-4, Preis 27,- DM

Band 56 Oskar Meder, "Ein Unglück kommt selten allein!", Ausgewählte Beispiele zum Verhältnis von Umweltzerstörung und gesellschaftlichen Krisen in der Geschichte - wissenschaftliche Diskussion und didaktische Reflexion
Kassel 1992, ca. 300 Seiten, zahlreiche Abbildungen, ISBN 3-88122-661-3,
Preis 29,- DM

Band 57 Peter Jüngst, Lothar Ebbers, Kurt Theobald, Kassel zu Beginn der Industriellen Revolution, Atlas zu den Kasseler Adressbüchern 1834 und 1856
Kassel 1993, ca 240 Seiten DIN A4 zahlreiche Abbildungen, ISBN 3-88122-662-1
Preis 36,- DM   - in Druck -

Band 58 Peter Jüngst, Oskar Meder, Psychodynamik und Territorium, Zur gesellschaftlichen Konstitution von Unbewußtheit im Verhätnis zum Raum. Band III Territorialität und präsentative Symbolik der römischen Welten und die psychosoziale Kompromißfähigkeit ihrer Eliten
Kassel 1992, ca. 310 Seiten, zahlreiche Abbildungen, ISBN 3-88122-676-1,
Preis 29,- DM

Band 59 Christian Ganzert, Der Einfluß der Agrarstruktur auf die Umweltentwicklung in Feuchtgebieten - Konflikte, agrarpolitische Ursachen und Lösungsansätze
Kassel 1993, ca. 170 Seiten, zahlreiche Abbildungen, ISBN 3-88122-708-3,
Preis 21,- DM

Band 60 Levke Schlütter, Globaler technologischer Wandel und regional-sektorale Produktionskonzepte in Schwellenländern - Theoretischer Zusammenhang und empirische Darlegung am Beispiel der südkoreanischen Bekleidungsindustrie
Kassel 1993, 290 Seiten, ISBN 3-88122-710-5,
Preis 27,- DM

Band 61 Peter Jüngst, Oskar Meder, (Hrsg.) Zur psychosozialen Konstitution des Territoriums - Verzerrte Wirklichkeit oder Wirklichkeit als Zerrbild
Kassel 1993, 220 Seiten, ISBN 3-88122-735-0,
Preis 24,-DM

BEZUGSBEDINGUNGEN:

Lehrer erhalten bei Direktbestellungen den angegebenen Sonderpreis für die Bände 24, 25, 37, 51, 53, 54, und 56. Für Einzelbestellungen gelten die angegebenen Preise jeweils zuzüglich Versandkosten. Für den Buchhandel, bei Abonnement der Schriftenreihe, sowie bei Abnahme von mindestens 10 Exemplaren 30% Nachlaß.

BESTELLUNGEN:

An URBS ET REGIO Gesamthochschule Kassel
Diagonale 10, 3500 Kassel
Telefon: (0561) 804-1

Herausgeber: Wissenschaftliches Zentrum II für Psychoanalyse, Psychotherapie und psychosoziale Forschung der Gesamthochschule Kassel, Gottschalkstr. 26, Postfach 101380, D-3500 Kassel

Die letzterschienenen Hefte:

27/28 Krieg und Medien I: Simulationen des Schreckens (Psychoanalyse-Literatur-Literaturwissenschaft VI) (Aug. 88),
29/30 Religion-Mythos-Illusion. Die Vision der Erlösung und der Entzug der Bilder (März 89),
31 Schnittstelle Körper. Versuche über Psyche und Soma (Oktober 89),
32/33 Von der Liebe zur Nation. Zur Politik kollektiver Identifizierung (Juni 90),
34 X/Y Zwiespalt der Geschlechter (Dezember 90),
35/36 Unterbrochene Verbindungen. Stimme und Ohr/Computer und Psyche (Juni 91),
37 Die Psychosen. Einschlüsse und Auswege (Dezember 91),

in Vorbereitung: **39/40** Ethik der Psychoanalyse (Dezember 92)

Bitte fordern Sie unser ausführliches Prospekt zu allen noch erhältlichen Nummern an. Beziehen können Sie *Fragmente* über den Buchhandel oder den Verlag Jenior und Pressler, Lassallestr. 15, 3500 Kassel. (ISSN 0720-5813).

Fragmente-Preise (ab Nr. 26): Einzelheft DM 20,-/ Doppelheft DM 30,- *Abonnement:* DM 45,- pro Jahrgang (für Studenten mit Nachweis: DM 25,-), Abo-Beginn auch rückwirkend.

37 *aus dem Inhalt:* U.A.MÜLLER Traumatische Wunden und der Traum der Psychoanalyse H-E.RICHTER Erinnerungsarbeit und Zukunftserwartung der Deutschen U.SONNEMANN Querfeldeinkehr, auch Nachtreste K.BREDE Liebe als Movens privater Lebensformen G.C.THOLEN Traumverloren und lückenhaft - zur Atopik des Unbewußten H.JUNKER Kleines Rätsel Zeitgeist. Von Sigmund Freud in Thomas Mann A.MAHLER-BUNGERS Solange ich spreche, bin ich. Annäherung an einen Traum von Thomas Bernhard M.LEUZINGER-BOHLEBER »Der Traum der schönen Frau Seidenmann und der Riss in der Geige« S.SCHADE Ein Fall von Namenvergessen und ein Fall von Bilderinnern P.WARSITZ Vom Strandgut der Kultur R.ZWIEBEL Analytiker-Geist/Anfänger-Geist R.PLASSMANN Die Deutungssprache der Psychoanalyse R.KOECHEL »Wäre ich doch nur die Kopfschmerzen los...« *Glosse:* Die Kinder der 68er - wo sind sie geblieben? *Lektüren:* »Nehmen's mir nicht die Freiheit Herr Doktor«. A. Hirschmüllers medizinhistorische Habilitation über Freuds Begegnung mit der Psychiatrie (Stingelin).
ISBN 3 - 88122 - 645 - 1

Schriftenreihe zur Psychoanalys

FRAG·MENTE

Traum

und Traum*a*